Rethinking

Reconstructing

Reproducing

*

———————

"精神译丛"

在汉语的国土

展望世界

致力于

当代精神生活的

反思、重建与再生产

———————

*

Zur Kritischen Theorie

Max Horkheimers Ausgewählte Schriften, I

Max Horkheimer

精神译丛·徐晔 陈越 主编

［德］马克斯·霍克海默 著 金翱 编译

论批判理论：
霍克海默文集（一）

西北大学出版社

·西安·

马克斯·霍克海默

目　录

编译导言(金翱)　/　1

上编　批判理论的起源　/　1

社会哲学的现状和社会研究所的任务　/　3

《社会研究杂志》第一卷第 1/2 期前言　/　25

关于科学与危机的评论　/　31

对宗教的思考　/　41

传统理论与批判理论　/　47

哲学与批判理论　/　103

哲学的社会功能　/　115

中编　理性批判　/　139

理性与自身持存　/　141

《启蒙辩证法》前言(1944/1947)　/　183

理性反对自身:关于启蒙的一些评论　/　195

论理性的概念　/　211

有关批判理论的笔记　/　229

下编　战后批判理论　/　237

作为文化批判的哲学　/　239

有神论-无神论　/　267

宗教与哲学 / 287

论怀疑 / 301

批判理论的昨天和今天 / 315

对宗教自由化的评论 / 337

神学在社会中的功能——与保罗·诺恩采特的对话 / 345

对全然他者的渴望——与赫尔穆特·贡尼的对话 / 357

论批判理论的未来——与克劳斯·格罗斯纳的对话 / 387

术语对照表 / 411

人名索引 / 424

编译后记 / 432

编译导言

金　翱

　　如果没有阿多诺，法兰克福学派的成就或许不会那么璀璨夺目；可倘若没有霍克海默，恐怕我们今天连"法兰克福学派"这个名字都未必会听闻。法兰克福学派的传统首先是在霍克海默的早期著作中形成的，而正是由于他出色的组织工作和学术领导能力，正是由于他对研究方法和理论重心的精心阐释，法兰克福学派这一带有地方性标签的学术团体才逐渐被越来越多的人接受，并几乎成为"社会批判理论"这一普遍批判范式的代名词。

　　然而，从另一个角度来看，我们不得不承认，霍克海默在批判理论研究中的地位较为尴尬。无论是在国外还是国内，相较于学派中其他几位突出代表，对霍克海默的研究都相对冷清得多。这背后的原因值得深入反思。在战后德国，尽管霍克海默和阿多诺的思想一度掀起了马克思主义的热潮，但在参与学生运动的年轻人眼中，霍克海默表现得越来越像一个保守主义者，他似乎放弃了社会批判的激进立场。正是由于这样的晚年思想形象，很多人开始相信，花费太多精力研究他是不值得的。而自 20 世纪 80 年代以来，在哈贝马斯对初代法兰克福学派的深入批判和交往行动理论的强势引导之下，霍克海默的社会哲学思考显得有点黯淡和过时。无论是在英美还是在中国，哲学和社会学界对法兰克福学派的接受更多集中在哈贝马斯身上，而非霍克海默。哈贝马斯成为理论讨论的焦点和跨区域对话的中心，而霍克海默往往作为"前情提要"被简单提及一下。

另一方面，法兰克福学派之外的热潮也影响着霍克海默研究。20世纪下半叶，当法国后结构主义理论已成为英美学术界的流行趋势时，本雅明和阿多诺对历史和进步的"宏大叙事"的怀疑姿态，以及他们将批判理论定位为具体的特殊性的努力，都与利奥塔、德里达、福柯等人的后现代主义思想产生了共鸣。霍克海默早期文章中那种显得有点传统和一板一眼的写作方式，在这一潮流的演进之下并不那么受欢迎。即使是《启蒙辩证法》这部被认为与后现代主义在修辞风格和思想观念上具有高度亲缘性的断片，也被人们理解为是阿多诺的《启蒙辩证法》，而霍克海默则被不恰当地视作一个边缘性的角色。① 本雅明和阿多诺对美学和文化理论的关注，更使得他们的工作在文学系和跨学科的文化研究中激起了广泛的兴趣。因此，在同一代人中，是本雅明和阿多诺，而非霍克海默，在今天能够始终保持在理论研究的前沿阵地当中。②

---

① 这一点在阿多诺研究专家罗伯特·肯特的阐述中表现得最为明显，参见 Robert Hullot-Kentor, *Things beyond resemblance*, New York：Columbia University Press, 2006, pp. 24-27。

② 有关霍克海默研究被人忽视的原因，我参考了约翰·阿布罗梅特的论述，参见 John Abromeit, *Max Horkheimer and the Foundations of the Frankfurt School*, New York：Cambridge University Press, 2011, pp. 5-9。关于后结构主义者对本雅明和阿多诺的认同，可参见 Peter Dews, *The Limits of Disenchantment：Essays on Contemporary European Philosophy*, London and New York：Verso, 1995, pp. 19-38。

可是,霍克海默是无法被轻易忽视的。今天的人们往往倾向于淡忘他的学术工作对整个法兰克福学派的奠基意义以及对当代社会哲学的影响力,而更多地把他当作学派的领导者和管理者。阿多诺曾希望纠正类似的观念:"在我看来,霍克海默本身的思想成就比一切对社会研究所的管理和领导都更加重要。"①哈贝马斯——尽管早年间他与霍克海默之间发生过不愉快的摩擦——也从思想史的事实出发,坦言道:"作为研究所所长和期刊编辑,霍克海默不仅掌控着所有的组织工作,而且无可争议地被认为是联合研究项目的推动力。但人们却很少注意到这一中心地位的另一个方面:霍克海默本人的哲学工作与他周围一群移民知识分子的集体成就之间的联系,可能比他的任何同事都要更紧密。与其他参与者相比,霍克海默更值得将后来被称为'法兰克福学派'的集体成就归功于自己。"②实际上,霍克海默的工作在一系列当代哲学和社会学的重要议题上都做出了深刻贡献,涵盖范围广泛,影响深远。对于这一点,我们可以列出长长的表单:社会哲学和批判理论方法论探索、社会学与心理学的跨领域结合、科学和实证主义批判、家庭与威权主义研究、关于道德或宗教的唯物主义研究、对政治经济学的批判及对资本主义转型问题的讨论、对极权主义和反犹主义的界定与反思……凡此种种,不仅成为其他法兰克福学派成员的理论共识和进一步探索的基础,也在

---

① Theodor W. Adorno, "Radiorede über Max Horkheimer", in: *Gesammelte Schriften*, Bd.20/1, Frankfurt/M: Suhrkamp Verlag, 2003, S. 154.

② Jürgen Habermas, "Max Horkheimer: Zur Entwicklungsgeschichte seines Werkes", in: *Texte und Kontexte*, Frankfurt/M: Suhrkamp Verlag, 1991, S. 87.

当代语境中不断显现其现实意义。可以说，如果没有对霍克海默思想努力的准确理解，那么法兰克福学派研究就无法获得一个稳固的根基，同时也不利于社会批判理论在今天的发展。

有鉴于此，我们希望在今天推出一系列霍克海默著作的全新译本。中文学界自 20 世纪 80 年代起就开始对霍克海默进行系统翻译，虽然这些译本在推介批判理论的过程中有筚路蓝缕之功，然而它们仅仅涵盖了霍克海默的部分工作（尤其聚焦于 50 年代以前的工作），且往往从英译本转译而来，已经无法满足当下日益精细的研究。新的译本希望在重新翻译霍克海默经典文章的基础上，收录更多尚未译成中文的作品，将他关键的作品"一网打尽"。这既囊括霍克海默富有学理性和批判性的论文、零散的手稿与断片，也包含他清晰而有穿透力的演讲，甚至涉及他非常值得玩味的一系列对话和访谈。我们希望这些译本可以让读者既感受到批判理论草创之初的雄心豪情，也体会到霍克海默对启蒙之辩证自毁的黯淡无奈，以及思考他战后反思宗教、教育和社会时政时的精彩之见和不足之处。通过这种方式，我们期盼译本不仅能够向读者广泛地呈现霍克海默思想的各个方面，也能够让读者感受他思想的内在连续性和富有深意的转变。

我们计划将霍克海默的思想编译成三本主题明确的文集，以飨读者：

第一本文集的主题是"论批判理论"，主要收录了反映霍克海默如何提出并发展"社会批判理论"相关理念的文章。这一文集涵盖从霍克海默担任社会研究所所长的就职演说到他去世前关于批判理论本身的访谈。主题还包括他对科学理解的演变、对批判理论作为一种理性批判的阐释，以及批判理论与神学和宗教的隐秘联系。

第二本文集的主题是"哲学与时代",主要关注霍克海默对经典哲学家的理解和对同时代哲学的批判。从 1930 年《资产阶级历史哲学的开端》到霍克海默晚年对康德、黑格尔、叔本华、马克思思想的创造性阐释,从对同时代实证主义、生命哲学、哲学人类学和道德哲学那入木三分的批判到他关于意识形态、真理和历史性的深刻思考,这本文集希望能够将作为哲学家的霍克海默的思想悉数呈现在人们眼前。

第三本文集的主题是"个体与社会",主要关注霍克海默在社会理论和文化批判方面所做出的贡献。涉及的内容包括霍克海默关于家庭、资产阶级自我、反犹主义和极权主义问题的讨论,关于特定社会学观念或流派的批判,关于西方社会资本主义演变、个体化进程和社会心理结构的研究,以及对当代社会在人类亲密关系、教育模式和技术统治等方面的忧心。

当然,这三个主题之间并不是截然分开的,在每一本文集中,我们都能够看到,批判理论、哲学、社会学等维度在霍克海默的思考中是如何有机地交织在一起,进而迸发出思想的创造力的。这正表明了批判理论的突出特点:在不断指向所身处的社会、指向现实的活生生的生命境遇的同时,反思始终以批判的姿态保有哲学或理论思考的深度。

*　*　*

作为《霍克海默文集》的第一卷,本书以"论批判理论"为主题,编译了二十多篇文章、笔记、演讲或采访,希望系统地展现霍克海默关于批判理论的相关思考，特别是呈现出他在不同时期思想的转变。这些文章基本按照首次发表的时间排序。我将这些内容编排为上、中、下三编：

上编主要收录的是20世纪30年代的一系列文章，它们大多发表在霍克海默一手主编的《社会研究杂志》上。霍克海默希望通过这些文章，厘清社会研究所的工作与当时流行的科学、哲学、宗教和社会学之间的关系。它们见证了批判理论的起源。正是在这些思考中，读者可以清楚地看到，霍克海默是如何一步步地发展社会批判的具体规定，并最终提出了"社会批判理论"这一成熟理念。

中编主要收录的是霍克海默40年代的一些工作成果，在这些工作成果中，批判理论逐渐被理解为一种"理性批判"。这里的许多文章都与霍克海默同期的两本重要著作《启蒙辩证法》与《理性之蚀》存在着密切关系，它们要么是这两本书写作时所依赖的先期材料或理论先导，要么是关于这两本书的高度精练和清晰的总结，因此具有重要的研究价值。

下编主要收录的是霍克海默战后返回德国后产生的一系列与批判理论直接相关的材料。霍克海默反思了哲学在当代社会中糟糕的生存处境，并对社会中的种种趋势进行了深入批判。在这一阶段，霍克海默越来越重视批判理论与神学和宗教之间的联系，因此读者可以看到，他是如何频繁地谈论自己关于宗教的看法。

接下来，我将围绕这种划分，冒昧地为有需要的读者提供一个简单的导读。

一、20 世纪 30 年代：批判理论的起源

本书收录的第一篇译文是霍克海默于 1931 年就职社会研究所所长的演讲。将这一演讲放在开篇恰如其分——它不仅可以被视为霍克海默发展其思想理念的一个开端，也在某种意义上标志着法兰克福学派的起源。学生时期的霍克海默曾这样表达自己的思想历程："我越深入到哲学中去，就和那些今天大学里讲的哲学越有距离。我们要探求的并不是那些从根本上来讲全然不重要的形式上的认识法则，而是关于我们的生活及其意义的物质表述。"①霍克海默这种使哲学摆脱抽象、现实化并深入生活中去的唯物主义理念，在这篇就职演讲中充分表达了出来。

首先，霍克海默花了很大篇幅为我们描述了 20 世纪 30 年代初整个德国社会哲学的现状：从黑格尔为代表的德国观念论到当下新康德主义关于价值领域的探索，都以世界观的形式，旨在提供一个美化现实、满足"人们对新的生命意义的渴望"②的社会图景。这类社会哲学的研究模式虽然和霍克海默一样反对实证主义的理路，却往往是单个思想家高度思辨的产物，不仅脱离经验现实，还为人们理解社会加上了崇高的滤镜。在霍克海默的唯物主义视角看来，没有一个更高的领域凌驾于物质的、时空的现实之上，也没有一个绝对的基本原理作为统一的原则来支撑这一现实。因此，与这样的社会哲学潮流相对，霍克海默希望"让哲学和

---

① 参见贡尼、林古特：《霍克海默传》，任立译，北京：商务印书馆，1989，第 15 页。

② 见本书第 14 页。

经验研究变得同等重要"①,用实证的、经验的社会学研究来弥补既有范式的不足;同时,他要求我们仍然承认哲学在研究中的根本作用,因为"哲学性的发问"(philosophischer Fragestellungen) 能够将人们从琐碎的经验数据中解脱出来,转而关注那些更具有普遍性的社会问题,关注一般的社会结构及其动态发展,以真正深入现实的具体过程。通过在各种实证科学和社会哲学之间建立辩证的联系,通过重建事实研究和理论思考的统一,霍克海默希望能够克服当前社会哲学研究的局限。

在这样的理念指导下,霍克海默不再认为单个人能够胜任社会哲学的工作,取而代之的是一系列不同领域的专家的努力,他们在哲学所锚定的一般问题的指导下联合起来,使彼此的研究成果发生相互联系,以达成对现实社会既有不同层次的经验内涵,又有结构性框架的具体描述。这就引出了霍克海默发展批判理论的第一个关键词:跨学科研究的纲领。只有使众多不同学科的研究者彼此相连——霍克海默提到了哲学家、社会学家、国民经济学家、历史学家和心理学家——构成一个紧密的学术共同体,才有可能使我们获得对社会现实的客观知识。不过,霍克海默在这里所提出的跨学科研究方法,并不像我们今天在申报课题时那样往往沦为一句漂亮却空泛的口号,也不意味着所有学科不分轻重地杂乱联结。跨学科的模式恰恰要在哲学发问的引导下被有所侧重地安排和筹划。相较于过去社会研究所对马克思主义理论和工人运动的关注,霍克海默提出了他上任后希望推进的研究方向,即"有关社会的经济生活、个

---

① 见本书第 19 页。

体的心理发展以及狭义文化领域的变革,这三者之间的关系问题"①。哲学所发问的正是这一问题。如果说"社会的经济生活"的相关研究,本就可以延续社会研究所一直以来的马克思主义政治经济学批判传统,那么关于"个体的心理发展"和"狭义文化领域的变革"的研究,则对社会研究所的研究布局提出了新的要求。这就引出了批判理论的第二个关键词:社会心理学。

20世纪30年代霍克海默对社会理论的一个重要贡献,就是牵头探索一种联结社会心理学的跨学科研究模式,对欧洲现代早期直至20世纪上半叶的个人性格结构、情感和日常生活的转变进行深入地讨论。这表现了霍克海默对批判理论的一个重要的期待:批判理论需要将现代心理学话语转化为能够解释特定个人和群体在具体社会历史条件下的思维和行动模式的理论资源,以重建历史唯物主义。在这方面,社会研究所展现了它的前沿性:它是德国第一个向精神分析打开大门的学术机构,并促成了法兰克福精神分析研究所(今天西格蒙德·弗洛伊德研究所的前身)的建立。霍克海默领导下的心理学专家团体(弗洛姆无疑是其中最为人熟知的代表),在德国工人阶级的家庭和权威关系,以及后来的反犹主义偏见研究这几个社会心理学项目中都取得了突出成果,使社会研究所声名远扬。

另一方面,霍克海默对"狭义文化领域的变革"的强调,也使法兰克福学派从一开始就将日常生活的审美感知、美学形式和文化消费作为自己的重要主题。本雅明对经验变迁和艺术的机械复制形式的敏感,阿多诺对音乐和文化工业的批判,马尔库塞对审美理性和新感性的阐释,洛文塔尔对文学和通俗文化的关注,

---

① 见本书第20页。

都能在霍克海默的就职演讲中找到根据。

当我们阅读霍克海默为《社会研究杂志》第一卷所写的前言时可以看到，这些重点是如何被他一再强调的。在前言中，"社会哲学"也被"社会研究"（Sozialforschung）这一更具经验气质的表述所取代。霍克海默这样定义社会研究的目标："社会研究力求了解整个社会的进程，并假定在纷乱复杂的事件的表面之下，存在一种可以被概念所认识的、起作用的力量结构。"①这样的目标实际上蕴含着批判理论所关心的第三个关键词：对整体（Ganze）或总体性（Totalität）的关注。读者若留心的话，会发现霍克海默的相关想法其实在就职演讲中就已经流露了出来；而在后来的《传统理论与批判理论》等一系列文章中，这两个关键词更是愈加频繁地出现。霍克海默希望在经验研究中坚持哲学性的发问，很大程度上就是要坚持朝向整体、坚持总体性的维度，希望在实现多领域、跨学科交织的同时，社会研究能将目光始终锚定在社会的总体结构和整体的历史进程之上。

整个社会研究所在 30 年代初的工作，基本上是在霍克海默定下的这几个关键词的指导下进行的。我们可以用"跨学科的唯物主义"②来命名这一阶段。在这一阶段，霍克海默提出跨学科研

---

① 见本书第 27 页。

② 在这里我们采纳了对社会研究所早期工作的一般分期方式，将其分为"跨学科的唯物主义"（1931—1937）、"批判理论"（1937—1940）和"工具理性批判"（1940—1945）三个阶段。关于这种分期，可参见 Helmut Dubiel, *Wissenschaftsorganisation und politische Erfahrung. Studien zur frühen Kritischen Theorie*, Frankfurt／M：Suhrkamp Verlag, 1978, Teil A；Seyla Benhabib, *Kritik, Norm und Utopie. Die normativen Grundlagen der kritischen Theorie*, Frankfurt／M：Fischer Taschenbuch Verlag, 1992, Kap. 3。

究的纲领,并以唯物主义的理念批判社会哲学的各种思辨取向,
注重协调经验研究的基础地位以及关注整体的哲学维度。虽然
他有力地批评传统科学和实证主义的局限(正如我们在《关于科
学与危机的评论》一文中看到的那样),但在某种程度上仍然把科
学作为追求的目标,在他看来,"对历史的认知是一门科学"[1],唯
物主义理论关注的是如何科学地解释历史,而对科学工具的有效
使用、对科学标准和客观性的坚持也是社会研究必须遵循的
道路。

　　不过,在几年后写就的一系列文章中,我们可以明显感受
到,霍克海默对何谓理论或何谓哲学的反思有了进一步地深入,
这标志着法兰克福学派开始变得激进。科学与哲学不再像以前
那样被简单地协调在一起,对历史整体进程的科学认识被批判
的立场所重塑。在1937年写下的《传统理论与批判理论》一文
中,霍克海默开始用"传统理论"和"批判理论"标识两种截然不
同的理论模式。他指出,与传统理论的静态、保守、循规蹈矩截
然相反,批判理论是"一种以社会本身为对象的人类行为",它
旨在革除某些"与社会建筑的整体组织必然紧密相连"的弊
端。[2] 在同年撰写的《哲学与批判理论》一文中,霍克海默进一步
加固了两种理论模式的对立。我们可以将这两种理论模式的区
别总结如下表:

---

① 见本书第27页。

② 见本书第67页。

	传统理论	批判理论
理论对象	自然（或自然化了的）的特定对象，给定的事实	社会总体性，生产出全部历史生活形式的人类
社会起源	起源于人对自然的支配，与人类的再生产活动息息相关，意识形态以及自身持存的需要	对压迫的反抗以及从自由和解放的欲望和兴趣中发展出来的社会变革要求
理论的逻辑结构	从基本命题和普遍概念出发，数学化、符号化、实证化、体系化，追求合理性与无矛盾（笛卡尔主义）	从关于交换的经济结构的分析出发，把握社会总体性，并对其进行批判和介入（政治经济学批判）
与社会的关系	在社会功能秩序之中，具有生产性，与社会和谐共存，顺从主义	超越并质疑社会功能秩序，具有批判性，与社会的关系是"紧张"
对自身的看法	非反思的，认为自己是纯粹的、客观的认识，不追问自身的起源与目的	有强烈的自身意识，反思关于自己形成的社会和实践条件，承认自身价值负载
主客关系	主客截然二分，对事物的非历史、无中介的理解方式，静观的态度（实证主义）	辩证法，主客之间动态而有中介的关系，强调对事物构成过程的把握和主体性的实践取向（德国观念论）

关于两种理论模式的具体差异，限于篇幅，我们在此不再展开分析。然而，值得注意的是，在这一阶段，霍克海默明确将马克思主义的立场引入了批判理论。这首先意味着政治经济学批判的方法。马克思在《资本论》中对资本主义生产方式和商品结构

的分析,构成了批判理论把握当代社会的出发点。在这个意义上,过去那较为模糊的"社会整体"或"社会总体性",如今被认为是以"基于交换的经济"①为主干的,对它的哲学性发问则表现为对资本主义的具体结构和最新动态趋势的概念性把握。在30年代初期,霍克海默对社会总体性的态度仍局限于对其进行客观的、科学的、唯物主义的认识;而现在,基于马克思主义的立场,批判理论的真正要务在于意识到社会总体性本身不可缓和的矛盾和负面特征,意识到它"将人类推向了新的野蛮"②,并以否定的和批判的视角对待这种总体性。据此,霍克海默这样定义批判理论的任务,即"展示在既定的人和事物的特性下(当然,这些特性受交换经济的影响而变化),交换经济如何必然导致社会对立的加剧,而这种对立在当前的历史时代推动了战争和革命的发生"③。

其次,霍克海默将马克思主义的解放旨趣引入了批判理论,并将它与德国观念论高扬主体性的理性主义结合在一起。理性的集体主体成为霍克海默的关键理念。在他看来,资本主义下的社会实践必然是无意识的和盲目的,它带来了大量的灾祸和痛苦。然而,霍克海默坚信人的理性力量可以扭转这种社会实践的形式。通过形成"自由人的联合体",人们可以将盲目的社会实践置于主体有意识的控制之下,并最终实现对人类社会的理性组织,实现对统治和奴役的扬弃。批判理论正是这一集体主体要实

---

① 见本书第85页。
② 见本书第87页。
③ 见本书第86页。

现理性的、有意识的历史变革所需要的理论资源。不过，与正统马克思主义不同，霍克海默多次强调了批判理论面对无产阶级实践时的独立性，在他看来，唯有保持这种独立性，理论才能在实践中发挥真正的作用。

带着这样的立场，霍克海默重新反思了哲学，现在，哲学不再只是对那些宏大和普遍问题的关注，只有在批判理论的意义上，哲学才能获得自己的真实存在。在《哲学的社会功能》一文中，他坚持认为，"哲学真正的社会功能就在于它对流行事物的批判"，而"批判的主要目的是防止人类使自身迷失在现有社会组织灌输给其成员的观念和活动中"。① 哲学被赋予了人类解放的意图，它是"将理性引入世界的有条不紊的和坚定不移的尝试"②，是人类通过理性使糟糕的世界变得更好、使个体和社会真正得到和解的努力。

霍克海默早期关于社会研究和批判理论的理念几乎主导了整个法兰克福学派的研究模式，正如阿尔弗雷德·施密特所言："读者最好能够认识到，霍克海默的命运与法兰克福研究所的命运是多么紧密地联系在一起，《社会研究杂志》的历史与霍克海默的思想传记在很大程度上是一致的。"③此外，他在整个30年代的写作为人们理解究竟什么是批判理论提供了一个范例，成为相关

---

① 见本书第 130 页。

② 见本书第 133 页。

③ Alfred Schmidt, "Die 'Zeitschrift für Sozialforschung': Geschichte und gegenwärtige Bedeutung", in: *Zeitschrift für Sozialforschung*, 1932 (Jahrgang 1), München: Deutscher Taschenbuch Verlag, 1980, S. 5.

学者一再返回的参照点。然而,霍克海默的观点也遭到了许多质疑。我们可以列举其中的一些。例如,跨学科研究的纲领旨在通过在各种实证科学和社会哲学之间建立辩证的联系来克服研究的局限,但霍克海默始终没有讲明白这种克服是如何实现的,"跨学科"和"哲学"的概念都太过模糊,而具体科学的方法论探讨始终不够深入。霍克海默对传统理论的定义似乎也不够精确,一方面这个笛卡尔式的定义过于标准化,并非所有主流知识形式都以数学化的方式存在,另一方面这个定义似乎把描述性的理论概念和规范性的理论概念混为一谈,在实际经验中,理论工作很少一板一眼地遵循理想的模式(我们在托马斯·库恩关于科学革命结构的研究中可以很明显地看到这一点);而像过去极为重要的知识形式——神学——也无法在传统理论和批判理论的二分结构中找到自己的位置。霍克海默对于解放的想法似乎也太过简单了。一方面,他预设了一个并不清晰的集体主体概念,而整个社会都可以受这一主体的有意识的控制,这样的想法在现代化使社会越来越复杂化的情势下变得不再可靠;另一方面,解放的社会被构想为全然理性的,这种前景本身就极度模糊,甚至可能被怀疑带有极权主义的特征。① 不过,上述的这些问题要么随着霍克海默的转变而不再重要(至少对他来说),要么本身就构成了他思想变化的动机。

　　后来的批判理论家曾尝试从霍克海默这一时期的工作出发,

① 上述对霍克海默的各类批评,我参考了二手文献的整理,参见 Frieder Vogelmann, *Max Horkheimer*: *Traditionelle und kritische Theorie*, Frankfurt/M: S. Fischer Verlag, 2021。

更精准地界定批判理论所指向的思想内涵,哈贝马斯就是其中的突出代表。在《认识与兴趣》一书中,哈贝马斯批评霍克海默将社会实践过分单一地归结为劳动(一种工具性行动),致使他无法看到,除了自然科学的传统知识之外,还存在着另外两种不可还原的知识类型,即以解释学为代表的自身解释的知识,以及以精神分析为代表的自身解放的知识。哈贝马斯继而将传统理论与批判理论的二元论扩展为由工具性、解释性和解放性知识组成的三元结构。① 而霍耐特后来也认为,霍克海默没有表明,我们如何能够从以支配自然为目的的社会劳动中获得这样一种与传统理论截然对立的反思性意识,因此,我们必须引入主体间的维度、引入"社会斗争"的概念来阐明批判理论所根植的社会实践层级。② 借助对霍克海默早期工作的反思,霍耐特引领了当代批判理论的"承认转向"。

无论如何,霍克海默30年代的工作建立了一个极为吸引人的理论图景。他不仅打破了对现有学术分工的简单接受,灵活借鉴并融合多学科的研究成果,还将这些融入到一个更为整体的、具有自身反思意识的历史与社会理论体系中。正如约翰·阿布罗梅特所说:"这样的模式对于那些一方面想避免枯燥乏味的理论纯粹主义,另一方面又想避免对事实的不加反思的迷信的人来说是一个积极的信号。它不仅对批判理论家有吸引力,而且对任

---

① 参见哈贝马斯:《认识与兴趣》,郭官义、李黎译,上海:学林出版社,1999。

② 参见霍耐特:《权力的批判》,童建挺译,上海:上海人民出版社,2012,第14页。

何赞同霍克海默信念的人都有极大的吸引力,他们都相信,追求知识的最终目的不是建立永恒的真理,而是改善有限人类的生活。"①

二、20 世纪 40 年代:转向理性批判

虽然整个 30 年代期间,霍克海默的论述侧重点发生了转移,但仍有足够的内在一致性表明他前后理念的连续而非断裂。即使是在试图推广批判理论的立场时,霍克海默仍然要我们记住,批判理论不是通过抽象地否定现存的科学模式来实现的。一方面,人类种群的存续离不开传统知识的生产性;另一方面,批判理论的反思本身就建立在跨学科研究的诸种资源之上。各类传统学科仍有其社会位置。然而,到了 40 年代,霍克海默的思想发生了显著的断裂。作为希特勒上台后第一批被开除的教授,霍克海默意识到,国家社会主义的崛起已经表明整个人类文明病入膏肓。在 30 年代的文本中,"理性"概念总以振奋人心的面貌出现,秉承德国古典哲学的精神,霍克海默一直对这种人类能力及其背后的自由潜力抱有乐观的期望。可是现在,在他看来,社会的问题不再简单地是人们未能以有意识的反思形式实现理性,而是理性本身发生了病变。因此,批判理论从社会批判转向对理性本身的批判,这也就是说,批判理论不仅要对当下的各种社会现象进行批判,而且要对规定着这些社会现象的背后的理性原则进行批判。

---

① John Abromeit, *Max Horkheimer and the Foundations of the Frankfurt School*, New York:Cambridge University Press, 2011, p. 432.

1942 年撰写的《理性的终结》一文,其标题本身是霍克海默这一转变的最明显的表达。问题不在于社会生活不够理性,而在于过于理性,理性已经走向了极端。这篇文章是霍克海默与阿多诺合作的第一个重要成果,也是他对西方理性辩证法的第一次连贯阐述,在未来几年中,对这种辩证法的详细阐发将成为他的主导工作。霍克海默在该文中一改过去平实且学术化的文风,以短句为主湍流而下,文风气势恢宏,论断铿锵有力,各种引经据典令人目不暇接。这种风格一直延续到《启蒙辩证法》的写作中。文风的变化侧面表现出他对情势的忧急和思考模式的深刻变化。《理性的终结》似乎并未直接延续霍克海默 30 年代对社会学和马克思主义所持的乐观姿态,相反,它更容易与本雅明和阿多诺的关键论点——否定的历史哲学、对自然统治的批判、神话与现代性的亲缘关系,以及对各种人类生活病理形式的观察——产生思想共鸣。文章以"文明的基本概念正在迅速衰败"①开篇,直指西方理性的辩证自毁过程。霍克海默意识到,理性为了实现自己,不仅将一系列支撑着西方文明的规范性资源掏空——灵魂、意志、正义、自由、人权如今成了形而上学的空壳,还转向反对自身,从而使自己的目的落空,这尤其表现在无时无刻不行使着理性能力的人类,反倒失去了真正理性和自主地实现幸福的社会生活的可能。

这篇文章的德文版题目为《理性与自身持存》,凸显出霍克海默论述的一个核心理念:在现代社会,理性已经沦为"自身持存"

---

① 见本书第 143 页。

(Selbsterhaltung) 的工具。自身持存的理性"仅考虑生存"①,已经遗忘了理性与客观价值、人文精神之间曾有过的紧密联系,这种理性不断要求个体在社会总体性面前做出牺牲、对自己的欲望和幸福进行自身否弃(Selbstvernichtung) ,以求最低限度的延活。甚至在国家社会主义的民族狂热下,这种理性"要求被保存的个体去死"②。

在后来的《理性之蚀》这本书中,霍克海默也将自身持存的理性称为"主观理性"。我们收录的《论理性的概念》一文,虽然是霍克海默就任法兰克福大学校长时的演讲,在时间上已属于 50年代,但其内容是对 40 年代理性批判的延续和总结,因此也被我们归入中篇。在这场演讲中,霍克海默强调,主观理性"涉及目的与手段之间的关系,涉及程序方法与目标的契合度"③,而不问目的本身是否得到了理性的证明。这种理性形式的妄自尊大,使得人类以工具性和支配性的方式面对自然和他人,使西方一直以来关于美好生活的理念——客观理性往往为这些理念提供世界观上的文撑——失去其效力。启蒙因此走向了它的反面。关于自身持存和主观理性的概念,学界已有众多研究,在此我们就不再赘述。

向理性批判立场的转变也深刻地影响了霍克海默对于专业科学或传统理论的态度。批判理论与非批判性的知识的关系发生了根本变化。我们之所以要把他为《启蒙辩证法》撰写的前言

---

① 见本书第 152 页。

② 见本书第 155 页。

③ 见本书第 214 页。

收录进来,正是为了清楚地表明这一点。在前言中,霍克海默坦露了自己的心路历程。他表示,过去这些年他一直对当代意识保有信任,始终以既定的科学实践为指引,与各学科的主题紧密相连,"将自己的工作主要限制在对专业学说的批判或延续"之上,力求在主题上坚持传统学科,坚持社会学、心理学和认识论。然而现在,"在资产阶级文明崩溃的当下,不仅科学的运作,而且科学的意义都变得问题重重"。霍克海默认为这样的模式已无法再维系下去,因此,"我们不得不放弃那种信任",放弃"对时代精神的种种习惯和方向保有哪怕最后一丝天真"。① 哈贝马斯对此一针见血地评论道:"霍克海默用这些话推翻了他在社会研究所就职时的演说,以及他在《社会研究杂志》上反复发展的计划。"②在30 年代,霍克海默依然认为传统理论有自己的适用范围,它在生产力发展中扮演着积极而重要的角色,但在理性批判的视角下,对自然的支配本身受到质疑,传统理论自身所蕴含的理性原则在根本上是成问题的,是自毁性启蒙的本质组成部分。这些传统理论所提出的语言模式浸染了人类的日常经验和行为状态,它们俨然已成为意识形态的工具。在这样的情况下,当今所有的理性资源都不足以依靠。原来的批判理论力图把各学科作为一个环节纳入其对社会现实的跨学科批判中,但现在,跨学科的研究纲领亦不再起效,因为没有任何跨学科的方法可以直接对理性本身展开追问。

---

① 见本书第 185 页。

② Jürgen Habermas, "Max Horkheimer: Zur Entwicklungsgeschichte seines Werkes", in: *Texte und Kontexte*, Frankfurt/M: Suhrkamp Verlag, 1991, S. 96.

　　理性批判的姿态也使批判理论从过去那种以资本主义社会总体性为主要指向、历史而具体的社会理论，转变为对理性与权力共生的自然统治的跨历史批判，这一转变在《启蒙辩证法》中得到了明确的表述。古希腊神话已经蕴含了启蒙的要素，而资本主义现代性现在被认为是西方理性的普遍历史的一种表达。马克思对未来社会的想象未能跳出这种理性的辩证法的范围，因为他把社会的理性发展"等同于更有效的对自然的支配"①。极权主义技术理性肆行无忌的历史现实也提醒霍克海默，当代社会中的种种实践形式——包括他曾寄予希望的无产阶级革命实践——已经失却了革命性和否定性。今天重要的不再是革新和进步，而是要先守护文明的底线，避免其陷入彻底崩溃。

　　相较于《启蒙辩证法》对"积极的启蒙概念"的晦涩论述和语焉不详，霍克海默在《理性反对自身：关于启蒙的一些评论》这篇演讲中更为清晰地表达了他对我们应如何拯救文明的看法。在理性批判的视角下，批判理论的治疗方法就是鉴别理性的疾病，而这种鉴别依赖于理性被压抑了的回忆能力，也即自身反思的潜力。"理性必须重构自己那浮沉荣枯的历史——换言之，试图回忆其起源并理解其内在的诸种自身毁灭倾向和机制。"②通过理性对自己的谱系学批判，人类的理性能够反思极致的启蒙所带来的种种自毁趋势，并通过历史实践来切实改变将理性降格为单纯的工具理性、主观理性或自身持存的理性的生活形式。从这点也可以看出，霍克海默并未完全否认理性的发展，或要求退回过去被

────────────

① 见本书第 392 页。

② 见本书第 198 页。

客观理性笼罩的世界。在他看来,唯有批判性地承接启蒙,理性才有机会自愈。黑格尔式的否定和扬弃成为批判理论这一时期认同的理念。理性的怀疑主义针对迷信、神话和形而上学的斗争,虽将支撑西方文明的道德和宗教的规范性资源破坏殆尽,却也因此能够丢掉幻觉,来"直面地狱,认清地狱的真实面目"①。我们所需要做的是"让理性摆脱被指责为虚无主义的恐惧"②,进一步发挥启蒙的革命力量,以最清醒的姿态戳穿乐观主义和和谐主义的假象,充分认识社会现实中的各种矛盾,为根本的社会变革提供思想的和理论的条件。

我们同时选译了霍克海默 40 年代留下的几篇关于批判理论的笔记,其中涉及他对流行哲学的讥讽、对理论和实践关系的思考、对批判方法的理解以及对宗教信仰的反思。这些笔记以更主题化的方式反映了他同期作品中潜藏着的观念,或预示了他在下一阶段思想的发展方向。特别是霍克海默否定主义的乌托邦精神,已经在这些笔记中明显呈现出来。

我们该如何评价霍克海默所引领的批判理论的"理性批判转向"呢?无疑,这一阶段标志着批判理论最为激进、最有特色的方面,为法兰克福学派吸粉无数。理性第一次与压抑、控制和异化深度绑定在一起。今天人们再谈及理性与现代性、理性与解放之间的关系时,语调中多出来的那种忧郁和迟疑,或许和霍克海默的工作脱不开关系,即使他们没有真正读过霍克海默的作品。

然而,这一阶段也导致了最多的理论困惑。在主流的批判理

---

① 见本书第 179 页。

② 见本书第 208 页。

论史阐释中,《启蒙辩证法》被认为提供了一个跨历史的工具理性批判,因此被视为对马克思的放弃,标志着社会批判理论在 40 年代的一次(往往被认为是过于悲观和糟糕的)转向。① 历史如今被视作一个连续而不断堕落的统一体,古典和现代的界限被模糊了,这种宏大叙事的历史建构使得"元政治和人类学的'辩证'成为对政治和历史冲突的分析的替代物"②,对启蒙的工具理性批判"未能满足辩证思维的必要条件之一:历史中介"③。如果说 30 年代的霍克海默对整个西方早期现代性进行了历史的和差异化的分析,尤其关注思想家在特定历史情势下的矛盾和暧昧之处,那么 40 年代的理性批判视野实际上丧失了这种品质,它阻止了理论对不同社会和社会的不同部分进行有区别的分析,④也使批判理论把一切都还原为理性的病变,由此陷入了与工具理性自身相似的"还原主义"和"极权主义"倾向⑤。现代社会与前现代社

---

① 参见 Gunzelin Schmid Noerr and Eva-Maria Ziege, "70 Jahre Dialektik der Aufklärung", in: *Zur Kritik der regressiven Vernunft: Beiträge zur "Dialektik der Aufklärung"*, hrsg. Gunzelin Schmid Noerr and Eva-Maria Ziege, Wiesbaden: Springer VS, 2019, S. 8。

② 布隆纳:《重申启蒙》,殷杲译,南京:江苏人民出版社,2016,第 118 页。

③ John Abromeit, *Max Horkheimer and the Foundations of the Frankfurt School*, New York: Cambridge University Press, 2011, p. 427.

④ Herbert Schnädelbach, *Analytische und postanalytische Philosophie*, Frankfurt/M: Suhrkamp Verlag, 2004, S. 150-178.

⑤ Heidrun Hesse, *Vernunft und Selbstbehauptung. Kritische Theorie als Kritik der neuzeitlichen Rationalität*, Frankfurt/M: Fischer-Taschenbuch-Verl, 1984, S.117-119.

会之间不同形式的理性之间的差异基本上消失了。在这样的情况下,一些学者甚至认为,好的批判理论应该恢复早期批判理论的模式,重新将注重经验、分析具体历史情境和坚持跨学科方法的信念引入今天批判理论的研究当中。①

哈贝马斯对霍克海默的诘问或许是最经典的:启蒙的真正实现有赖于人类的理性能力,而理性又恰恰是启蒙问题之所在,这样一来,霍克海默对理性的激进批判难道不会导致某种"述行性矛盾",以至于丧失批判理论自身的规范性基础吗?② 这表明理性批判范式的片面性。一方面,理性批判的视野未能妥善处理资产阶级文化现代性的理性和规范性内涵,对科学内部的自身反思、法律和道德的普遍主义基础、民主制度与现代政治理念和审美经验的创造力缺少实质性的关注,而这同样是启蒙现代性的核心组成部分;另一方面,霍克海默的社会理论似乎缺乏基本的概念,来解释在工具理性的统治下尚可以支撑理性自身反思维度的社会空间。后一问题开启了新法兰克福学派关于人类多种社会行动类型及其背后不同理性形式的讨论,哈贝马斯的"交往理性"是其中我们最耳熟能详的概念。

这些讨论提醒我们批判理论研究的复杂性。即使范式有所反转,旧形式的批判理论不会自动贬值或失真。然而,谁又能完全否认理性批判视野所带来的思想独创力和启发性呢? 霍克海

---

① John Abromeit, *Max Horkheimer and the Foundations of the Frankfurt School*, New York: Cambridge University Press, 2011, p. 2.

② Jürgen Habermas, *Der philosophische Diskurs der Moderne*, Frankfurt/M: Suhrkamp Verlag, 1985, S. 138.

默这一时期的工作揭示了那些隐藏在现有话语和公共意义之下的糟糕之物——那些深埋在日常生活中的,过于"健康"或已被习以为"常",甚至让人难以察觉的病变与缺陷,使它们以一种如此触目惊心的方式呈现出来。特别是在极权主义泛滥的年代,这些思想无疑获得了历史语境中的真理性。今天的人们回过头去阅读这些内容,仍然会感受到一种高度的时代相关性。

三、返回德国:批判理论的保存与神学之维

在纳粹浩劫之后,社会研究所获得了重建。1950 年 2 月,霍克海默回到了法兰克福,这也标志着他的思想进入另一个阶段。在这一阶段,他晚年的那些论述遭到了最广泛的质疑和误解,他被批评为变得无聊、保守和神秘。哈贝马斯尖锐地评价道:"50 和 60 年代发表的论文和演讲表明,霍克海默的创作力非常不稳定,这也许能让人听到新的声音,但并未揭示任何新的方法——更不用说对之前内容的认同了。"①对于晚期霍克海默,批判理论研究的惯常做法是一笔带过,或干脆无视。这种做法当然不是毫无根据的。魏格豪斯的记载相当细致地呈现了在西德特殊的政治环境下,大学职务、出版审查、社会研究所事务的协调和运营工作是如何使得霍克海默越来越趋向保守,似乎背离了批判理论的精神。② 然而,如果读者耐心阅读,很有可能会发现,霍克海默发出

---

① Jürgen Habermas, "Max Horkheimer: Zur Entwicklungsgeschichte seines Werkes", in: *Texte und Kontexte*, Frankfurt/M: Suhrkamp Verlag, 1991, S. 100.

② 参见魏格豪斯:《法兰克福学派》(下册),孟登迎、赵文、刘凯译,上海:上海人民出版社,2010。

的那些"新的声音"虽然并不清晰明确或直击人心,却仍然有一定的深度。它暗示了批判理论的一些隐藏的或可能的形态,值得我们去探索,这也是本书仍然编译了许多霍克海默晚年著述的原因。

如果要用一个词突出霍克海默晚年的批判理论立场的特别之处,那么"保存"这个词可能是比较贴切的。相较于批判理论30年代早期对科学和经验的关注、40年代对批判和否定的强调,在晚年的霍克海默眼里,批判理论需要突出它保存一系列文化资源和社会条件的功能,防止它们被激进的改革运动和战后社会的技术发展所碾碎。在题为《作为文化批判的哲学》的演讲中,霍克海默指出了批判理论的双重任务:"思想既具备变革的功能,同时又承担着保存的职责"①,"哲学既是保存性的,同时又是批判性的"②。这一点实际上是40年代理性批判在另一个方向上的延伸:正是因为目空一切的理性和极致的启蒙将所有文明运作必需的道德和文化资源斥为迷信,人类社会才会一路畅通无阻地通向奥斯维辛,所以,我们需要在充满破坏力量的现代化过程中为那些一度支撑起社会正义和个体自主的要素保留一些空间。40年代的霍克海默还要求以反思的姿态将启蒙坚持到底,消除一切迷信和幻觉,而50年代的他却转而开始强调,哲学,或批判理论,不能陷于与它所批判的理性一样的激进姿态,不能单单谋求否定一切。这也是霍克海默对后来的学生运动持批评态度的重要原因之一。在这个意义上,霍克海默为"保守主义"这个常常被政治意

---

① 见本书第 246 页。

② 见本书第 248 页。

识形态标签化和污名化的概念做辩护："在许多情况下(尽管不总是如此),真正的保守主义者比法西斯主义者更接近于真正的革命者。"①

那么,霍克海默究竟想要保存些什么呢? 他列举了许多方面,例如知识领域之间的关联、道德良知、个体的自主性、浪漫的爱情、人与人之间的纽带,等等。然而他下了最多功夫研究的,是如何对西方宗教传统进行保存。在《有神论-无神论》《宗教与哲学》《论怀疑》《对宗教自由化的评论》这些专门讨论西方宗教和神学的文章中,读者会惊讶于他广博的宗教知识和独到的神学理解,也会意识到他对当代神学的发展——保罗·蒂里希的思想或梵蒂冈第二届大公会议的精神——的密切关注。许多对宗教文化并不"感冒"的研究者往往持有这样一个粗糙的印象:霍克海默晚年大谈特谈宗教问题,这意味着他从历史唯物主义的立场退回到了宗教神秘主义之中,从谋求社会变革的积极姿态遁入无力的神学。然而,这样的理解失之偏颇,它实际上建立在对世俗化过于简单的肯定性理解中,而这种理解"是一种特有的意识形态,这一意识形态贬低那些没有走上世俗化道路从而实现理性化和现代化的社会,同时还假设了达到世俗化最高阶段的特定社会形态"②,这样的立场无法把握霍克海默宗教思想的复杂性。霍克海默看到,批判理论要真正达到对西方文明的反思,宗教是一个绕

---

① 见本书第 334 页。
② 爱德华多·门迭塔:《理性化、现代化和世俗化》,载芭芭拉·福尔特纳编:《哈贝马斯:关键概念》,赵超译,重庆:重庆大学出版社,2014,第 269 页。

不开的话题，因为"西方文明本身与基督教神学的世界图景须臾无法脱离"①，且"欧洲的思想及其决定性概念深深植根于神学之中"②。可以说，西方现代学者重视犹太教或基督教，并将智识精力投入其中，就如同中国学者对传统文化——道家和儒家的理念——的认识和研究，毕竟西方宗教是如此有力地影响当代西方社会的运行并从根底上构成西方人的文化心性。在霍克海默看来，若没有宗教，西方文明的美好价值和人文主义理念是无法抵御以实证主义为代表的激进理性的冲击的，正如他所说，"如果没有神圣诫命的有效性作为前提，博爱、诚实、责任感在逻辑上就无法比仇恨更加理正词直，对苦难者的帮助也无法比压迫他人来得更好"③。然而，对宗教的关注并不意味着霍克海默要求我们回到传统的宗教世界观当中去。一方面，对宗教进行历史唯物主义的解读是他思想的一贯风格；另一方面，他所做的恰恰是要在保存西方宗教的文化影响的同时，消除西方宗教中的神秘主义成分和暴力倾向，使其成为积极变革社会的现实力量。

在 1935 年的《对宗教的思考》一文中，霍克海默明显继承了马克思在《〈黑格尔法哲学批判〉导言》中对宗教的看法。他描绘了宗教如何通过与世俗强权结盟并为贫苦之人提供虚幻的意义安慰，从而维持不公正的社会秩序。在这篇短文的末尾，霍克海默提出了一个新颖的观点，那就是随着原有宗教形式的瓦解，宗教内蕴的人类力量和愿望可能在现代解放事业中发挥至关重要

---

① 见本书第 298 页。
② 见本书第 289 页。
③ 见本书第 305 页。

的作用。他写道："一部分被宗教信仰所保存和延续的欲力和愿望从其限制形式中解脱出来,并作为生产力进入了社会实践。在这一过程中,即使是被摧毁的幻觉,它本身的那种漫无节制也会获得一种积极的形式,并转化为真理。"①在晚年的作品中,霍克海默一直致力于阐释宗教的这种"欲力和愿望",并把它从神学的神秘主义信仰中解救出来。在他看来,人类的宗教生活就植根于这种源发性的人类兴趣,也就是"创造一个世界,在这个世界上,所有人的生活都会更美好、更长久、获得更多改善以及更不受苦难所扰"②。然而,整个西方神学传统都错误地物化了这种兴趣,把人类在对更理想的生活形式的渴望中出现的超越性的指引客观化为某种绝对者,也就是上帝,并对其加以描绘。在这一过程中,人类心灵解放性动力不仅被神秘化、教条化,更是沦为维持社会统治和排斥、侵略异己存在的暴力形式。为了重新恢复信仰的心灵与社会变革之间的原初纽带,霍克海默借助对康德、叔本华和当代神学观念的讨论,要求人们自承认识能力之有限,意识到上帝永远作为"他者"而无法从正面加以定义,从而防止内心的渴望在神学教条和社会统治面前走向僵化。霍克海默的"他者哲学"无疑与一些当代神学家(例如卡尔·巴特)相呼应。在《对全然他者的渴望》这篇采访中,霍克海默明确提到了批判理论与犹太教的关系。批判理论秉承了犹太教的塑像禁令(Bilderverbot),强调不可能于尘世之中确定上帝或理想社会的形象,只有通过对当下现状的批判和否定,"他者"或另一种不同的未来才会向我们展

---

① 见本书第 45 页。

② 见本书第 360 页。

开。在这个意义上,宗教的真正形象和批判理论是一致的,它们都坚持对现实采取否定的乌托邦的立场。

与弗洛伊德希望将人类宗教心灵去神秘化、进而摆脱宗教的影响不同,霍克海默对人类根本宗教欲望的追本溯源,恰恰是为了在更高的层次上保存宗教。宗教无法被取消,因为唯有它能够在实证主义的时代支撑人类摇摇欲坠的道德和价值信念,并源源不断地培育解放的渴望。在这个意义上,霍克海默将西方宗教的救赎信念对准尘世,将根植人心的宗教能量以社会批判的方式保存下来,使之成为新的主体性形式的构成要素,成为人类团结的黏合剂和反对苦难的宣言,成为社会变革所依赖的力量之源。

不过,这里同样有很多问题。霍克海默的相关观点多为断言式的,缺乏严密的论证,有时似乎经不起推敲。例如,为什么唯有神学能够为现代社会提供道德原则、文化理想和规范性导向呢?我们可以承认它是源头之一,但并不应该排除其他的可能。哈贝马斯就指出,内蕴于人类语言结构当中的交往理性同样可以充当这样的角色。① 像阿多诺那样诉诸人类天然排斥的身体痛苦,也可以为人类的世俗生活提供一些价值指南。另一个问题是,难道对人类底层宗教兴趣的揭示不属于世俗化的祛魅过程,不会触动宗教存在的根基吗? 若我清醒地意识到我朝向上帝是源于俗世的解放欲望,那么我又如何能够坚持或有必要坚持对绝对者的信仰呢? 正如格罗斯纳的疑问:"如果神学只包含对绝对者的否定,

---

① Jürgen Habermas, "Zu Max Horkheimers Satz: 'Einen unbedingten Sinn zu retten ohne Gott ist eitel'", in: *Texte und Kontexte*, Frankfurt/M: Suhrkamp Verlag, 1991, S. 116.

那它究竟为什么还有存在的必要呢?"①坚持批判理论的立场似乎已经够了。在这个意义上,我们好像能够回答霍克海默那里引出的那个颇具争议的问题:批判理论是一种隐蔽的神学吗？批判理论当然能够从宗教经典、教义和神学诠释中学到很多东西,甚至可以与它们的救赎模式有平行的结构,然而,它世俗化的清醒使得它根本上无法与神学合而为一。

但是,我们仍要承认霍克海默宗教思考的当代性,这些思考在面对21世纪全球范围内的"后世俗社会"时更显现其意义。今天,世俗化似乎碰到了它的界限,越来越多的国家和地区出现了宗教的复兴,这表明坚持"现代社会是一个世俗社会"的经典现代性理论的失效,宗教信仰不仅没有消失,反而通过最多样化的形式复现。因此,我们需要学会如何与宗教实践及宗教语言共存。像哈贝马斯和查尔斯·泰勒这样的当代思想家,都看到了宗教观念具有持续而不可或缺的作用,都意识到从西方文明的宗教传统中提取不同视界、解放理念和规范性资源的重要性。从这一背景回看霍克海默的思考,我们会发现他如何像哈贝马斯所提出的那样,尝试去翻译过去的宗教语言,思考如何在一个逐渐世俗化的世界中维持意义和信仰,并把宗教和世俗世界互补性地纳入学习过程之中。

除了关于宗教的讨论,我们还收录了一些其他的材料,这些内容大多不是面向哲学或社会学专家,而是面向普罗大众,按照霍克海默全集编者的说法,霍克海默"通过公开演讲对当时思想

①　见本书第409页。

的影响可能比通过著作更为深远"①。在这些材料中,霍克海默积极回应自冷战开始的新全球格局,即东西方政治军事集团之间的对抗以及核毁灭的威胁,并思考自动化的技术社会的全面管治是如何在个人生活条件日益平等与个人自由丧失之间建立起特殊的结构性矛盾的。除此之外,学科分化、教育和社会情感结构也是他重点讨论的主题。

《批判理论的昨天和今天》是霍克海默向听众介绍法兰克福学派历史的讲座,以创立者的视角对批判理论进行了历史叙述和思想总结,是研究相关思想极为宝贵的材料。在这次演讲中,霍克海默谈论了批判理论的起源、产生的动机与持有的基本立场,特别是围绕着他对马克思思想理解的变化讲述了批判理念的转变,最后谈论了今天的批判理论可以在政治、科学、宗教、教育方面发挥什么作用。

在本书的最后,我们还收录了三篇对霍克海默的采访。在这些采访中,既有霍克海默对时政的评论,也有他对批判理论理念的澄清。这些采访是耐人寻味的,它呈现了霍克海默许多饱受争议的政治和社会观点,以至于有人认为,"霍克海默晚期的访谈录给人留下了一个被政治和社会事件冲昏头脑、极不甘心的人的印象"②。读者在他关于披头士、人工避孕、亲密关系的开放和职场

---

① Gunzelin Schmid Noerr, "Nachwart des Herausgebers zu den Bänden 7 und 8", in: *Gesammelte Schriften*, Bd. 8, Hrsg. Gunzelin Schmid Noerr, Frankfurt/M: Fischer, 1985, S. 458.

② Frieder Vogelmann, *Max Horkheimer: Traditionelle und kritische Theorie*, Frankfurt/M: S. Fischer Verlag, 2021, S. 107.

性别的平等化等一系列社会现象的评论中可以感受到这一点。这也反映出霍克海默自己在发展作为"保存"的批判理论的一个重要的局限——他无法很好地将批判性的保存与守旧式的保存拉开距离。霍克海默一直坚持某种高度理想化的自由资本主义概念,认为它是生活在现代社会的个体为数不多的可贵品质的来源。同时,他批评了资产阶级文化的局限性,强调个体的自主性、反思能力和道德良知会在被管治的技术世界中退化为原子化主体的符号性反应和情感冷漠,而没有发展为所有人的解放。然而,他却固执地认为,自由和人性从根本上来说是资产阶级的特质,且只有在拥有资产和自由竞争的社会条件下,人格的全面发展才有可能。一旦秉持这样的衡量标准,他就会对当代社会年轻一代中出现的那些可能颠覆过去资产阶级文化传统并带来新的自由意识的现象表现出过于片面的反感。"保存"的理念以保守主义的姿态伤害了公正对待社会新变革的辩证眼光。或许,我们不应该像霍克海默那样再主张回到自由资本主义时代的人类生活形式,在今天这不过是刻舟求剑,相反,我们应该在回溯既往的同时,积极探索后资本主义的新的主体性形式。正如霍克海默曾在《启蒙辩证法》前言中所说的那样:"重要的不是保存过去,而是偿付过去的希望。"①尽管晚年的霍克海默在具体的讨论中显得有些进退失据,但如何发展一种作为"保存"的批判理论,仍然是我们值得思考的方向。像霍耐特那样通过"规范性重构"的程序来保留资产阶级现代性的理性内容,②或许为我们提供了一种更为

---

① 见本书第 189 页。

② 参见霍耐特:《自由的权利》,王旭译,北京:社会科学文献出版社,2013。

贴切的保存方法。

*　　*　　*

　　梳理完霍克海默批判理论理念的三个阶段,我们的导言也要在此告一段落。希望本书能够向读者展现霍克海默思考批判理论时的种种细节,并表明他是如何将批判理论始终视为一股运动中的思想力量的。或许,霍克海默真正令人敬佩的地方在于,他并不固守于一套关于批判理论的教条,而是在每个新的历史阶段都勇敢地提出新的理念,无论这些理念成功与否。这体现了批判理论的本质特征:它并不会在固定的方法论中消耗殆尽,而是在不同历史条件下不断更新自己。它告诉我们,对于社会历史中人类的解放愿望,我们每一次都必须重新面对。

上　编

批判理论的起源

Der Ursprung der Kritischen Theorie

社会哲学的现状和社会研究所的任务[①]

Die gegenwärtige Lage der Sozialphilosophie und die
Aufgaben eines Instituts für Sozialforschung

① 本文是霍克海默 1931 年任社会研究所所长的就职演讲，译自"Die gegenwärtige Lage der Sozialphilosophie und die Aufgaben eines Instituts für Sozialforschung"，Max Horkheimer，*Gesammelte Schriften*，Bd. 3，Hrsg. Rolf Tiedemann，Frankfurt∕M：Suhrkamp，1997，S. 20-35。——译注

即使社会哲学仍处于一般哲学关注的核心,其处境也不会 　20
比当今大多数哲学(乃至基本的智力活动)好上多少。没有任
何实质性的概念规定可以对它产生普遍约束力。在当前知识格
局中,各领域之间的传统边界正饱受质疑,而我们也尚不清楚,
在可预见的未来,这些边界将以何种方式被划定。在此背景下,
试图对研究领域做出明确界定似乎并不合时宜。尽管如此,人
们对于社会哲学持有的普遍观点还是可以被简明扼要地表述出
来。社会哲学的终极目标是对人类命运的哲学解释,因为人不
仅仅是个体,还是共同体中的一员。因此,社会哲学必须首先关
照那些只有在人类社会生活关系下才能理解的现象:国家、法
律、经济、宗教,总而言之,人类的整个物质和精神文化。

以这种方式被理解的社会哲学,已经发展成为德国古典观念
论①在历史上有决定意义的哲学任务。它最辉煌的成就同时也是
黑格尔体系中最有效的部分。这不是说黑格尔以前的哲学没有

---

① Idealismus 一词素来有"唯心主义""理念论""观念论"等译法。霍克
海默对此词的使用大致可分为两类:(1)特指从康德至黑格尔的德国古典哲
学运动,此时,Idealismus 是一个指称一段思想史事实的一阶概念,在这种情
况下,我们翻译为"观念论";(2)对一个特定观念或思想体系的思想本质进
行判断,此时,Idealismus 是一个描述和批判思想的二阶概念,在这种情况下,
我们翻译为"唯心主义"。——译注

为理解社会哲学的对象作出努力:康德的主要著作包含了科学、法律、艺术和宗教的哲学理论。但这种社会哲学是以单个人的人格性(Einzelpersönlichkeit)的哲学为基础的:这些存在领域(Seinsreiche)被视为自主的人格(Person)的筹划。康德将理性主体封闭的统一性作为各个文化领域构成性原则的唯一来源;文化的本质和结构据说只能从人格的动力、自发的自我的源初活动模式(Tätigkeitsweisen)中去理解。尽管在康德哲学的意义上,自主的主体肯定不能直接等同于经验性的个人,但所有创生出文化的因素都可以在每一个理性存在者的性情(Gemüt)中得到考察。全面的存在结构——它们只属于超个人的整体、只有在我们必须臣服的社会总体性中才能被发现——是不存在的;有关它们的论断必须被视为教条,以它们为标准的行动必须被视为他律。在《法权论的形而上学初始根据》中,关于道德人格性的论述是:一个人格"仅仅服从自己(要么单独地,要么至少与其他人格同时)给自己立的法则"①。

后康德的观念论发展了自主的理性与经验的个体存在之间的相互作用。当然,有限的人类与作为无限要求的自我之间的紧张关系也在费希特以"朝向自我的自身反思"(das Ich selbst sich richtenden Reflexion)为中心的第一哲学中显露出来。永恒的"应该",即符合人性规定的命令,源自主体性的深处。哲学的媒介仍然是"自身省思"(Selbstbesinnung)。但黑格尔将这种自身省思从内省的桎梏中解放出来,将我们有关自身存在的追问,即自主地

---

① [Kant, Die Metaphysik der Sitten,] *Akademie-Ausgabe*, Band VI, S. 223.
[中译参见康德:《道德形而上学》,张荣、李秋零译注,北京:中国人民大学出版社,2013,第 21 页。——译注]

创生文化的主体的问题,移交到历史的劳动上:存在正是在历史的劳动中赋予自身以客观的形式。

在黑格尔看来,实现了绝对精神的文化内容(历史中的艺术、宗教和哲学)的客观精神的结构,不再产生于对人格性的批判分析,而是普遍的辩证逻辑的结果;它的进程和业绩并非源于主体的自由决定,而是源于占统治地位的民族精神,这些民族精神在历史斗争中彼此接替。特殊性的规定在普遍性的命运中实现自身;个体的本质和实体性内容不是在他的人格性的行动中,而是在他所从属的活生生的整体中显现出来的。因此,在事关本质的部分中,黑格尔的观念论已然成为社会哲学:我们对自己所身处的集体整体的哲学理解,不仅为绝对文化的创造奠定了基础,同时也成为这样一种知识,我们可以根据这种知识的真正价值和内容来实现自身存在的意义。

请允许我在黑格尔的这一见解上停留一会!这一见解已然崩溃,它无法在不落后于当前知识水平的情况下在思想上得到重建。而从这一事实出发,社会哲学的现状可以得到原则性的澄清。黑格尔将理性目的的实现交给了"客观精神",最终交给了"世界精神";这些精神的发展呈现为与"具体的理念"相抗争的"民族精神",世界历史的王国"作为其辉煌的见证和装饰",从民族精神之中以必然的序列产生出来。① 无论个人在其历史行动中是否有所知晓或意愿,这种发展都会独立发生;它有其自身的规

22

---

① [Hegel,] *Philosophie des Rechts*,§ 352.
　　[中译参见黑格尔:《法哲学原理》,邓安庆译,北京:人民出版社,2017,第447页。——译注]

律。不过，与法国启蒙运动和英国自由主义一样，黑格尔完全将人类的个体利益、欲力①和激情视作真实的动力。即使是伟人，他们的行动也是由个人的目的决定的。"这些个体首先是为了满足自己；他们的行动根本不是为了满足他人。"②虽然他们"是他们的世界中最有洞察力的人，他们最清楚地知道应该做什么；他们所行实正"③，但是，任何历史的"实现都离不开那些共同参与其活动的人的利益"④。伟人和大众的利益显然会被理性的发展规律所利用，以狡计的方式（listig）来实现它自身。正如黑格尔只是

23　间接地通过这一规律，而直接通过利益斗争来解释过去的历史一样，当代社会的生活过程也是如此。他引用自由主义经济学家斯

---

① 霍克海默对 Trieb 这一概念的使用深受叔本华和精神分析的影响。Trieb 往往被译为"本能""驱力"或"欲力"。在精神分析中，Trieb 意在传达以下理念：人的身心体构内蕴一种内在动力程序，它推动（treiben）生命体朝向某个对象或目的，寻求卸除紧张和达到满足。过去颇为流行的译法是"本能"，然而，本能在生物学和动物学语境中常指在基因编码中遗传性的、天生的、固定的行为机制，例如婴儿有吮吸母乳的本能。而 Trieb 一词所表达的推力和其对象或目的之间的关系不是固定的、天然预设的，而有种种灵活变易、不易预测的形态，为人类所特有，因而不能还原为纯粹生物性的机制，与通常意义上的本能相对。霍克海默同样在行文中区分了 Trieb 和 Instinkt 这两个概念。我们将 Trieb 统一译为"欲力"。对 Trieb 词义的更细致澄清以及"欲力"这一译法的优点，见拉普朗虚、彭大历斯：《精神分析词汇》，王文基、沈志中、陈传兴译，台北：行人出版社，2001，第 385—388 页。——译注

② [Hegel, *Vorlesungen über die*] *Philosophie der Weltgeschichte*, [herausgegeben von Georg] Lasson, Bd. 1 [Leipzig 1920], S. 77.

③ 同上书，S. 76。

④ 同上。

密、萨伊和李嘉图的观点,解释了整体是如何从"任性的集聚"(Wimmeln von Willkür)①之中,借由个人为满足自身需要所做出的努力来实现存续的。根据《法哲学原理》:"在市民社会中每个人都以自身为目的,其他一切在他看来都是虚无。但是,如果他不同他人发生关系,他就不能达到他的全部目的,因此,他人便成为特殊的人达到目的的手段。但是特殊目的通过同他人相关就取得了普遍性的形式,并在满足他人福利的同时,满足自己。"②黑格尔认为,除了这种方式之外,国家不能以其他方式存在:它直接受到社会的利益斗争的制约。

然而,如果历史和国家的外在生成来自"任性的集聚",如果经验性的历史研究者必须面对一连串的苦难和死亡、愚昧和卑劣,如果有限的定在(Dasein)在无以言表的折磨中消亡——用黑格尔的话说,历史可以被视为"宰牲凳","诸民族的幸福、诸国家的智慧和诸个体的德性被当作牺牲在其上惨遭屠戮"③——那么哲学就会使我们超越这种经验观察者的立场。因为"所谓现实性",正如他在《世界历史哲学讲演录》中所教导的,"被哲学视为一种腐朽的东西,它看似是好的,但并不自在自为地是现实的。可以说,这种洞察力包含了对绝对不幸的表象的安慰,对已发生

---

① *Philosophie des Rechts*,§ 189 Zusatz.

② 同上书,§ 182 附释。

［中译参见黑格尔:《法哲学原理》,邓安庆译,第 330 页。——译注］

③ ［*Vorlesungen über die*］*Philosophie der Weltgeschichte*,ibid.,S. 58.

［中译参见黑格尔:《历史哲学讲演录》,王志宏译,北京:人民出版社,2024,第 21 页。——译注］

之事的癫狂荒诞的安慰。然而，安慰只是对本不该发生的灾祸的替代，而且是在有限之物中寻其家园。因此，哲学不是安慰；它更胜一筹，是和解，是把看上去不公正的现实焕发（verklärt）为合乎理性的，展示出它在理念自身中有其根据，并以此让理性得到满足"①。黑格尔所说的"美化"（Verklärung）②正是通过这样一种学说实现的，根据这种学说，人的真正本质并不存在于有限的个别者的单纯内在性和实际的命运之中，而是在各民族的生活中贯彻自身，在国家中实现自身。这一实体性的本质，即理念，在世界历史中保留了自身，而个别者的殒没在这一观念面前显得毫无哲学分量；相反，哲学家可以宣称："与普遍物相比，特殊物大多微不足道，诸个体就是奉上的牺牲和付出的代价。理念并不从自己身上，而是从个体的激情中为定在和过去的牺牲支付报酬。"③只有当个体参与其生活的整体时，或者更确切地说：只有当整体生活

---

① ［*Vorlesungen über die*］*Philosophie der Weltgeschichte*, ibid., S. 55.

② Verklärung（其动词形式为 verklären）被霍克海默从黑格尔文本中挑拣出来，成为自己思想里的一个关键概念，这一概念在霍克海默的其他文本中也时有出现。verklären 常用于描述将某个事物或人物以理想化、光辉的方式呈现出来，往往掩盖了其真实或负面的特征，我们据此将其译为"美化"。"美化"这一表达在中文中往往是贬义的，这也对应于霍克海默在使用时的意识形态批判的立场。但值得注意的是，在黑格尔的原文中，verklären 是在肯定意义上使用的——哲学将现实的理性要素提炼出来，使得我们能够从看似糟糕的现实中寻找到有意义的理性踪迹，因此，哲学使现实容光焕发。在这个意义上，黑格尔的 verklären 更适合被翻译为正面的"焕发"，而非负面的"美化"。——译注

③ ［*Vorlesungen über die*］*Philosophie der Weltgeschichte*, ibid., S. 83。

［中译参见黑格尔：《历史哲学讲演录》，王志宏译，第 32 页。——译注］

在个体之中时,个体才具有现实性;因为整体的生活就是精神的生活。在突出的意义上,整体就是国家。国家"不是为了公民而存在;可以说,国家是目的,公民是国家的手段"①。

根据黑格尔,只有通过观念论式的思辨,有限的个别存在才能在概念上意识到自己在国家中的自由。在这一中介功能中,他看到了自己乃至整个哲学的根本成就,而这与对"看上去不公正的"现实的美化是一致的。大约在 19 世纪中叶,当黑格尔的体系在德国声誉扫地时,在一个对未来充满希望的个体主义社会中,有关客观精神的形而上学被一种直接的、关于个人利益的"预定和谐"的信念所取代。看起来,在个别者的经验存在与他于社会整体之中所产生的关于自由的意识之间,似乎不再需要哲学来做中介,而只需要实证科学、技术和工业的线性进步就够了。但是,随着这种信念逐渐破灭,广遭鄙弃的形而上学也开始报复。由于哲学坚信存于整体中的神圣理念才是真正的现实,个人一旦抛弃了这一信念,就会将世界视为"任性的集聚",而自身无非只是"定在和暂时性的贡品"。② 这种清醒的、着眼于个别者和眼前事物的目光,已经无法在相互斗争的个别意志、循环往复的匮乏、日常的屈辱和历史的恐怖,这诸种表层之物背后,再去发现理性所使用的任何狡计了。黑格尔最伟大的对手叔本华经历了他那反历史、悲观而又仁慈的哲学的晨光。

客观唯心主义坚信,每个人都隶属于那有着自身规律的历史统一体(它辩证地塑造了世界历史),都分有了精神的永恒生命。

25

---

① [*Vorlesungen über die*] *Philosophie der Weltgeschichte*, ibid., S. 91.

② [Hermann] Cohen, *Ethik des reinen Willens*, [Berlin 1921,] S. 8.

这种信念将个人从生成和消亡的可怕链条中解救出来,可如今这种信念业已消散。个体的痛苦和死亡正显露出它赤裸裸的无意义特征,这在一个相信事实的时代成了最终的事实。随着个体主义生活形式的原则(在给定的社会架构内个体幸福的持续发展)与个体实际处境的前景之间的矛盾日益加深,人们越来越急切地呼吁哲学,尤其是社会哲学,去重新履行黑格尔曾赋予它的崇高职责——而社会哲学响应了这一呼唤。

从新康德主义马堡学派①的谨慎理论(人不仅仅是个体,还立身于"各种各样的多数之中……[立身于]阵列和环节中",且"首先在全体中……"才完成"其定在之圆圈")②,到当下的哲学理论,从赫尔曼·柯亨③到奥特马尔·施潘④,近几十年来,哲学产

① 马堡学派由哲学家赫尔曼·柯亨创立,致力于对康德哲学的诠释,其核心是逻辑学和先验方法。其主要成员包括保罗·纳托普(Paul Natorp, 1854—1924)和恩斯特·卡西尔(Ernst Cassirer, 1874—1945)。——译注

② [Hermann] Cohen, *Ethik des reinen Willens*, [Berlin 1921,] S. 8.

③ 赫尔曼·柯亨(Hermann Cohen, 1842—1918),德国新康德主义马堡学派的创始人之一。他的哲学主要致力于重新解释和发展康德的哲学,强调科学和伦理学中的理性原则。他也是马克斯·韦伯和恩斯特·卡西尔等著名学者的老师。——译注

④ 奥特马尔·施潘(Othmar Spann, 1878—1950),奥地利经济学家、社会学家和哲学家。施潘最著名的理论是他的"整体论"或"有机体论"。他认为社会应该被视为一个整体或有机体,而不是由独立的个体组成的集合。他主张国家应该有机地组织起来,每个人都要在自己的社会位置上履行职责,从而促进整体的和谐。施潘的思想在20世纪20年代和30年代的奥地利产生了相当大的影响,但由于其强烈的国家主义和反民主倾向,他的影响力在战后急剧下降。——译注

生了多种多样有着细微差别的社会哲学体系,它们都依照黑格尔之言,认为人类定在的意义只有在超个人的历史统一体中才能实现,无论这个统一体是阶级、国家还是民族。甚至最近那些试图重建道德哲学和法哲学来与实证主义相抗衡的诸多哲学尝试,它们也几乎是完全一致的,都在力求证明一个有着自身规律的更高领域,或至少是一个"有效"或"应该"的领域(倏忽易逝的人类也参与其中),它高于那些已经被确定了的和实际存在着的事实,而这领域本身却不能被追溯到自然事件中去。这些哲学尝试还导向了一种新的"客观精神哲学"。如果说汉斯·凯尔森①的个体主义和相对主义的法律理论也具有这样的特征,那么德国西南学派的形式主义价值哲学,甚至阿道夫·莱纳赫②的现象学理论——"法律形体"(Rechtsgebilde)的本质,如所有权、承诺、法律权利等,都可以作为一个独立的"对象"被发现——则在更大程度上也是如此。马克斯·舍勒的"质料的价值伦理学",即价值"自在存在"(An-sich-Sein)的学说,最近在其最重要的代表人物尼古拉·哈特曼③那里

26

---

① 汉斯·凯尔森(Hans Kelsen,1881—1973),奥地利著名法学家和政治学家,尤其以其法理学和宪法理论而闻名。他的工作对现代法理学、宪法学和国际法有深远的影响。凯尔森的理论被称为"纯粹法理学"(Reine Rechtslehre),强调法律系统的逻辑和结构,而不受政治和社会因素的影响。——译注

② 阿道夫·莱纳赫(Adolf Reinach,1883—1917),德国著名哲学家和现象学家,现象学派的早期代表之一。他关注如何从现象学的角度理解法律行为的结构和功能,强调了法律和社会行为的现象学基础。——译注

③ 尼古拉·哈特曼(Nicolai Hartmann,1882—1950),德国著名哲学家,他对现象学、形而上学和伦理学的研究有着重要贡献。他的形而上学和伦理学理论为舍勒、普莱斯纳、雅斯贝尔斯等哲学家提供了重要的理论资源。——译注

找到了与客观精神哲学的自觉联系。在哈特曼的伦理学发表之前，舍勒就已经重新宣布了民族精神的理论。① 当下所有这些社会哲学的草案似乎都有一个共同点，那就是它们将人类的个别存在向一个比其定在更本质、更有意义、更具实体性的超个人领域敞开。它们完成了黑格尔先前定下的"美化"的天职。海德格尔的《存在与时间》是唯一一部从根本上拒绝成为社会哲学、只在人类的个别生存的内部发现真正存在的现代哲学著作，在这部著作中，"操心"（Sorge）占据了中心位置。我们在这里简明扼要地说一下，这种关于人类个别生存的哲学并不是黑格尔意义上的美化。对它来说，人的存在只是向死存在，是单纯的有限性；这是一种忧戚的哲学。如果允许我在这里用些套话，那么可以说，今天的社会哲学满足了人们对新的生命意义的渴望，而这种渴望在个人追求幸福的过程中遭受抑制。它似乎是哲学和宗教努力的一部分，旨在引导无望的个体存在重归正轨，或者——用松巴特②的话说——回到充满意义的总体性的"黄金底构"③。

----

① 参见 Versuche zu einer Soziologie des Wissens，［herausgegeben von Max Scheler，München］1924，S. 13。

② 维尔纳·松巴特（Werner Sombart, 1863—1941），德国著名社会学家和经济学家。他在社会学和经济学领域的工作对资本主义的理解产生了深远影响，被视为德国社会学和经济史学派的代表人物之一。——译注

③ 在艺术领域，尤其是中世纪和文艺复兴时期的绘画中，"黄金底构"（Goldgrund）指的是画作中的金色背景。这种背景通常用金箔或金粉制作，用来突出画中圣像或宗教场景的神圣性和庄严感。许多宗教画作和圣像画使用了金底，以彰显人物的神圣光辉。这个词也可以在比喻意义上使用，表示某事物的珍贵基础或高贵背景。——译注

　　但是,女士们、先生们,鉴于社会哲学的这种现状,我们现在有责任指出其不足。正如我们所看到的,当今的社会哲学主要以论战性的姿态对待实证主义。实证主义只看到个别者,因此在社会领域也只看到个人和个人之间的关系;对它来说,一切都被事实所穷尽。哲学并不怀疑这些可以通过科学分析的手段确定的事实;但它或多或少以构成性的方式,以"哲学化"的方式,将理念、本质性、总体性、客观精神的自成一体的领域、意义统一性、民族精神,作为同样源始的甚至更"真"的存在状态,来与这些事实相对立。它把实证主义中某些无法证明的形而上学预设的发现作为在这方面超越实证主义的合法理由。例如,维尔弗雷多·帕累托(Vilfredo Pareto)学派,基于其实证主义的"现实概念"(Wirklichkeitsbegriffe),必须否认阶级、民族和人性的存在,而各种断言这类存在的迥然不同的立场,则是作为"另一个"("andere")世界观、"另一个"形而上学或"另一个"意识而出现的,它们不可能做出有效的裁定。可以说,存在着不同的现实概念,我们可以分析这些不同的现实概念的起源,分析它们对应于哪种生活态度、哪类社会群体,但并不存在实质性理由可以表明其中一个优于另一个。

　　现在,社会哲学的窘迫在于它仅仅以世界观的、命题式的、宣言式的方式谈论它的对象,也就是人类的文化生活,并且在奥古斯特·孔德、马克思、马克斯·韦伯和舍勒的社会学说之间,更倾向于看到信念上的差异,而非理论是对是错、抑或尚有争议的差异。正是在这种窘迫处境中,我们看到了必须要克服的缺陷。诚然,当前知识界的一个普遍特征是各式各样的现实概念同时存在并具有有效性,但这种多样性在每一种情况下都与不同的知识界

28 域和生活领域有关,它并不涉及同一个对象区域。因此,语言学和物理学的构成范畴在今天可能会有很大的分歧,似乎难以调和;但是物理学本身,甚至是在整个无机自然科学内部,情况恰恰相反,显然并不存在着正形成着互不相容的现实概念的趋势。关于对象的具体研究在这里仅仅构成了调整补正的工作。

很容易想到这样的回答:社会哲学不是一门个别科学,而是研究特定社会化形式的质料社会学。这门学科研究人们生活在一起的各种具体方式,研究各种类型的联合体:从家庭到经济团体和政治联合体,再到国家和人类。与国民经济学一样,这门学科也存在着对事实的判定,但无论是关于这些现象的现实程度还是关于它们的价值,社会学都没有什么发言权。然而,这恰恰正是社会哲学的任务所在,在它所处理的这些基本问题上,只存在着最终的立场,而不存在与纷繁复杂的研究相交织的普遍有效的真理发现。

这种看法所依据的哲学概念已经站不住脚了。我认为无论人们如何划定作为个别科学的专业社会学与社会哲学之间的界限,其中的任意性是难以避免的。不过有一点是确定的:如果关于个人与社会的关系、关于文化的意义、关于共同体形成的基础、关于社会生活的总结构,总之是关于重大的和根本性的问题的社会哲学思考,作为一种沉积物而被遗留在了社会科学问题的蓄水池中,而那些可以在具体调查中推进的问题则被通通倒掉,那么社会哲学的确可以发挥诸如"美化"之类的社会功能,可是其智识上的累累硕果将不复存在。哲学学科与相应的个别科学学科之

29 间的关系绝不能以下面这种方式来理解:哲学处理具有决定性意义的问题,并在此过程中建构出经验科学无法质疑的理论,建构

出自己的现实概念,建构出包罗万象的总体性体系;而与此相反,事实研究则将它那漫长、枯燥以及分裂为成千上万个小问题的单项调查划分开来,最终以专业化的混乱而告终。这种观点认为,单个研究者必须将哲学视为一种也许美好但毫无知识性产出的工作,因为哲学必须被看作一种不受掌控的练习,而哲学家则从个别研究者那里解放出来,因为他认为自己不能干等个别研究者得出影响深远的结论。这种观点目前正在被哲学理论和个别科学的实践之间不间断的辩证渗透和发展的思想所超越。自然哲学与整个自然科学之间的关系,以及各个自然科学学科内部的关系,都提供了很好的例证。混乱的专业化并不能通过对专业研究成果进行拙劣的综合来克服,不偏不倚的经验主义也无法通过尽量把自身的理论因素削减到近乎没有来实现;相反,它们通过将哲学作为一种面向一般、面向"本质"的理论意图而获得克服和实现,这种理论意图既能为特殊的考察注入生龙活虎的冲力,同时又能保持对世界的开放性(weltoffen),允许自身被具体研究的进展所打动、所改变。

　　因此,在我们看来,弥补社会哲学现状缺陷的办法既不在于努力对文化生活进行不同程度上的构成性解释,也不在于确立诸如社会、国家、法律这些事物的新意义。倒不如说,今天最重要的是——我能肯定在这种观点上我并不孤单——基于当前的哲学性的发问(philosophischer Fragestellungen)来组织研究,哲学家、社会学家、国民经济学家、历史学家、心理学家团结在一个长期的工作共同体中,共同完成在其他领域中一个人在实验室里可以单独完成的工作,以及所有真正的研究人员一直在做的工作,那就是:用最精致的科学方法来研究那些着眼于全局的哲学问题,并要在研究过程中使问题围绕研究的对象而得到重塑,变得更加精细化,设计出新的方法,同时防止失去普遍性的视野。通过这种方式,哲学问题就不会得到"是"或"否"这样的答案——这些答案本身会辩证地融入经验科学的进程中。也就是说,这些问题的答案在专业知识的进步中逐渐浮现出来,而问题本身的形态又反过来受到这种进步影响。在有关社会的学说面前,单独的个人是无法采用这种行为方法的。这既是因为材料的丰富性,也是因为不可或缺的辅助科学的多样性。在这方面,舍勒尽管付出了巨大的努力,却还是失败了。

在这种现状之下,将我们大学的这个教席(它与社会研究所的领导职位结合在一起)转变为社会哲学教席并划归哲学系,这在专业上看上去是有充分依据的。卡尔·格律恩堡①担任该教席时,负责教授的是一门专业科学,即"经济国家学"(wirtschaftliche Staatswissenschaften)。面对将一个大型经验研究机构服务于社会哲学问题的这一新颖、艰巨且意义重大的任务时,我在被任命之际感受到了自己与这位伟大的饱学之士之间难以估量的差距,他的名字在世界各地的相关领域工作中都被以最高的尊敬和感激之情提及,而我则是一个年轻的无名之辈,却即将成为他的继任

---

① 卡尔·格律恩堡(Carl Grünberg, 1861—1940),德国社会学家和经济学家,以其对劳动历史、社会主义理论和马克思主义的研究而著称。格律恩堡在1923年成为法兰克福大学社会研究所的首任所长。同年,他创办了《社会主义和工人运动历史档案》("Archiv für die Geschichte des Sozialismus und der Arbeiterbewegung"),也被称为《格律恩堡文库》(Grünberg-Archiv),旨在传播和研究马克思主义理论以及工人运动的历史。这是《社会研究杂志》的前身。——译注

者。他长期的病痛属于个别生活中的无意义事实,这些无意义的病痛使哲学的"美化"无地自容。从他在历史学派国民经济学传统中深耕,以及由此形成的明确兴趣出发,他在研究所中主要研究了工人运动的历史。凭借对全世界相关文献的广泛了解,他除了积累了丰富的档案材料之外,还建立起一个独一无二的专业图书馆,收集了大约五万册藏书,这座图书馆被我们大学的学生和许多国内外学者广泛使用。他编辑的研究所文集系列只收录那些被各种不同立场的权威研究者公认为杰出的知识成就的作品。

31

在所长病休多年后,如果我现在着手将研究所的工作转向新的任务,那么我不仅会受益于与他共事者的经验和他所收集的文献宝藏,还会受益于由他主导制定的研究所章程,根据该章程,由部长任命的所长"在各方面……无论是对教学管理还是对捐助者"都完全独立,并且,如格律恩堡所言,与集体领导体制相对立的是"所长的专制"。这使我能够利用他所创造的局面,至少在最小的框架内,就社会学说中哲学建构与经验研究的并列关系,与我的同事们共同建立一种充满计划的工作的"专制"。为了让哲学和经验研究变得同等重要,而不是将事实研究变成哲学的仆人(*ancilla philosophiae*),我作为一名哲学从业人员,尊奉我的导师汉斯·科内利乌斯①的号召,接受了领导这个研究机构的职责。

但现在,你们中的许多人可能会想更详细地了解这些想法如何能够真正得以应用,以及我们如何能在实践中执行有关它们的

---

① 汉斯·科内利乌斯(Hans Cornelius, 1863—1947),德国新康德主义哲学家、心理学家,法兰克福大学教授,他在法兰克福大学的学生包括霍克海默和阿多诺。——译注

构想。当然,在这里,在我所能支配的时间内,为了让你们对研究
所制订的工作计划能够有某种方向性的概观,我无法对这些问题
为何是迫在眉睫的这一点进行深入探讨。我只想在结尾时举一
个例子,来说明应用前面所说的思想的可能性,这不是为了今天
的场合随意杜撰的例子,它能将我们所提出的方法论信念集中在
一个问题上,这个问题在可预见的未来将成为研究所集体工作的
主线。

32　　不仅在狭义的社会哲学范围内,而且在社会学和一般哲学的
圈子里,关于社会的讨论愈发清晰地凝结为这样一个问题,这个
问题不仅在当下有效,而且也是对最古老和最重要的哲学问题的
现时表达,那就是有关社会的经济生活、个体的心理发展以及狭
义文化领域的变革,这三者之间的关系问题。狭义的文化领域不
仅包括所谓的科学、艺术和宗教的精神内容,还包括法律、习俗、
时尚、公共舆论、体育、娱乐方式、生活方式,等等。计划研究这三
个进程之间的关系,不过是根据可支配的现有方法和我们的知识
水平将古老问题以合适的方式再次表述出来,这些古老问题是关
于特殊存在与普遍理性、现实与理念、生命与精神之间关系的问
题,只不过如今它们面对着全新的问题格局。

　　当然,通常的做法要么是对上述主题进行形而上学的反思
(我指的是舍勒的知识社会学),要么人们会多少以教条的方式确
立某个一般论点;也就是说,人们通常会以简化的方式采用历史
上出现过的某种理论,并教条地坚持其一般性,从而反对所有其
他理论。于是,有人解释说:经济和精神分别是同一实体的(不
同)表现形式——这就是糟糕的斯宾诺莎主义。或者有人声称:
理念、"精神"内容闯入历史并决定人类的行为,它们是首要的,物

质生活则是次要的、派生的,世界和历史根植于精神——这是对黑格尔的抽象且错误的理解。或者有人反过来认为:经济作为物质存在是唯一真实的实在,人们的心理、人格,以及法律、艺术、哲学,完全可以从经济中推导出来,它们只是经济的镜像——这是对马克思的抽象且糟糕的理解。这些论点中存在着一种不加批判的、幼稚过时且极为成问题的精神与现实的绝对区分。换句话说,它们之间的区分没有得到辩证的扬弃,除此之外,对这些论说的认真对待只要是在这种抽象性中进行的,那么它们就从根本上摆脱了控制:所有论说都可以保持着无差别的简单性,保持着永远的正确。这样的教条信念通常免受问题在特殊科学上的困难的困扰,因为它们有意或无意地预设了观念和物质过程之间的普遍对应,并且往往忽略甚至完全无视中间心理环节所扮演的复杂角色。

33

如果我们像下面这样以更准确的方式提出问题,情况就会有所不同:在一定时期内,在一定国家的某一社会群体中,该群体在经济进程中的作用、其单个成员心理结构的变化以及这个群体作为整体在整个社会中所产生的影响、所生产出的思想观念和机构设置,这些层级之间有哪些联系?于是,开展真正研究工作的可能性就出现在我们眼前,而这将在研究所中被着手解决。首先,我们将把重点放在一个特别重要和特征突出的社会群体上,即德国的技术工人和雇员,接着也会涉及其他高度发达的欧洲国家中的相应阶层。

为了首先获取那些可以用来研究问题中相关关系的经验材料,常驻员工必须共同紧密遵循哪些主要路径呢?时间已不太够,我只能为各位提供一个非常简略且不充分的概述。首要之务当然是扩展已公布的统计数据、组织和政治协会的报告、公共团体的材料等,这只能在不断分析总体经济形势的背景下进行。此外,还需要对报纸杂志和文学小说进行社会学和心理学研究,因为它们关于所分析群体的状况的言说十分具有价值,而且文学作品的分类结构往往会对这些群体的成员产生影响。开发最多样化的调查方法也尤为重要。此外,问卷调查方法可以以多种方式融入我们的考察,并提供有价值的服务,前提是我们必须始终意识到,仅凭问卷调查而得出的归纳性结论过于草率。就我们而言,问卷的基本意义有两个方向:第一,它们应该给研究提供启发,并与现实生活保持密切联系;第二,它们也用于验证以其他方式获得的见解,从而防止错误的发生。美国的社会研究在设计这种问卷方面已经做出了重要的先期工作,我们希望借鉴这些工作,并为了实现我们的目标对这些工作进一步加以发展。此后,我们将最大限度地采用专家评议的方法。只要有可能通过有能力的评估人员那尚未明晰化的经验来推动特定子问题的解决,就必须在可能找到他们的地方与他们接触。在大多数情况下,这将涉及如何使实践人士的认知转化为对科学研究有益的成果。另一项特殊任务是收集和评估那些并不以书籍形式呈现的文献。为此,我们将在日内瓦设立一个研究所分部,对国际劳工局在日内瓦特别丰富和重要的社会学资料档案进行科学的评估。国际劳工局局长托马斯先生对我们的计划表示欢迎,并友善地承诺提供一定的支持。除了所有这些途径之外,当然还有对现有的和新出版的有关这一主题的科学著作进行有条不紊的研究。

单靠某一种方法是远远不够的,但在多年耐心和广泛研究的基础上,将所有这些方法汇聚在一起,可能会对一般的发问产生富有成效的结果。前提是研究人员必须通过与材料的长期接触，不是按照他们自己的愿望而是根据事实来形成见解，坚决远离任何形式的"美化"；同时，还要成功保持统一的意图，既要避免教条的僵化，又要避免沉溺于纯粹的经验技术之中。

我的发言到这里就要结束了。关于研究所的任务，我只能描述一下未来几年将重点开展的集体研究工作。此外，还要特别顾及延续单个研究人员在理论经济学、经济史和劳工运动史领域的独立研究活动。研究所通过定期举办课程、辅导班和个人讲座的形式，同时实现为大学的教学目的服务的使命。这些活动旨在补充大学的教学活动，介绍研究所的工作，报告研究所的最新状况，并提供符合上述哲学导向的社会研究要求的教育。

我只能简要地提及所有这些特殊的任务，我觉得即使是我关于细节的简短报告，也可能淡化了对基本原则的记忆。因此，这次讲座似乎象征着社会哲学特有的困难，即普遍和特殊、理论构想和个别经验如何相互渗透在一起。我深知，我在这方面的阐述尚不完全。但如果我希望大家能够宽容地对待我的论述，那么我也恳请您对这项工作本身给予您的善意和信任。卡尔·格律恩堡在研究所的落成典礼上提到，每个人在他的科学工作中都受其世界观冲动的引导。愿这个研究所的主导世界观冲动是不带任何顾虑为真理服务的不渝意志！

35

《社会研究杂志》第一卷第 1/2 期前言①

Vorwort

[zu Heft 1/2 des I, *Jahrgangs der Zeitschrift für Sozialforschung*]

---

① 本文是 1932 年霍克海默为《社会研究杂志》创刊号所撰写的前言，译自"Vorwort［zu Heft 1/2 des I, *Jahrgangs der Zeitschrift für Sozialforschung*］", Max Horkheimer, *Gesammelte Schriften*, Bd. 3, Hrsg. Alfred Schmidt, Frankfurt/M: Fischer, 1988, S. 36-39。——译注

"社会研究"（Sozialforschung）这个词并不主张在当今已经非常成问题的科学地图上绘制新的边界线。它所涵盖的最多样化的学科范围和抽象层次上的研究，都是为了促成对当代社会理论更为整体的理解。这个统一的原则要求各项研究都无条件地严格遵循经验，同时关注到理论的中心问题，从而将本杂志希望为之服务的社会研究与单纯的事实描述或脱离经验的建构区分开来。社会研究力求了解整个社会的进程，并假定在纷乱复杂的事件的表面之下，存在一种可以被概念所认识的、起作用的力量结构。在社会研究中，历史不被视为纯粹任意的现象，而是一种受规律支配的动态，因此，对历史的认知是一门科学。当然，它以特殊的方式依赖于其他学科的发展。为了实现其目标，也就是根据时下可能达到的见解来把握社会生活的过程，社会研究必须致力于将一系列专业学科集中在它的问题之上，并根据自己的目的对它们进行评估。

本杂志试图为完成这一任务做出贡献。它将那些对人们当前共同生活方式具有规定性的各种因素——无论这些因素是经济的、心理的还是社会的本性——纳入其工作范围。通过借鉴各个单一学科的初步成果，它将自己区别于其他的哲学探讨：即使某些思想在逻辑层面仍可能包含着尚未澄清的问题，它也试图将这些思想为己所用。它原则上深信认识的不可完成性（Unabschließbarkeit）。然而，对所谓的世界观和哲学问题的处理绝不是它职责范围之外的事情，因为决定它选择哪个研究对象的不是看它是否隶属于某个特定的学科，而是看它对社会理论的重要性。

因此，社会研究并不完全等同于作为一门专业学科的社会学。尽管它与社会学一样针对社会问题，但它也在社会学之外的领域寻找研究对象。然而，社会学家自身在经济、心理和历史领域为其科学所取得的成就或激发的兴趣，完全符合这里所提到的概念。鉴于社会学与本杂志的努力具有亲缘性，文章中也会涉及狭义上的社会学问题。然而，对当代社会学理论的赞同或反对意见的表达（特别是在前几期中），即使在对他人成果表示最大敬意的情况下，也必须让位于客观探讨。在社会研究的子问题中，首要的问题是各文化领域之间的联系、它们之间的相互依赖以及其变迁的规律性。解决这一问题的最重要任务之一是发展一种迎合历史需要的社会心理学，促成这一点将是本杂志的一项特别任务。除了有关哲学、心理学、经济学和社会学问题的一般理论的论文外，还将有对当代社会和经济的具体问题的单项研究。这些研究与单纯的描述不同，它们试图在历史背景中理解所涉及的现象，因此往往具有假设性质。这一点尤其适用于社会研究所正在进行的研究的初步结果，这些结果将在本杂志上发表。有些内容在将来可能会被证明是错误的，但即使预想到未来将有所修正，也不应妨碍我们尝试运用各种科学工具来探讨有关当代社会及其矛盾的问题，并在当前的认知水平上把握社会生活运作和变迁的重要过程。

尽管该杂志主要侧重于当前时代的历史进程理论，但为了理解当下以及检验和发展理论工具，它可能需要延伸到最不同的时代的历史研究;当然,这些研究必须保持与现时问题的联系。同样,只要与当前的疑难相关,关于历史进程的未来方向的研究也不能缺席。例如,如果没有对推动了经济的计划性调控的趋势的研究,就不可能深入了解当今社会,因此,这些相关的问题——它们在今天的经济学、社会学和文化历史学文献中扮演了重要的角色——必须特别受到关注。社会研究有别于所有旨在实现最大可能的普遍性和全面视野的精神事业,因为它专注于当前的人类现实。它无法放弃各种综合性的概念和理论性的预设,但与当代形而上学的广泛潮流不同,它的范畴并不排斥那些通过经验研究来进一步阐明和进行合理反驳的做法。虽然我们在科学工作中离不开全面的概念总结,但它们绝不能预下结论,并取代有待解决的问题。

对科学标准的坚守也使社会研究与政治在方法上分离开来。它必须保持其知识主张的独立性,不受任何世界观和政治考虑的影响。这并不意味着它幻想着任何科学步骤都可以摆脱历史条件,也不意味着它将认识看作是自足且没有后果的。然而,无论历史在所有理论中发挥多大作用,研究成果要想在现实中经受住考验,就必须在理论标准面前站得住脚。

39

社会研究所要特别感谢赫施费尔德出版社(C. L. Hirschfeld)。尽管如今处境困窘,出版社仍使这本杂志得以出版。这不仅促进了杂志的新目标的实现,还确保了《格律恩堡文库》的部分任务能够继续完成。在不止一个方面,这本杂志自认为是对《格律恩堡文库》的延续。

美因河畔法兰克福,1932 年 6 月

关于科学与危机的评论[①]

Bemerkungen über Wissenschaft und Krise

① 本文于 1932 年发表于《社会研究杂志》第一卷第 1/2 期。译自 "Be-merkungen über Wissenschaft und Krise", *Zeitschrift für Sozialforschung*, 1932 (Jahr-gang 1), München: Deutscher Taschenbuch Verlag, 1980, S. 1-7。——译注

1. 在马克思的社会理论中,科学被归入人类生产力的一部 1
分。科学使现代工业体系成为可能:思想在过去几个世纪中与科
学并驾齐驱,而科学则是思想的普遍灵活性的条件;此外,科学也
是关于自然界和人类世界的简单知识的一种形态,在发达国家,
即使是社会下层的成员也能够分享这些知识;最后但同样重要的
是,研究人员的发现对社会生活的形式有着决定性的影响,而科
学则是研究人员精神能力的一个组成部分。只要它作为生产社
会价值的工具而存在(在生产方式中得到体现),它就同样代表了
一种生产资料。

2. 科学是作为一种生产力和生产资料参与到社会生活进程
中的,但这绝没有证明实用主义的认识理论就是合理的。尽管一
个认识的实际效益在其真理主张中扮演了一定的角色,但这种实
际效益应被理解为内在于科学的,而不是为了与那些外部性的考
量保持协调一致。检验一个判断的真理性和检验其对于生活的
重要性(Lebenswichtigkeit)是两码事。在任何情况下,真理都不是
由社会利益来决定的,而应遵循在理论进步过程中发展起来的标
准。诚然,科学本身会在历史进程中发生变化,但绝不能以此为
论据,来主张采用与所达到的发展阶段的知识状况相适应的标准
以外的其他真理标准。即使科学被纳入历史动态中,它也不允许
自身的独特性被剥夺,不允许被功利主义地误解。当然,拒绝实 2

用主义认识论和相对主义的理由绝不是要把理论和实践以实证主义的方式加以分离。一方面,理论的方向、方法及其对象——现实本身——并非独立于人;另一方面,科学是历史进程的一个因素。理论与实践的分离本身就是一种历史现象。

3. 在普遍的经济危机中,科学作为社会财富的众多要素之一而显现,却没有实现其使命。今天的社会财富远远超过了过往时代的资财。与过去相比,这个世界如今有更多的原材料、更多的机器、更多的熟练劳动力和更好的生产方式,但这些要素并未相应地惠及人类。事实证明,当前的社会形式无法真正利用从内部发展起来的力量和在其架构内涌现出来的财富。科学知识与其他类型的生产力和生产资料同病相怜:它们的应用程度与它们的高度发展水平以及人类的实际需要之间严重不相称;这也阻碍了它们在量和质上的进一步发展。正如前几次危机的过程所展现的那样,只有破坏相当规模的人力和物质价值,经济平衡才得以恢复。

4. 一种掩盖当前危机根源的方式,恰恰是指责那些致力于更好地组织人类状况的力量,对理性和科学思维本身的诋毁尤为突出。人们正试图用对"灵魂"的塑造取代对个人科学思维的提升和培养,并诋毁批判性的知性,认为只要它在工业中没有专业的需要,就不应被视为决定性的裁决机构。这种学说——知性仅仅只是日常生活中的实用工具,它必须在重大问题面前保持沉默,为灵魂更具实质性的力量留下空间——分散了我们对整个社会的理论参与。现代形而上学对科学主义的部分抵御,正是这些更广泛社会思潮的反映。

5. 实际上,战前几十年的科学确实存在着一系列缺陷,但这   3
些缺陷并不在于对它自身作用的夸大,而是由于社会关系日益僵
化所导致的合理性的狭隘化。这样的任务,也就是在不考虑科学
以外的因素的情况下,记录事实并确定它们之间存在的规律性,
最初是在批判经院式研究带来的障碍时,作为资产阶级解放过程
的一部分而提出的。然而,到了19世纪下半叶,这一定义已经失
去了进步意义。相反,它被证明将科学事业限制在对现象的记
录、分类和概括上,而丝毫不考虑将重要的东西与无关紧要之物
区分开来。在启蒙运动时期,人们对更美好社会的旨趣仍然占主
导地位,但现在,这种旨趣已被对现状的永恒性的努力辩护所取
代,因此,阻塞性的和混乱的因素渗入科学之中。尽管科学的成
果在某种程度上被工业有效地利用了,但它正是在面对社会整体
过程的问题时遭遇了滑铁卢,而这一问题在战前已经通过日益严
重的危机和随之而来的社会斗争主导了现实。注重“存在”而非
“生成”(Werden)的方法意味着将既有的社会形式视为一种重复
着相同过程的机制,虽然这一机制可能在短期或长期内受到干
扰,但无论出现何种情况,这种科学方法都只需要像解释一台复
杂的机器那样对待它即可。然而,社会现实,也就是历史上活跃
着的人类的发展,包含着一种结构,要理解这种结构,就必须从理
论上描述那激烈地颠覆所有文化关系的变革性过程,而旧有的自
然科学方法绝对无法掌握这种结构,因为这一方法是为了记录重
复性的现存之物而设置的。科学将自己隔绝起来,不对那些与社
会进程相关的问题进行恰当的处理,这导致了方法和内容上的扁

平化。这种扁平化不仅表现在对各对象领域之间动态关系的忽
视上,还以各种迥然不同的方式暴露在各学科的运作中。与这种
隔绝相关的是,一系列尚未澄清的、僵化的和拜物教式的概念继
续发挥着作用,而这些概念本应被纳入动态的发生过程而被照
亮。举例来说:作为科学的所谓创造者的"自在意识"的概念,此
外还有人以及他那从自身出发设定世界的理性,支配一切事件发
生的永恒自然法则,主客体之间的恒定关系,精神和自然、灵魂与
躯体以及更多其他范畴组构之间的僵化区别。然而,所有这些缺
陷的根源根本不在于科学本身,而在于阻碍科学发展并与科学的
内在合理因素陷入冲突的社会条件。

6. 自世纪之交以来,科学和哲学界指出了单纯机械论方法的
缺陷和不妥之处。这种批评引发了涉及研究基础的原则性讨论,
以至于今天我们可以说科学正经历一场内部的危机。在这场内
部危机之上,还要再加上源于外部的对科学的不满,因为科学作
为众多生产资料之一未能满足人们舒缓普遍困境的期望。如果
说新近物理学在很大程度上克服了传统研究方法在专业内部的
缺陷,并修正了其认识论基础的话,那么战后的形而上学(尤其是
舍勒)的贡献则在于,它率先将整个科学引向了一系列对象,并在
许多方面为一种不那么受到传统的狭隘视角所束缚的研究方法
铺平了道路。尤其是有关重要心理现象的描述,此外也包括了对
社会的特征类型的阐述以及知识社会学的创立,这些都产生了极
具启发性的影响。可惜,形而上学的尝试几乎总是把"生命"——
这样一个本身还仍是某种神话般的存在——作为具体的现实,而
不是历史发展中真实的、活生生的社会,除此之外,这些尝试终究

未能推动科学的发展,对于科学而言,它们是纯粹负面的。形而上学没有揭示并最终突破科学由于其阶级局限性所受到的限制,而是认定先前时代在许多方面并不完善的科学为"合理性一般"(Rationalität überhaupt),继而否定了判断性思维本身,沉溺在对对象的任意选择和从科学中解放出来的方法论当中。于是出现了一种哲学人类学,它以其独立的感觉将人类的个别特征绝对化,并以创造性的目光、确凿无疑的直观超越科学标准限制,与批判的知性相对立。借此方式,这种形而上学转移了人们对社会危机原因的关注,甚至贬低了研究这些原因的资料。它制造了特殊的混乱,将被孤立和抽象地把握到的人实体化,从而淡化了从理论上概念化社会进程的意义。

7. 不仅形而上学,就连它所批评的科学本身——只要科学所保持的形式阻碍了对危机的真正原因的揭示——也是意识形态的。这绝不意味着科学的捍卫者不追求纯粹的真理。所有那些人类行为模式,一旦掩盖了建立在对立基础上的真实社会本质,皆为意识形态。当人们指出哲学的、道德的和宗教的信仰行为,以及科学理论、法律条款和文化机构,它们发挥着这种意识形态功能时,这绝不涉及创造了这些事物的人的品性,而是事关它们在社会中发挥的客观作用。某些本身正确的观点,某些理论的和美学的作品,其出类拔萃的品质无可争议,却在特定情况下会产生意识形态的效果,有些幻觉则反而不属于意识形态。由于社会成员在经济生活中的地位,他们必然会产生意识形态幻象;只有当条件发展到一定程度,当利益冲突尖锐到连普罗大众的眼睛都能穿透幻象时,意识形态机器自身才往往会发展出自身意识的趋向。当现存社会因其内在的紧张而四面楚歌时，旨在维护意识形态的能量就会增长，最终，暴力性地保卫意识形态的手段也会激增。罗马帝国越是受到破坏性趋势的威胁，恺撒们就越是残酷地尝试复兴古老的国家崇拜，从而恢复摇摇欲坠的统一感。在基督徒遭受迫害和帝国灭亡之后的时代，还有很多其他可怕的例子，这说明这一过程在不断重复。在这一时期的科学中，意识形态因素通常并不体现在它包含了哪些错误的判断，而是表现在它缺乏清晰度、它的无计可施、它的语焉不详，表现在它的问题、方法和研究方向上，特别表现在它究竟对哪些东西视而不见。

8. 当前，科学的运行反映了矛盾重重的经济状况。经济在很大程度上被垄断，但在全球范围内却是无组织和混乱的；我们前所未有的富有，却无力消除贫困。在科学领域也出现了双重矛盾：首先，每一步科学进展都必须有认识基础作为原则，但最重要的一步，即对任务的设定本身，却缺乏理论依据，似乎任性恣意；其次，科学致力于对综合关联的认识，却无法把握现实生活中决定其自身定在和工作方向的综合背景，这一背景即社会。这两个方面紧密相扣。对整个社会生活过程的阐明，包含了揭示科学和其他事业表面上的任意性中所贯穿着的规律，因为科学的工作范围和方向不仅由其自身的取向所规定，在根本上还是由社会的生活需要所规定的。尽管存在这种规律性，在过去一个世纪中，科学进程的突出特征仍是对精神能量的耗散和浪费，这一点不断受到这个时代的哲学家的批评。显然，精神能量的耗散浪费和科学的意识形态功能一样，不能仅仅通过理论上的洞见来克服，而只能在历史实践中改变其现实条件。

9. 有关文化失序与经济条件之间的联系以及由此产生的利 7
益冲突的学说,对物质与精神财富在现实中实现的程度或它们之
间的高低关系只字未提。当然,它确实与观念论关于世界应被视
为绝对精神的产物和表现的观点相悖,因为它根本没有把精神视
为可脱离历史定在而独立存在的东西。然而,如果不将观念论看
作一种问题重重的形而上学,而是看作一种对现实地展开的人类
精神资质的追求的话,那么唯物主义有关观念并不独立的理论就
比大部分现代形而上学更符合德国古典哲学的这一把握。因为,
认识到使人类生活枯萎和败坏的社会原因,并真正将经济置于人
类控制之下的尝试,比教条地宣称"精神具有独立于历史进程的
优先性",更贴近这一追求。

10. 倘若我们对科学危机的谈论是正确的,那么这种危机便
与普遍的危机密不可分。历史进程给作为生产力的科学带来了
束缚,影响到科学的各个部分,影响到了内容和形式、材料和方
法。此外,作为生产资料的科学也没有得到恰当的应用。对科学
危机的理解取决于有关当前社会境况的正确理论,因为作为一种
社会功能,科学反映了当下社会的诸种矛盾。

对宗教的思考[①]

Gedanke zur Religion

———————————

① 本文最初以《后记》为题发表于 1935 年出版的《社会研究杂志》第四卷第 2 期,后来则被命名为《对宗教的思考》("Gedanke zur Religion")并收录在霍克海默的文集和全集当中。译自"Nachbemerkung", *Zeitschrift für Sozialforschung*, 1935 (Jahrgang 4), München: Deutscher Taschenbuch Verlag, 1980, S.307-308。——译注

长久以来，上帝的概念保留了这样一种观念，那就是除了自 〔307〕
然和社会所表达的有效性标准之外，还存在着其他标准。对一个
超验存在的承认从对尘世命运的不满中汲取了最强大的力量。
如果正义与上帝同在，那么它在世界上并不以相同的程度而存
在。世世代代的希冀、渴望和控诉都被记录在宗教当中。

然而，随着基督教越来越多地将上帝的作为与此岸世界的事
件协调一致，宗教的这种意义发生了颠倒。天主教在某些方面已
将上帝视为尘世秩序的缔造者，而新教则将世界进程直接归于全
能的意志。这不仅使得每个尘世政权都因神圣正义的普照而容
光焕发（verklärt），还使这种正义本身沦落到了现实的腐朽境地。
基督教在成为国家的盟友的同时，也失去了表达理想的文化
功能。

在早先时代，对现存事物的批判曾通过对天国审判者的信仰
来表达，而在当下则表现为对更理性的社会生活形式的竭力争
取。然而，正如康德所言，尽管理性自己有了更好的知识，但它仍
然无法抵御某些已尘埃落定的幻觉重新浮出水面，自从宗教渴望
转变为有意识的社会实践之后，一种幻象（Schein）仍然存在，它虽
然可以被驳倒，却无法被根除。那就是完全正义的形象。这种完
全正义在历史上永远不可能彻底实现；即使一个更好的社会取代
了当前的无序并得到了充分的展开，过去的贫苦也无法弥补，所
萦绕着的匮乏自然也不会被消除。因此，完全正义本身也是一种

幻觉,它可能是某些伴随着原始交换而出现的观念的扩展。每个人都必须分到他所应得的东西,每个人最初都享有同等的幸福权利,这是一种对经济规则的普遍化,是对其无限制的夸大。然而,在思想上超越可能之物的推动力,对现实的无力进行反抗的推动力,皆属于人类,属于他的历史性生成。将进步的人类类型与落后的人类类型区分开来的不是对这一形象的拒绝,而是对实现这一形象的诸种限制的认识。

当威权国家看上去投身于对宗教的历史性斗争时,这实质上是一个关于竞争、同化或偏移的问题。官僚机构为了适应当前的条件,接管并重组了旧有的意识形态机器,而教会在其中占有一席之地。尽管在这个过程中可能会出现摩擦,但教会最终不得不认识到,其自身的社会地位取决于现行体系的基本特征能否持续存在。如果这些特征发生改变,教会将失去一切,一无所获。教会的地位建立在这样的信念之上:绝对正义不仅仅是人类构想出来的形象,还是一种现实的、永恒的力量;但未来的社会将放弃散播这种信念。

期待当前教会中的讨论能唤醒宗教,并使其如诞生之初那样生机勃勃,那是痴心妄想;因为善良意志、与劳苦大众团结一心以及对更美好的世界的追求,都已褪去了宗教的旧袍。殉道者的态度不再是容忍,而是行动,他们的目标不再是自己在来世的不朽,而是为后人创造幸福,并且,他们知道如何为此牺牲。

单纯的精神抵抗只是总体国家车轮上的一个齿轮。今天,一些基督徒可能会再次被召唤去做真正的追随者,但这并不会让他们回归宗教。然而,那种形象,那种既无法通过此岸也无法通过彼岸来传播权力和声望,且日益对徒劳无益有所觉悟的形象,可能比过去一个世纪对宗教的虚荣自满充耳不闻或经过深思熟虑而忍下不表的做法，更能使失望的信徒灵魂纯净。

　　人类在其前行之路上失去了宗教，但这种失去并不是悄然无息的。一部分被宗教信仰所保存和延续的欲力和愿望从其限制形式中解脱出来，并作为生产力进入了社会实践。在这一过程中，即使是被摧毁的幻觉，它本身的那种漫无节制也会获得一种积极的形式，并转化为真理。在真正的自由态度中，无限的概念被保留下来，作为对世事终局和人类不可挽回的孤独的一种意识，并且保护社会免于愚蠢的乐观主义，免于将自己的知识膨胀成一种新宗教。

传统理论与批判理论^①

Traditionelle und kritische Theorie

① 本文于 1937 年发表于《社会研究杂志》第六卷第 2 期。译自 "Traditi-onelle und kritische Theorie", *Zeitschrift für Sozialforschung*, 1937（Jahrgang 6），München：Deutscher Taschenbuch Verlag, 1980, S. 245-294。——译注

什么是"理论"？在当前的科学水平下,回答这一问题似乎并 　245
没有太大的困难。在常规研究中,理论被视为某一主题领域中一组
命题的汇总,这些命题相互关联,从其中的一些命题中可以推导出
其余的命题。相对于推论而言,最高原理的数量越少,理论就越完
美。理论的真正有效性在于推导出的命题与实际发生的事件相吻
合。若经验与理论之间出现矛盾,就必须对其中之一进行修正。要
么是观察有误,要么是理论原理有问题。因此,相对于事实而言,理
论始终只是一个假设。在处理材料时,如果人们证实的确出现了偏
颇之处,就必须做好修改理论的准备。理论是一种知识积累的形
式,这一形式帮助我们尽可能彻底地描述事实。庞加莱①把科学比
作一座应当不断得到扩充的图书馆。实验物理学扮演的是负责采
购的图书管理员的角色,也就是说,它通过提供材料来丰富知识;数
学物理学则是严格意义上的自然科学理论,它的任务是编制目录。
若没有目录,即使图书馆馆藏再丰富,人们也无法使用。"这就是数
学物理学的角色,它必须在……增益效用的意义上指导普遍化。"②

---

　① 亨利·庞加莱(Henri Poincaré, 1854—1912),法国著名的数学家、物
理学家和科学哲学家,被誉为"现代数学之父"之一。他在拓扑学、代数几何、
微分方程和数论等多个科学领域做出了卓越贡献。——译注

　② Henri Poincaré, *Wissenschaft und Hypothese*. Deutsche Ausgabe von F. und
L. Lindemann. Leipzig 1914, S. 146.

理论似乎将科学的普遍系统作为其一般目标。它不再局限于某一特定领域,而是涵盖所有可能的对象。不同科学之间的藩篱被打破了,因为与不同领域相关的命题被追溯到相同的前提之上。用于规定无生命自然的概念装置也用于分类有生命的自然,对任何人来说,只要学会了如何操作这套概念装置,也就是掌握推导规则、符号材料以及将演绎出来的命题与确定的事实进行比较等程序,这套概念装置就是可以随取随用的。不过,要真正达到这一境界,我们依然任重而道远。

虽然略显粗糙,但这就是今天普遍存在的关于理论的本质的观点。它通常追溯到现代哲学的开端。笛卡尔将他科学方法的第三条准则表述为决定"以有序的方式来引导我的思想,从最简单的、最容易认识的对象开始,一点一点、一步一步地上升到最复杂的知识,假设在那些原本没有自然的优先秩序的对象之间也有某种秩序"。这种在数学中常见的推导方法也适用于整个科学。世界的秩序是通过演绎的思维联系被揭示出来的。"那些由简单、容易的推理组成的长串链条——几何学家习惯于使用它来达成最困难的证明——使得我有机会想象:所有落入人类认识中的东西都以同样的方式相互关联。我以为,只要我绝对不将任何不真的东西当作真的而接受,并且始终坚守从一项推演出另一项所要求的顺序,那就不会有什么东西遥远到最终都够不着,或者隐蔽到不能被发现。"① 根

① Descartes, *Discours de la méthode.* II. Deutsche Übersetzung von A. Buchenau. Leipzig 1911, S. 15.

[中译参见笛卡尔:《笛卡尔主要哲学著作选》,李琍、徐卫翔译,上海:华东师范大学出版社,2021,第15页。——译注]

据逻辑学家的其他哲学立场,这些作为演绎起点的最普遍命题,可能被视为经验判断(如约翰·斯图尔特·密尔所见),明见的洞察(evidente Einsichten)(如在理性主义和现象学的思潮中),或是任意设定(如在现代公理系统中)。在当代最先进的逻辑学中,例如在胡塞尔的逻辑学研究中,我们可以找到代表性的表达:理论被定义为"一般科学的自足命题系统"①。简明扼要地说,理论是"在一种系统而统一的演绎形式内诸命题间的一种系统的联结"②。科学是指"一定的命题领域……它总是从某种理论工作中产生,在其系统的秩序中,一定的对象领域被规定了"③。所有部分必须无例外且无矛盾地相互关联,这是任何理论系统必须满足的基本要求。赫尔曼·外尔将一致性(包括无矛盾性)以及不存在对可观察现象没有影响的多余的、纯粹教条的成分,描述为必不可少的条件。④

这种传统的理论概念倾向于以一个纯粹的数学符号系统为目标。作为理论的元素,作为推理和命题的组成部分,越来越不再是可经验对象的名称,而更多地是数学符号。甚至逻辑操作本

247

---

① Edmund Husserl, *Formale und transzendentale Logik*. Halle 1929, S. 89.

[中译参见胡塞尔:《形式逻辑和先验逻辑》,李幼蒸译,北京:中国人民大学出版社,2012,第84页。——译注]

② 同上书,S. 79。

[中译参见同上书,第75页。——译注]

③ 同上书,S. 91。

[中译参见同上书,第86页。——译注]

④ Hermann Weyl, *Philosophie der Naturwissenschaft*, in: *Handbuch der Philosophie*, Abteilung 2. München und Berlin 1927, S. 118 ff.

身已经高度合理化,以至于在很大程度上,自然科学中的理论构建已经变成了数学构造。

人文和社会科学正在努力效仿成功的自然科学。社会科学中那些更侧重事实研究和那些更侧重理论原理的学派之间的差异,与理论概念本身并没有直接关系。自斯宾塞以来,特别是在盎格鲁-撒克逊的大学中,有关社会生活的所有学科都在进行孜孜不倦的收集工作,汇集有关问题的大量细节,通过仔细的调查或其他辅助手段进行经验研究。这确实提供了一幅与工业生产方式下的生活在表面上极其相似的图景,而非单纯地制订抽象原则,不像部分德国社会学家那样仅仅在书桌上进行基本概念的思考。但在思维方式上,这并不意味着出现了什么结构性差异。在当今社会的晚期阶段,所谓的精神科学无论如何只具有摇摆不定的市场价值;它们必须勉勉强强地尝试,尽力根据自然科学(它更幸运,且具有不容置喙的应用可能性)依样画葫芦。无论如何,社会学各流派彼此间的理论理解与自然科学之间的同一性是毋庸置疑的。经验主义者和理论学家关于何谓完善理论的观念别无二致。前者只是自觉地相信,面对社会问题的复杂性和科学的现状,有关普遍原则的工作应被视为轻松而闲散的事务。至于必须进行的理论工作,则是在持续接触材料的过程中进行的;在可预见的未来,全面的理论阐述甚至都是不可想象的。精确表述的方法,特别是数学程序(它们的意义与上文所述的理论概念密切相关),深受这些学者青睐。经验主义者质疑的与其说是一般性的理论,不如说是反对由他人"高高在上"地设计出来的理论,这些理论不与经验性的专业科学问题直接接触。诸如共同体与社会(滕尼斯)、机械团结与有机团结(涂尔干)、文化与文明(阿尔弗雷德·韦伯)等人类社会化的基本形式的区分,在人们试图将其应用于具体问题时便立刻暴露出问题。在目前的研究状况下,社会学必须走从描述社会现象到深入比较,再到形成普遍概念的艰难道路。我们在这里所面临的对立可以归结如下:经验主义者恪守他们的传统,只将完成的归纳作为理论的最高命题,并认为我们距离达到这样的命题仍道阻且长。他们的反对者则认为,为了形成最高的范畴和洞察,其他不那么依赖于材料收集进展的方法也是正确的。例如,即使涂尔干自己在许多方面同意经验主义者的基本观点,但当涉及诸原理时,他承认归纳过程是可以缩短的。在他看来,不可能仅仅根据经验性的清单盘点来对社会过程进行分类,也不可能像人们所期望的那样简化研究工作。"分类的作用,是使我们掌握能与那些本身不能提供分类标准的观察联系起来的标准。但这样一来,分类就不能按照所有个体的全部特性进行,而必须根据从中仔细选择出来的少数特性进行……它将给观察者以指导,使其在观察事物时省去许多步骤……因此,我们在分类时就应该选择特别重要的标志。"①然而,无论最高原理是通过选择、本质直观还是纯粹的约定来获得的,它们在理想的理论体系中发挥的作用并不会有什么区别。可以肯定的是,科学家将或多或少的普遍命题作为假设带入新出现的事实中。现象学取向的社会学家当然会保证,一旦确切无疑地确定了一个"本质规

249

———

① Emile Durkheim, *Les règles de la méthode sociologique*, Paris 1927, p. 99 [translation by M. H.].

[中译参见迪尔凯姆:《社会学方法的准则》,狄玉明译,北京:商务印书馆,2018,第95—96页。——译注]

律"(Wesensgesetze),每个实例必定会照其行事。但本质规律的假定性特征在以下问题中暴露无遗:在个案中,我们所面对的究竟是相关本质的实例,还是与该本质具有亲缘关系的另一个本质的实例?我们涉及的究竟是同一类型下的一个糟糕的实例,还是其他类型下的贴切的实例?一方面,总是存在着在思想中形成的知识;另一方面,也总是存在着应被知识把握的事态,而这种"纳入",也就是在单纯的感知或事态陈述与我们知识的概念结构之间建立关系,被称为对事态的理论解释。

这里没必要逐一详述不同类型的分类方式。只需简要说明,根据这种传统的理论概念,关于历史事件的解释是如何运作的。迈耶①认为,像这样的问题——如果没有某些历史人物的特定的意志决策,那么由他们发动的战争是否迟早会爆发——是无法回答且多余无益的。与此相反,韦伯则想证明,如果真是这样的话,我们就根本不可能解释历史。他借鉴了生理学家冯·克里斯②以及法学和国民经济学作家梅克尔③、利夫曼④和

---

① 赫尔曼·迈耶(Hermann Meyer, 1850—1934),德国社会学家和历史学家,主要研究领域包括社会理论和历史研究。——译注

② 约翰纳斯·阿道夫·冯·克里斯(Johannes Adolf von Kries, 1853—1928),德国生理心理学家,提出了现代视觉的"二重性"或"双重性"理论,在血液动力学和概率基础领域做出了重要贡献。——译注

③ 阿道夫·梅克尔(Adolf Merkel, 1836—1896),德国法学家,试图将一般法律理论与法律发展的历史社会科学文化理论结合起来。——译注

④ 罗伯特·利夫曼(Robert Liefmann, 1874—1941),德国经济学家。他的主要研究领域包括卡特尔、企业的组织形式以及资本主义经济体制的运行机制。——译注

拉德布鲁赫①的理论,发展出"客观可能性理论"。历史学家的解 250
释与刑法学家的解释类似,它并不在于尽可能全面地罗列出所有
相关情形,而在于强调事件中对历史发展有意义的某些要素与个
别决定性过程之间的联系。例如,判断一场战争是由一位目标明
确的政治家的政策引发的,这在逻辑上就预先假定了,如果不推
行这一政策,就不会出现能够由该政策所解释的结果,而是会出
现另一种结果。如果主张某个特定的历史因果关系,这就总是意
味着,根据已知的经验规则,在现有情况下,一旦这个因果关系缺
失,另一个特定结果就会相继而来。这些经验规则无非是我们对
经济、社会和心理联系的认识的表述。在它们的帮助下,我们构
建出可能的过程,从而排除并引入我们要解释的事件。② 这是在
给定情况下应用条件命题的操作方式。在前提条件是 a、b、c、d 的
情况下,必须预期事件 q;如果去除 d,则预期事件 r;如果增加 g,
则预期事件 s;等等。这样的计算属于历史学和自然科学的逻辑
框架。这是传统意义上理论的存在方式。因此,隶属于各个最不
同的领域的科学家们所认定的理论本质,确实与他们的直接任务
相吻合。无论是操纵物理自然,还是操纵某些经济和社会机制,
都需要像在给定的假说的秩序结构中所做的那样,对知识材料加
以塑造。资产阶级时代的技术进步无法与这一科学活动的功能

---

① 古斯塔夫·拉德布鲁赫(Gustav Radbruch, 1878—1949),德国法学家
和政治家。他在魏玛共和国初期担任德国司法部部长,被认为是 20 世纪最
具影响力的法律哲学家之一。——译注

② 参见 Max Weber, *Kritische Studien auf dem Gebiet der kulturwissenschaftlichen Logik*, in：*Gesammelte Aufsätze*. Tübingen 1922, S.266 ff。

相分离。一方面,它使事实可以在既定条件下富有成效地运用于知识;另一方面,它也将现有的知识应用于事实。毫无疑问,这种劳动代表着这个社会的物质基础持续变革和发展的环节。然而,当理论的概念被独立出来,仿佛可以从认识的内在本质或其他非历史的方面进行证明时,它就变成了一种物化的、意识形态的范畴。

新发现的事实联系对既有知识的改造是否富有成效,以及这些知识在实际情况中的应用,不能仅仅归因于纯粹的逻辑或方法论元素的规定,而只能在与真实社会过程的关联中加以理解。若一个发现引发了既有观念的重组,那么,这绝不可能仅仅用逻辑上的考量,或者更确切地说,绝不可能仅仅用"这一发现与主导观点的特定部分相矛盾"这样的道理,就把个中缘由说清楚。也许在科学家自己看来,只有内在的动机才具有决定性意义,但即使在这种情况下,新观念的盛行也是由具体的历史背景造就的。现代的认识论学者并不否认这一点,尽管他们在谈到外在于科学的决定性因素时,更多考虑的不是社会关系,而是天才和机遇。在 17 世纪,人们不再通过增添补充性的理论构件来解决传统天文学的认知方式所遇到的困难,而是转向了哥白尼体系,这不仅仅是由于其逻辑特性——例如更具有简洁性——的缘故。这些特性之所以被视为优点,本身就植根于那个时代的社会实践基础。哥白尼体系在 16 世纪几乎无人提及,后来却成为一股革命力量,这本身是机械论思维占据主流的历史过程的一部分。①

---

① 关于这一过程的阐述,可以在亨利克·格罗斯曼发表在《社会研究杂志》的文章中找到。(Henryk Grossmann, "Die gesellschaftlichen Grundlagen der mechanistischen Philosophie und die Manufaktur", in: *Sozialforschung*, IV, 1935, S. 161 ff.)

科学结构的改变取决于当时的社会情势,这不仅适用于像哥白尼体系这样的综合性理论,也适用于日常生活中具体的研究问题。无论是在化学实验室还是在古生物学研究中,在无机或有机自然的个别领域中发现新品种,这会导致旧有分类的改变,还是全新分类的出现,绝不能仅仅从逻辑情形中加以推断。在这里,认识论者通常依赖于一个表面上是内在于科学的"适用性"(Zweckmäßigkeit)概念来进行解释。设立的新定义是否适用,实际上不仅取决于系统的简洁性和融贯性,还取决于研究的方向和目标,而这些方向和目标无法由科学本身解释,甚至最终无法让人完全理解。

252

　　材料对理论的影响以及理论对材料的应用不仅是科学内部的过程,同样也是一个社会过程。毕竟,假设与事实之间的关系终究不是发生在学者的头脑中,而是发生在工业中。煤焦油在某种作用下会产生颜色,硝化甘油、硝石和其他材料具有很强的爆炸力,这些规则都是在大工业的工厂车间中得到了实际的应用而积累起来的知识。

　　在各种哲学流派中,实证主义者和实用主义者似乎考虑到了理论工作与社会生活过程的交织。他们把结果的预测作用和有用性描述为科学的任务。然而,在现实中,这种对于目标的自觉、这种对其职业的社会价值的信念,对于学者来说只不过是私人事务。他们可能在相信独立的、"超社会的"、自由漂浮的知识的同时,也相信其专业的社会意义——这种诠释上的对立丝毫没有影响他们的实际行动。学者和他们的科学嵌入社会装置中,他们的功绩乃自身持存、持续性地再生产现存事物的一个环节,无论他们自己对此作何解释。他们只需符合自己的"概念",即按照上面所描述过的方式进行理论生产。在社会分工中,学者将事实整合到概念秩序之中,并完好地维护它们,以便他们自己和所有那些必须利用它们的人都能掌握尽可能广泛的事实领域。实验在科学内部的意义在于,以特别适合当前理论情形的方式确立事实。事实材料,或者说素材,是由外部提供的。科学则负责对其进行清晰的和提纲挈领的表述,这样人们就可以按照自己的意愿来处理这些知识。对于学者来说,事实性知识的吸收、转化和彻底合理化——不管是像历史学和其他个别科学的描述性分支那样尽可能详尽地呈现素材,还是像物理学那样总结大量数据并赢获普遍规则——是他们特有的自发性,是他们的理论活动。思维与存在、理智与感知的二元对立对他们来说是自然而然的。

  传统的理论观念是从在特定层次的内部分工中运作的科学事业中抽象出来的。它对应于学者的活动,这些活动与社会的所有其他活动同时进行,但与单个活动之间没有直接的、显而易见的联系。因此,这一概念并没有展示出科学的真实社会功能,也没有展示出理论在人类生存中的意义,而只是展示了在特定历史条件下产生了理论的孤立领域中,理论究竟意味着什么。然而,真相是,社会生活是由各个生产部门的总劳动所产生的,即使劳动分工在资本主义生产方式下运作得不尽如人意,包括科学在内的各部门也不能被视为自主的和独立的。这些部门是社会与自然进行交互并维持自身既定形式的特殊方式和途径。它们是社会生产过程的环节,即使它们本身很少具有或根本不具有真正意义上的生产性。无论是工业和农业生产的结构,还是所谓的领导和执行职能、服务和劳动、精神工作和手工工作的分离,都不是永恒或自然的状态;相反,它们由特定社会形式的生产方式产生出来。劳动过程的独立性的假象源自其对象的内在本质,与市民社会中经济主体的表面自由相对应。他们相信自己是按照个体的决定行事的,然而即使在最复杂的计算中,他们也不过是难辨"庐山真面目"的社会机制的一个承载指数(Exponenten)罢了。

自由主义时代资产阶级学者虚假的自身意识在最多样化的哲学体系中得到了展现。在世纪之交,它在新康德主义马堡学派中得到了特别精辟的表达。专业学者理论活动的个别特征被提升为普遍的范畴,仿佛成为世界精神和永恒的"逻各斯"的环节;或者更准确地说,社会生活的决定性特征被归结为学者的理论活动。"认知的力量"被称为"起源的力量"。所谓"创造"(Erzeugen)被理解为"思维的创生性主权"。凡是显现为被给予的(gegeben)东西,都一定能够从理论系统中,最终从数学中构建其所有的规定;所有有限的量都可以通过微积分从无穷小的概念中推导出来,这正是它们的"创造"。在这样的意义上,具有统一系统的科学是无所不能的,而这正是他们的理想。由于关于对象的一切都化为思维的规定,作为这一工作的结果,人们再也无法设想任何坚固的、物质的东西;规定、分类、统一的功能是一切事物所唯一能够依据的,是人类所有努力的目标之所在。创造就是对统一的创造,而创造本身即创造物。① 按照这种逻辑,自由意识的进步实际上就在于,学者所能看到的世界上的不充分片段越来越能以微分系数(Differentialquotienten)的形式表达出来。在现实中,科学职业是人类劳动和历史活动中的一个非独立的环节,而在这里,前者却将后者取而代之。如果它认为理性实际上决定着

254

---

① 参见 Hermann Cohen, *Logik der reinen Erkenntnis*, Berlin 1914, S. 23 ff。

未来社会所发生的事情，那么这种将逻各斯实体化为现实的做法同样是一种伪装起来的乌托邦。可是，人类在当下的自身认知并不是作为永恒的逻各斯而显现的数学化的自然科学，而是贯穿着对理性状态的兴趣的、指向现存社会的批判理论。

对单个活动、活动分支及其内容和对象的孤立观察，若要真实，就必须对其自身的局限性有具体意识，必须转向一种可以消除片面性的构想，而这种片面性是由于局部的智力过程从整体社会实践中被分离出来所必然产生的。在学者从他们自身职业中不可避免地产生出的理论想法中，事实与概念秩序的关系提供了一个克服这种片面性的重要出发点。主流的认识理论也认识到了这一关系是成问题的。人们反复强调，同一对象在一门学科中构成了在可预见的未来难以解决的问题，而在另一门学科中却被作为简单的事实得到接受。在物理学中作为研究课题的联系，在生物学中被预设为不言自明的。在生物学中，生理过程与心理过程的联系亦是如此。社会科学将整个人类的和非人类的自然视为既有的，进而关注人与自然之间以及人与人之间关系的构筑。然而，仅凭内在于资产阶级科学中的理论思维与事实之间关系的相对性，理论概念是无法得到进一步的发展的，这种发展需要考虑到一般而言的认知个体，而不能单单涉及科学家。

对于资产阶级社会成员来说，整个可感知的世界是现存在手的，且受到与世界相互作用的传统世界观之诠释，被其主体视为事实的总和；它就在那里，必须被接受。每个人的秩序性思维都属于社会反应的一部分，这些反应倾向于以尽可能符合需求的方式进行调整。然而，在个体与社会之间存在着本质区别。对个人而言，世界自身是他必须接受和顾虑的现存之物，而这同一个世界,其存在和存续的形态,同样也是一般社会实践的产物。我们在周遭环境中所感知到的一切——城镇、村庄、田野和森林——都带有人类活动加工的印记。人们不仅在衣着和举止、外貌和情感模式上是历史的产物,而且他们的视听方式也离不开千百年来社会生活的发展过程。感官传递给我们的事实从两方面受到社会的预制:一方面是被感知对象的历史特征,另一方面是感知器官的历史特征。这两者不仅仅具有自然的一面,也是由人类活动所塑造的;但个人在感知过程中经验到的自身是接受性的和被动的。被动性与主动性(Aktivität)之间的对立在认识论中表现为感性与知性的二元论,但这种对立并不像适用于个体那样适用于社会。当个体体验到自己是被动的和依赖的时候,由个体组成的社会则是一个主体,这个主体虽然是非意识的(bewußtlos)因而是非本真的,却又同时是一个活动着的主体。这种人类和社会存在方式的差异,是迄今为止社会生活的历史形式支离破碎的表现。社会的存在要么基于直接的压迫,要么是彼此对抗的力量的盲目结果,无论如何,都不是自由个体有意识的自发性的成果。因此,"被动性"和"主动性"这两个概念的含义会随着它们是指向社会还是个体而发生变化。在资产阶级的经济模式中,社会的活动是盲目的、具体的,而个人的活动则是抽象的、有意识的。

人类生产总是包含某种计划性。对于个人而言,事实是外在地添加进理论之中的;但由于事实总是由社会生产的,因此,即使在有限的意义上,在这些事实中也必然能找到某种理性。实际上,社会实践总是包含着现存的和被应用了的知识;因此,被感知到的事实甚至在认识个体有意识地进行理论加工之前,就已经被人类的观念和概念共同规定了——这不仅仅指自然科学的实验。

256

实验程序所要达到的所谓事实过程的纯粹性,显然与技术条件紧密相关,而技术条件与物质生产过程的联系同样是显而易见的。但在这里,我们很容易把整个社会实践对事实的中介作用问题与测量仪器(亦即特殊的方法程序)对观察对象的影响问题混淆起来。物理学一直在追问后一个问题,但它与这里提出的问题的关系并不比一般感知(包括日常感知)的问题更密切。长期以来,人的生理感官装置在很大程度上已经沿着物理实验的方向运作了。在记录观察时,如何分离和联结片断,如何忽略个别事物而强调其他事物,这些都是现代生产方式的结果,就像来自原始的狩猎和捕鱼部落的人的感知是其生存条件和感知对象的结果一样。关于这一点,"工具是人类器官的延伸"这句话可以反过来说:器官也是工具的延伸。在文明的更高阶段,有意识的人类实践不仅无意识地决定着感知的主观方面,而且在更大程度上也决定着感知的对象。工业社会成员每天在他周围看到的东西——出租公寓、工厂车间、棉花、供屠宰的牲畜、人——不仅仅是这些物体,还有通过地下轨道、升降机、汽车、飞机等观察到的运动,这个感官世界印刻着意识劳动的特征,而在现实中我们无法区分其中哪些是无意识的自然,哪些是社会实践的结果。即使是对自然对象的经验,其自然性也是通过与社会世界的对比来确定的,并因此依赖于社会世界。

　　个体将感性现实仅仅作为一连串事实纳入概念秩序中。当然,在不断变化的背景下,这些概念秩序也伴随着社会生活的过程而发展着。因此,如果说在一个给定的社会中,对知性系统的分类、对对象的判断往往是天经地义的,并且在社会成员之间有着显著的一致性,那么,感知与传统思维之间的这种和谐,以及单

子(个体性的认知主体)之间的这种和谐,就不是一种形而上学的
巧合。就此而言,"人类的健全知性"(gesunde Menschenverstand)
和"共通感"(common sense)的力量并没有任何神秘之处,我们可
以把这一点推及那些与社会斗争并不直接相关的领域(如自然科
学)中的观点的普遍有效性,它们都是由于要判断的对象世界在
很大程度上源于一种由同样的思维所规定的活动,而这些思维经
由个体被重复认识和理解。在康德的哲学中,这一事实以唯心主
义的形式表现出来。关于纯粹被动的感性和主动的知性的学说
使他产生了这样的疑问:知性从哪里获得某种预见,使感性所给
予的杂多能够在未来被它的规则所涵盖?康德明确反对预定和
谐的论点,即所谓的"纯粹理性的一种前定论体系",认为思维的
规则是天生的(eingeboren),对象将按照这些规则运作。① 他的解
释是,当感性显现被感知并在意识中被判断时,它们已经由先验
主体,即通过理性的主动性,进行了形塑。② 他在《纯粹理性批
判》最重要的几章中试图更详细地论证"先验的亲和性",一种个
人无从知晓的感性材料的主观规定性。

258

关于纯粹理性概念的演绎及图式论的主要章节所带有的困
难和晦涩(康德本人也承认了这一点),可能与他将这种对经验主

① 参见 Kant, *Kritik der reinen Vernunft*, Transzendentale Deduktion der reinen Verstandesbegriffe,§ 27,B 167。

[中译参见康德:《纯粹理性批判》,李秋零译注,北京:中国人民大学出版社,2011,第125页。——译注]

② 同上书,Der Deduktion der reinen Verstandesbegriffe zweiter Abschnitt, 4. Vorläufige Erklärung der Möglichkeit der Kategorien als Erkenntnisse a priori, A 110。

体无意识的、超个体的活动，仅仅构想为意识本身这一唯心主义形式、构想为纯粹精神的机构有关。根据他那个时代所能达到的理论视野，康德并没有把现实看作一种整体上虽然混乱但就局部而言却目的明确的社会劳动的产物。在黑格尔已经看到客观理性的狡计的地方——这种客观理性毕竟是世界历史性的，康德却看到"人类灵魂深处的一种隐秘的技艺，我们很难在某个时候从自然中猜测出它的真正操作技巧，并将它毫无遮蔽地展现在我们眼前"①。无论如何，在专业工作中学者所经历的事实与理论之间的不一致背后，隐藏着一个更深层次的统一，即个体认知所依赖的普遍主体性，这一点被康德把握到了。社会的主动性作为一种先验力量，即作为精神因素的概念化身（Inbegriff），而显现出来。然而，康德的断言——社会主动性的有效性笼罩在昏暗当中，也就是说，尽管它具有一切合理性，但仍是非理性的——这一论断并非没有真理的内核。尽管所有这些竞争的个体非常精明，但资产阶级经济模式并没有被任何计划所支配，也并未有意识地指向一个普遍的目标，整体的生活只是以一种萎缩的形式、在巨大摩擦中并且几乎是偶然地从中产生。康德哲学的最高概念——尤其是先验主体性的自我、纯粹的或源始的统觉、意识自身——所遭遇的内在困难证明了他思想的深度和真诚。康德的这些概念具有双重性，一方面表示最高的统一性和目标，另一方面又是昏暗的、非意识的、不透明之物，这恰恰反映了现代人类主动性的充

---

① 参见 Kant, *Kritik der reinen Vernunft*, Von dem Schematismus der reinen Verstandesbegriffe, B 181。

［中译参见康德：《纯粹理性批判》，李秋零译注，第 150 页。——译注］

满矛盾的形式。人类在社会中的合作是其理性的存在方式,通过这种合作,他们运用自身力量并确认他们的本质。然而,与此同时,这一过程及其结果对他们自身却是异化的,展现在他们面前的是一股不容更改的自然力量,一种超出人类的命运,伴随着大量的劳动力和人类生命的浪费、战争状态及完全无意义的穷困。

这一矛盾在康德的理论哲学中,在他对知识的分析中得以保留。因此,主动性与被动性、先天之物与感性材料、哲学与心理学之间关系的未解难题不是主观的,而是客观上必然存在的不足。黑格尔揭示并展开了这些矛盾,但这些矛盾最终在更高的精神领域的媒介下得以和解。黑格尔将绝对精神设定为至真至实之存在,从而摆脱了康德所断言却又无法恰当描述的普遍主体面对的尴尬处境。按照他的说法,普遍者已经充分展开,并与正在发生之事物相同一。理性不再需要仅仅对自身进行批判;在黑格尔那里,甚至在现实被接受为理性之前,它就已经变得肯定。鉴于人类生存中持续存在的矛盾,鉴于个体在其自身所创造的关系面前的无力,这一解决方案似乎是一种私人的断言,似乎是哲学家在私下里与非人道的世界缔结和约。

正如前面所解释的那样,将事实归入现有的概念体系,并通过简化或清除矛盾对其进行修正,这是一般的社会实践的一部分。由于社会被分裂成不同的群体和阶级,根据所隶属的群体和阶级的差异,不同理论结构与这种一般实践的关系也不尽相同。在封建社会中,资产阶级首次兴起之际,伴随着资产阶级而出现的纯粹的科学理论在很大程度上消解了那个时代,并具有攻击旧有实践形式的倾向。在自由主义时期,这些理论标志着占统治地位的人类类型。而今天,发展不再由那些在竞争中依赖于改进物质生产设备和产品的中间阶层所决定,而更多地受到领导集团在经济和国家的各个指挥层次上的全国性的和国际的对立所支配。除非理论思维涉及与这些斗争相关(特别是战争及战争工业)的最高度专业化的目的,否则人们就会对它兴致阑珊。人们在培育和深化思维能力方面所花费的精力也越来越少,无论其应用类型如何。

这些差异(当然还可以列举出许多其他差异)并不会改变这样一个事实:传统形态的理论——它基于甚至在最简单的意识中依然有效的、承袭已久的概念和判断装置来评价所予之物,以及在日常职业任务的基础上事实与理论形式之间的相互作用——发挥着积极的社会功能。当前人类存在形式的必要性和目的、经验和技能、习惯和倾向都已融入这种智力活动之中。正如物质生产工具一样,它不仅是构成当前文化整体的一个要素,也有可能是一个更正义、更有差异、更和谐的文化整体的要素。只要这种理论思维不是有意识地适应与对象相陌异的外部利益,而是现实地坚持解决由于专业发展而面临的问题,并在必要时提出新问题和转换旧概念,它就可以正确地把资产阶级时代在技术和工业方面的成就视作其合法性来源,并对自己确信无疑。诚然,它把自己理解为假设而非确证,但这种假设的特征在许多方面得到了补偿。基于现有的智识和技术手段(它们普遍都已证明了自己的有用性),不确定性不会超出每种情况下必须存在的程度,况且提出这种关于不确定性的假设,即使其可能性很低,它本身也被视为一种社会必要的和有价值的成就,而这种成就无论如何本身并不是假设性的。在现有的社会条件下,假设的构造以及一般的理论成果都是一种原则上有利用可能性(需求)的劳动。如果这种劳动未能得到应有的回报,甚至被搁置,那么它也只是分享了在这

261

种经济条件下被淘汰的其他具体的、可能有用的劳动的命运。这些工作是以经济为前提的,属于整个经济过程的一部分,而整个经济过程是在一定的历史条件下发生的。这与科学事业本身是否具有严格意义上的生产性毫无关系。这种物的秩序需要大量所谓的科学成果;它们以最多样化的方式得到回报,一部分真正源于生产性劳动的商品被分发给它们,而这丝毫不表明它们自身具有生产力。大学机构中某些部分的庸碌空转,以及不知所云的洞悉力、形而上学和非形而上学的意识形态建构,与其他源自社会对立的必需品一样,也有其社会意义,但它们并不真正符合当前阶段社会中任何大多数人的利益。对社会既存形式的存在做出贡献的活动不一定是生产性的,即不一定为企业创造价值。然而,它仍然可以属于这种秩序并使其成为可能,而专业科学正是这种情况。

现在有一种以社会本身为对象的人类行为。① 它不仅仅旨在革除某些弊端,还认为这些弊端与社会建筑的整体组织必然紧密相连。尽管它是从社会结构中产生出来的,但无论是从它有意识的意图还是它的客观意义上来看,它都不是为了使这种结构中的某些要素更好地运作。在这种行为看来,现行秩序下的“更好的”“有用的”“适用的”“生产性的”“有价值的”这类范畴本身就令人怀疑,它们绝非外在于科学的、无须去理会的先决条件。个体通常会将他的基本生存条件视为预先确定的东西加以全盘接受,并

262

① 这种行为在下文中被称为“批判的”。这里的“批判的”一词,与其理解为纯粹理性的唯心主义批判,不如理解为对政治经济学的辩证批判。它刻画了辩证的社会理论的一个根本特征。

努力追求这些条件的实现,他们的满足感和荣誉感源于尽其所能地履行与其社会位置相配的职命。尽管个体会义愤填膺地发出批评,且这些批评在具体情境下是合情合理的,但他们仍会尽力尽责地完成自己的任务。而我们所说的这种批判行为则完全不相信社会生活中为每个人提供的行为准则。批判理论相对化了个体与社会的分离,这种分离使得个体将其活动受到的预先设定的限制视为自然而然的。批判理论将由单个人活动之间盲目相互作用所决定的社会框架,即既定的劳动分工和阶级差异,把握为一种由人类行动所产生的功能运作,而这种功能运作也完全有可能由有计划的决策和理性的目标设定所规促。

在发起批判行为的主体那里,社会整体现时形态的分裂性质发展成了有意识的矛盾。主体认识到,当前的经济模式和建基于上的整个文化都是人类劳动的产物,是人类在这个时代赋予自己并有能力实现的组织,因此他们将自己与这个整体相认同,并将其把握为意志和理性;它就是他们自己的世界。同时,他们也体会到,社会可以比作人类之外的自然进程,它不过是一种机制,因为建立在斗争和压迫的基础上的文化形式并不是统一的、自身意识的意志的证词;这个世界不是他们的世界,而是资本的世界。迄今为止的历史无法真正被理解,在历史中我们所能理解的只有个体和个别群体,而即便是他们似乎也无法被完全理解,这是因为个体和个别群体内在地依赖于非人道的社会,即使是在有意识的行动中,他们在很大程度上仍然是一种机械功能罢了。因此,这种认同是充满矛盾的,而这种矛盾标志着所有批判思想的概念特征。批判思想认为劳动、价值和生产力这些经济范畴正是它们在这一秩序中之所是,而将任何其他解释都视作糟糕的唯心主义。同时,简单地接受它们的有效性似乎又是最粗糙的谬误:对支配社会生活的范畴的批判性承认同样也包含着对它们的谴责。当代人类自身诠释的这种辩证特征,最终也决定了康德理性批判的昏暗晦涩。只要人类作为一个无理性的有机体的成员行事,理性就不可能对自身透明。有机体,作为一个自然地生长和衰退的统一体,对社会而言并不是一个典范,而是一种喑哑沉闷的存在形式,社会必须从中解放出来。以这种解放为目标、旨在改变整体的行为,完全可以利用理论的劳动,正如这种劳动在现存的现实秩序内部所运作的那样。然而,批判行为缺乏传统思维作为有益于社会的职业劳动所产生的那种实用性。

263

　　如前所述,对于常规的理论思维而言,特定事态的起源、这些事态所涉及的概念系统的实际应用及其在实践中的角色,都被理解为外在的。这种异化在哲学术语中被表述为价值与研究、知识与行动以及其他对立的二分,它保护学者免受矛盾的困扰,并为其劳动提供了稳固的框架。不承认这种框架的思维似乎会失去立足点。一种理论程序,特别是一种通过尽可能简约和差异化的概念系统来与事实的规定相匹配的程序,除了能作为一种失去了方向的智识游戏,展现为一半是概念诗歌、一半是对情绪状态的无力表达之外,还能成为什么呢?对事实和理论的社会制约性的调查很可能构成一个研究问题,甚至构成一个完整的理论劳动领域,但我们很难看出,相较于其他的专业努力,这类研究有何种根本差别。意识形态研究或知识社会学已经从社会批判理论(kritische Theorie der Gesellschaft)中分离了出来,并被设立为特别学科,但无论是它们的本质还是它们的野心抱负,都并不对立于组织性科学的日常运作。在这些学科中,思想的自身认识被还原为对精神立场与社会位置之间关系的揭示。毫无疑问,批判行为的结构——其意图超越了统治性的社会实践——与这些社会学科的关系并不比与自然科学更为密切。它与传统理论概念的对立,与其说是源于对象的差异,不如说是源于主体的不同。对于批判行为的承载者来说,在社会中劳动所生产的事实并不像对于学者或别的职业的成员(这些从业者的思维像极了那些狭隘的学者[kleine Gelehrte])那样外在。对他们来说,关键在于对劳动重新加以组织。一旦人们将感知中被给予的事态把握为从根本上(并且无论如何在未来也应该)从属于人类控制的产物,那么这些事态就会丧失单纯的事实性特征。

专业学者"作为"科学家,他将社会现实及其产物视为外在的;而作为公民,他通过发表政论文章、加入政党或慈善机构以及参与选举来关心社会现实。这两种(以及更多的)行为模式在他的人格中最多只能通过心理学的解释被联结在一起。如今,批判性思维则由这样的尝试所推动:通过超越现实的紧张状态,来扬弃个体具有的目标意识、自发性、理性与作为社会基础的劳动过程的关系之间的对立。批判思想包含着一种人的概念,只要(上述人的诸种特质和劳动过程之间的)同一性尚未确立,这种概念就始终处于与自己的矛盾中。如果说由理性决定的行动属于人类,那么从最细微处塑造着定在的既有社会实践是非人道的,这种非人性会对社会中发生的一切产生影响。人类的智力和物质活动始终保留着外在的要素,那就是自然,它是每个社会必须面对的、尚不受人掌控的因素的概念化身(Inbegriff)。然而,一旦那些完全取决于人类自身的条件、他们在劳动中的关系和他们自己历史的进程,属于自然的又一副面孔,那么这种外在性不仅不是一种超历史的、永恒的范畴(同样不是我们所谈的那种纯粹的自然),而是某种卑劣无力的标志,屈从于这种无力是违背人性、违背理性的。

资产阶级思维是如此构成的,以至于在反思他们主体自身时,它在逻辑上必然认识到自我(Ego),这个自我自以为自己是自主的。它的本质是抽象的,它的原则是与自在发生(Geschehen)相隔绝的个体性,把自己夸大为世界的元根据,甚至夸大为整个世界。与此直接对立的是一种态度,这种态度认为自己是现存共同体不成问题的表达,例如民族主义意识形态。在这里,修辞性的"我们"在使用中被信以为真。诸如此类的言谈相信自己是普遍性的喉舌。在当下分裂的社会中,这种思维是和谐的,也是虚幻的,尤其是在涉及社会问题之时。批判思想及其理论与这两种类型都正相对立。它既不是一个孤立个体的功能,也不是由一个个个体所构成的大众(Allgemeinheit)的功能。相反,它有意识地将处于与其他个体和群体的现实关系中的,与特定阶级的冲突中的,以及最终在这种关系的中介下与社会整体和自然的联系中的特定个体作为主体。这个主体不像资产阶级哲学中的"自我"(Ich)那样是一个点,后者表述的核心在于对历史当下的建构。思之主体也不是知识与对象重合的处所,因此无法从中赢获绝对的知识。自笛卡尔以来,唯心主义一直生活在这种假象之中,此假象在严格的意义上是意识形态;资产阶级个体受限制的自由披着完全自由和自主的外衣。但是,在一个不透明、非意识的社会中,自我无论是作为纯粹思想者还是以其他方式行事,自身都不具有确定性。在关于人类的思考中,主体和客体是分离的;它们的同一性在于未来而非当下。导向这一境地的方法,用笛卡尔的

265

说法来讲,可以称为"澄明"(Klärung),但在真正的批判思想中,这不仅是一个逻辑过程,也是一个具体的、历史的过程。在这一过程中,整个社会结构以及理论家与社会整体的关系都会改变;也就是说,思想的主体和作用都会发生变化。假设主体、理论和对象之间的关系本质上是不变的笛卡尔式观念,区别于任何形式的辩证逻辑。

但批判思想如何与经验联系在一起呢?如果它不仅进行着秩序化,还要从自身之中获得超越秩序的目的的方向,那么它就会像唯心主义哲学一样,始终只在自身之中打转。只要它不在乌托邦式的幻想中寻求避难,它就会陷入对着镜子练剑的形式主义空谈当中。试图通过思考来合法地确定实践目标的努力必定会失败。如果思想不满足于现有社会指派给它的角色,不沿传统意义上的理论铺定的道路来行进,那么它必然会倒退回早已被拆穿的幻觉中去。这种反思犯了一个错误,即把思想理解为在当前分工条件下进行的分离性的、专业性的,因而也是精神性的模式。在社会现实中,观念活动从来都不是自在地存在着的,而是始终作为有着自身趋势的劳动过程的一个非独立环节来运作的。通过上升和倒退的时代和力量的对立运动,劳动过程维持、增强并发展了人类的生活。在社会的历史定在形式中,在所达到的(生产力)水平上生产出来的享受品每次都只是直接惠及少数人类群体,这种生活状态也显现在思想中,在哲学和宗教中印烙其迹。然而,将享受扩展到大多数人的追求从一开始就在人心深处激荡;尽管阶级组织在物质上有其功用,但其每一种形式最终都被证明是不适当的。奴隶、农奴和市民们已经摆脱了他们的枷锁。这种追求也在文化产物中呈现其态。在晚近的历史中,每一个个体如今都被要求将整体的目的作为自己的目的,并在整体中重新认识这些目的,因此,在没有具体理论的情况下,作为相互分离的力量的结果(在这些力量的转折点上,群众的绝望有时起到决定性作用)的社会劳动过程的方向是有可能被纳入意识,并成为一个目的的。思想并不是从自身中创造出这些目的,不如说它是觉察到了自身的作用。在历史进程中,人们逐渐认识到自己的行为,从而把握了他们生存中的矛盾。资产阶级经济的目的是使个体通过操心自己的福祉来维系社会生活。然而,在这种结构中寓居着这样一种动力:最终,幻想性的权力在一方积聚,其程度之高,让人回想起古老的亚洲王朝,而物质和智力上的无力则在另一方积聚。这种生活过程的组织的原始肥力被转化为了贫瘠和抑制。人们通过自己的劳动不断更新着一种日益奴役他们的现实。

　　然而,就经验所扮演的角色而言,传统理论和批判理论之间存在差异。从历史分析中提取出来的有关人类活动的目标的观点,尤其是与普遍性相符合的理性社会组织的理念,是人类劳动中内蕴着的东西,却未曾在当下以正确的形式出现在个体或公众的头脑中。经验和感知这些趋势需要特定的兴趣。马克思和恩格斯的理论认为,这种兴趣必然产生于无产阶级。由于无产阶级在现代社会中的处境,他们经验到了劳动在与自然的斗争中为人们提供越来越有力的工具和过时的社会组织被持续性地更新之间的联系。失业、经济危机、军事化、恐怖政府,所有这些群众的状况并不是由于技术手段的不足(在早期时代可能是这样),而是由于当前的条件不再适合生产。在主导性的条件下,由于受制于特殊的、相互冲突的利益,一切支配自然的智力和物质手段的应用都受到了阻碍。生产不是根据公众的生活来安排的,它也照顾

267

单个人的要求，却是根据单个人的权力要求来安排的，只在必要时照顾公众生活。在既定的财产秩序下，这种情况是由这样一个进步的原则——只要个体为自己着想就足够了——不可避免地产生出来的。

　　然而，即使无产阶级身处这样的社会处境，也不能保证其具备正确的认识。尽管他们亲身经历了无意义的存续以及贫困和不义的加剧，但受上层推动的社会结构的分化以及只有在特殊时刻才会被打破的个人利益与阶级利益之间的对立，阻碍了这种意识获得直接的有效性。毋宁说，对于无产阶级而言，世界从表面上看起来就呈现为另外的面貌。如果一种态度无法将无产阶级的真正利益，也就是整个社会的利益，与无产阶级自身对立起来，而是从大众的思想和情感中汲取指导方针，那么这种态度本身就会沦为对现存事物的奴役性依赖。知识分子只是在景仰的目光中宣扬无产阶级的创造力，并在适应无产阶级和赞美无产阶级中得到满足，却忽视了，他每一次逃避去除思想被动性的理论努力，每一次逃避自己思想中那些有可能使自己与大众暂时对立起来的要素，都会使大众变得比他们必须所是的状态更加盲目和衰弱。作为一种批判性的、推动性的因素，他自己的思想是无产阶级发展的一部分。知识分子的思想完全服从于各个阶级的心理状况（这个心理状况本身就代表着变革性的力量），这使每个知识分子产生了与巨大力量相联结的幸福感和职业性的乐观主义。而一旦这种乐观主义在某个时期被最严厉的打击所动摇，那么许多知识分子可能会陷入与他的过度乐观同样不受限制的社会悲观主义和虚无主义。他们无法忍受的是，在特定时期，正是那些最与时俱进、最深入把握历史情势、最具有前瞻性的思想，会把它的捍卫者孤立起来,让他们只能依靠自己。

如果批判理论本质上是对某一阶级一时的情感和观念的表述,那么它就不会与专业科学有任何结构性的区别;它只涉及对社会中特定群体的典型心理内容的描述,涉及社会心理学。存在与意识之间的关系对于社会不同阶级来说是不同的。市民阶级(Bürgertum)用来解释自己秩序的理念,如公平交换、自由竞争、利益和谐,凡此种种,如果认真对待并真正作为社会原则贯彻到底,就会证实它们的内在矛盾,从而也证实它们与这种秩序的对立。因此,仅仅描述资产阶级的自身意识并不能揭示这个阶级的真相。同样,对无产阶级意识内容的系统化也无法提供其定在和利益的真实图景。这只不过是一种有着特定发问方式的传统理论,而不是无产阶级解放历史进程的智识维度。即便人们将自己限制在接受并传播无产阶级中的先进部分、党或党的领导的观念,而非一般的无产阶级观念,情况也是如此。在这种情况下,真正的任务是将数据登记并归类到一个尽可能接近事实的概念装置中,而对未来的社会心理学数据的预测被证明是理论家的最终目标。思考和理论的构建是一回事,而其对象——无产阶级——则是另一回事。然而,如果将理论家及与被统治阶级相关的特定活动视为一个动态统一体,使其对社会矛盾的表述不仅显现为具体历史情势的表达,而且同样显现为其中的一个刺激和变化的因素,那么理论家的作用就凸显出来了。阶级的先进部分与说出了真相的个体之间的对抗运动,以及这些最先进部分连同他们的理论家与其他阶级之间的对抗运动,应被理解为一个相互作用的过程,在这个过程中,意识以其解放的力量,同时施展其催逼、惩处和侵略的力量。这种尖锐性表现在理论家与他的思想所适用的

269

阶级之间始终存在着紧张的可能性。期待着解放的社会力量之间的统一性，在黑格尔的意义上同时亦是它们之间的差别；统一性只是作为一种冲突而存在，这种冲突不断威胁着居于其间的主体。这一点在理论家的个人身上淋漓尽致地体现了出来，他的批判不仅攻击现存的有意识的辩护者，而且同样攻击自己队伍中那些偏离正轨的、顺从的或乌托邦的倾向。

理论的传统形态(其中一面由形式逻辑所把握)在当前的形式下属于劳动分工的生产过程的一部分。由于社会在未来的岁月里也需要与自然相搏斗，这种智力技术不会变得无关紧要，相反，还必须尽可能地加以发展。与此相对，理论作为旨在实现新的社会形式的实践的一个环节，则并不是一个正在运转的机制中的齿轮。即使胜利和失败与科学假设的验证和否证之间构成了模糊的类比，批评性的理论家也无法因这些胜利和失败是他专业领域的一部分而感到安心。他不能像庞加莱那样，为那些必须被抛弃的假设所带来的丰富性大唱赞歌。① 他的职业是斗争，这正是思想所归属之处，而不是把思想看作独立的、可与斗争相分离的东西。诚然，他的行为中包含许多惯常意义上的理论元素，包括对相对孤立的事实的了解和预测、科学判断和设问方式，即使这些元素由于他的特定兴趣而偏离常规，却仍然显示出相同的逻辑形式。

传统理论可以毫不犹豫地接受这样的现状，即自己在一个正常运转的社会中扮演了积极角色，包括自己与满足普遍需要的关系(这种关系理所当然地具有中介性和不透明性)，以及自己参与了社会整体的更新过程。科学本身压根不关心这些需求，因为学

---

① 参见 Henri Poincaré, *Wissenschaft und Hypothese*. ibid., S. 152。

者的社会地位已经通过满足这些需求得到了嘉奖和确认。而批判思想却对这些需求提出了质疑。批判思想所要达到的目标——理性的状态——却是根植于当下的困苦。然而，它所要革除的景象并没有在这种困苦中被大白于世。它所发展的理论并不是为既存的现实服务的，它不过是说出了现实的秘密。无论颠谬和浑噩能够在每一刻得到多么精确的证明，无论每一个错误能引发多大的恶果，奋发的总体趋势及智识行动本身，即使被认为有成功的希望，也没有受到健康的人类知性的核准，没有养成自己的习惯。相比之下，那些可以通过机械工程、军事组织，甚至成功的电影作品来获得验证或否证的理论，就算像理论物理学那样独立于其应用而被追求，也往往导向某种可明确界定的消费，即使这种消费只是通过在数学符号的巧妙运用中获得愉悦来实现的。而凭借理论的这种回报，良好的社会显露了它对人性的认识。

　　然而，像批判思想所关注的未来人们将如何消费的问题，却没有诸如此类的例子。尽管如此，未来社会是一个自由人的共同体这一理念（这在现有的技术手段下是可能的）有一种我们必须在所有变易中都对此保持忠诚的内涵。作为一种关于如今我们可以且应该如何消除分裂和非理性的洞见，这一理念在盛行的条件下不断再生产出来。但是，它所评判的事实性，即向理性社会推进的趋势，并不产生于思想彼岸的外在力量，仿佛在这些力量的产物中，思想有可能偶然地重新认识自己；相反，这个事实性就是由同一个主体，由同一个想要实现这个事实、实现更好现实的主体来呈现的。理性意图与现实化的关系未来将会从思维与存在、知性与感性、人类需要及其满足之间的协调性中生成，而这种协调性如今在混乱的经济中显现为神秘难解的协调性，在资产阶级时代显现为偶然的协调性。争取未来的斗争以一种破碎的形式反映了这种关系,因为与塑造整个社会有关的意志已经有意识地作用于那些引导我们通向那里的理论和实践的搭设构造。在斗争者的组织和共同体中,尽管所有的纪律都建立在对必然性的贯彻之上,但未来的一些自由和自发性却显现了出来。而当纪律和自发性的统一消失时,运动就会转变为其自身官僚机构的内部事务,这业已成为晚近历史剧目中的舞台戏。

可是,人们所追觅的未来在当下的生命力并没有得到证明。秩序化知性的概念系统,将死物和生者、社会、心理、物理过程普遍纳入分类范畴之中,将对象和判断划分为专业中各个分离的知识领域,所有这些都是已经在实际劳动过程中经过验证并精雕细磨的思维装置。这个概念世界构成了普遍意识,它为它的维护者提供了可以参照的基础。批判思想的旨趣也是普遍的,但并未得到普遍承认,受其影响所产生的概念对当下提出了批判。马克思主义的阶级、剥削、剩余价值、利润、贫困化和崩溃等范畴是一个概念整体的要素,其意义不在于对当前社会的再生产,而在于使其朝正确的方向转变。尽管批判理论从未以任意和偶然的方式行事,但在主流判断中它显得主观和思辨、片面和无用。正因为批判理论与助长那些已经过去的东西的存续和挂虑那些陈旧的、秩序化了的事物的普遍思维习惯(这些习惯正是这样一个偏颇世界的保障者)背道而驰,它才会显得有失偏颇,才会显得不公正。

但是,批判理论没有任何物质上的成就可以展示。它试图促成的变革并不是逐步实现的,仿佛变革的成功虽缓慢却总算是在稳步推进一样。明确的追随者数量或多或少地增加,个别追随者对政府的影响,或者对批判理论持积极态度或起码不排斥它的政党的权力地位,所有这些都属于争取更高层次人类共同生活的斗争中的波折变故,而非批判理论的真正开端。这些成功甚至可能事后被证明是虚假的胜利,被证明是错误的。农业中一种施肥方法或一种医学疗法的应用,可能还远未达到理想的效果,却已初见其效。也许这些技术尝试所依据的理论必须根据其他领域的具体实践和发现加以完善、修正或推翻,但至少在产品方面节省了一定数量的劳动,一些疾病得到了治愈或缓解。①与此相反,推动社会整体转型的理论,起初会加剧与之相关的斗争。即使某些群体因其增强的抵抗力量所带来的物质改善可以间接地归功于这个理论,但这些物质改善并不是能够在不断扩大中产生新社会形态的社会区域。这样的观点误解了一个分裂的社会整体与“自由人的联合体”②之间的根本区别:在前者中,物质和意识形态的力量发挥着维护特权的作用;而在后者中,每个人都有平等的机会发展自己。这一理念与抽象的乌托邦的区别在于,它证明了在人类当前的生产力水平下,乌托邦具有现实的可能性。无论有多少趋势朝向这种理念推进,无论已经实现了多少过渡,无论个别的初步阶段是多么值得向往和充满价值——只有在这一理念实现之后,我们才可以明确它们对理念的历史意义。这种设想与幻 273

---

① 在对国民经济和金融的洞察及其在经济政策中的应用方面,情况也类似。

② 在此,霍克海默引用了马克思、恩格斯在《共产党宣言》中表达的共产主义理念:“代替那存在着阶级和阶级对立的资产阶级旧社会的,将是这样一个联合体,在那里,每个人的自由发展是一切人自由发展的条件。”参见《马克思恩格斯文集》(第二卷),北京:人民出版社,2009,第53页。——译注

想的一个共同点在于：即使在事物的进程不断离它远去、任何学说都似乎比对实现它的信念更有根据的时期，一个从对现状的最深刻理解中产生的未来图景仍然能够规定思想和行动。这种思想虽不包括任意性和所谓的孑然独立的特征，却具有幻想的执拗。在最先进的群体中，理论家必须凝聚这种执拗。和谐在这些关系中并不占上风。理论家若属于统治阶级，可能在经历艰难的开头后获得相对安全的位置，也可能走向另一面，即有时被视为敌人和罪犯，有时被视为不谙世事的乌托邦主义者，甚至在他死后，争端也未能得到最终裁定。他的功绩的历史意义并不会为自己说话；相反，它取决于人们为它所采取的言论和行动。它并不属于一个已经尘埃落定的历史形态。

人们在商业生活和科学领域的日常实践中所需的思考能力，是通过几个世纪的现实主义教育培养出来的；在这方面的挫败会导致痛苦、失意和惩罚。这种智性的行为模式的核心是，识别并在某些情形下独立地创造那些在相同的前提条件下总是会发生的效应的环境条件。通过或好或坏的经验以及有组织的实验，人们可以获得直观的教训。这关系到个体直接的自身持存，而在资产阶级社会中，人们有机会培养这种官能。包括各种经验在内的传统意义上的认知，都包含在批判性的理论和实践中。但是，关于它所追求的根本变革，在将其现实化之前却缺乏相应的具体感知。如果说"吃"是检验布丁的标准，那么至少在这里，这种情况还未发生。与相似历史事件的比较只能以非常有限的方式进行，这就是为什么构成性思想（konstruktive Denken）在这整个理论中扮演了比经验研究在健全的人类知性的生活中更为重要的角色。

274 这也解释了为什么在关乎整个社会的问题上，尽管个别科学专业或其他职业分支的人可能表现得出类拔萃,尽管他们有善良的意愿,却仍展现出自己的局限和无能。在任何社会变革被提上日程的时代里,思考"过多"的人却反而被认为是危险的。这就引出了知识分子与整个社会之间关系的问题。

　　理论家的职责是加速发展,以通向一个消除了不义的社会,而如前所述,这可能会与当时无产阶级中占主导地位的观点相对立。如果没有这种冲突的可能性,就不需要理论;理论会直接落到需要理论的人身上。这种冲突与理论家的个人阶级位置没有必然关系,也不取决于他的收入形式。恩格斯是个商人。专业社会学的阶级概念并非取自对经济学的批判,而是取自自己的观察,在专业社会学中,决定理论家的社会归属既不是其收入来源,也不是其理论的实质内容,而是教育的形式因素。纵观全局的可能性构成了"知识分子",即一个特殊的社会阶层,甚至是超社会阶层,这种视野可能性并非由那些了解世界市场并在幕后指挥整个国家的工业巨头,而是由大学教授、中层公务员、医生和律师等所拥有。如果说批判理论家的任务是减少他的洞见与他为之思考的受压迫人类之间的紧张关系,那么在这一社会学概念中,漂浮于阶级之上就成了知识分子的基本特征,是他们引以为豪的一种优势。① 这一范畴的中立性

————————

　　① 在这里,霍克海默明显引述了同时期德国社会学家卡尔·曼海姆(Karl Mannheim, 1893—1947)在其知识社会学中发展出的独特的知识分子观念,即"自由漂浮的知识分子"(freischwebende Intelligenz)。曼海姆认为,知识分子因为其独特的社会位置和教育背景,能够超越特定的社会阶级利益,保持相对的独立性和批判性,从而在社会变革和文化进步中发挥重要作用。——译注

与学者抽象的自身认识相对应。在自由主义的市民消费中,知识(Wissen)作为在某些情况下可用的技能知识(Kenntnis)而出现,无论它是关于什么的,这一点也由这种社会学中从理论上概括了。当人们不把政治家排除在外,而是把他们视作潜在的学生角色,与作为知识权威的政治科学家、社会学家和哲学家相对照的话,马克思和米塞斯①,列宁和利夫曼,饶勒斯②和杰文斯③,这些名字从社会学的角度看就同属一类。政治家应该向知识权威学习,在采取"如此这般的立场"时采用"如此这般的手段";他们应该学习他们的一般实践立场是否"前后一致"。④ 在那些于社会斗争中影响历史进程的人和为他们分派位置的社会学诊断者之间形成了一种劳动分工。

275

批判理论与作为此类知识分子观念的基础的形式主义精神

① 路德维希·冯·米塞斯(Ludwig von Mises, 1881—1973),奥地利经济学派的主要代表之一,以其对自由市场经济的坚定支持和对社会主义经济计算问题的批判而著称。——译注

② 让·饶勒斯(Jean Jaurès, 1859—1914),法国著名的政治家、社会学家和历史学家,也是法国社会主义运动的重要人物之一。他被视为社会主义运动的道德和政治领袖,他的和平主义立场和社会正义理念继续影响着后来的社会主义者和工人运动。——译注

③ 威廉·斯坦利·杰文斯(William Stanley Jevons, 1835—1882),英国著名的经济学家和逻辑学家,是边际效用理论的创始人之一,对经济学和逻辑学的发展做出了重要贡献。——译注

④ Max Weber, "Wissenschaft als Beruf", in: *Gesammelte Aufsätze zur Wissenschaftslehre*, Tübingen 1922, S. 549 f.

[中译参见韦伯:《学术与政治》,冯克利译,北京:生活·读书·新知三联书店,2016,第43—44页。——译注]

概念相矛盾。根据批判理论，真理只有一个，诚实、内在一致性、理性、追求和平、自由和幸福这些积极的谓词不能在相同的意义上归其他任何理论和实践所有。没有一种关于社会的理论（即使是追求普遍化的社会学理论），能够不包含任何政治利益。有关这些利益的真理不能通过看似中立的反思来决定，而是必须通过具体的历史活动，以行动和思想的方式来决定。知识分子把自己说得好像他首先需要完成只有他才能完成的艰苦思想劳作，才能在革命、自由主义和法西斯主义的目标和道路之间做出选择一样，这种说法令人迷惑。近几十年来，情况早已不是如此。先锋需要的是政治斗争的智慧，而不是关于其所谓的"立场"的学术教导。尤其是我们已经来到了这样一个节骨眼——当欧洲的自由主义力量自己也迷失方向并试图重整旗鼓时，当一切都取决于他们自己运动内部的细微差别的时候，当即使存在着个别人的英雄勇气，因失败、绝望和腐败的官僚主义而产生的对特定内容的漠不关心却仍有可能威胁到群众的所有自发性、经验和知识的时候，此时知识分子的无党派的、因而抽象的概念意味着对这些问题（Problem）的一种理解，然而这种理解不过是对关键发问（Fragen）的掩盖。精神是自由的，它不容忍任何外部的强迫，不允许自己的成果适从于任何权力的意志。然而，它并没有脱离社会生活，也没有飘浮在其上空。只要它追求自主，追求对自己生活和自然的主宰，它就能够认识到这种倾向是历史中的一种有生力量。孤立地看，这种倾向的确定似乎是中立的；但精神无法在没有兴趣的情况下认识它，也无法在没有现实斗争的情况下使其成为普遍意识。就此而言，精神并不自由。那些不与特定实践有意识地联系起来的思想努力，根据不断变化的学术的或其他有望成

276

功的任务从这里或那里开始着手,时而支持这,时而支持那,可能会为某一历史趋势提供有用的服务,但即使它在形式上是正确的——哪怕是最为颠倒的理论构建也能最终满足形式正确的要求——也可能阻碍和分散精神发展。一个被抽象地作为社会学范畴固定下来的知识分子概念,如果还带有传教功能,其结构实际上是在将专业科学实体化。批判理论既不像极权主义宣传的那样"扎根",也不像自由主义知识分子那样"漂浮"。

逻辑结构上的差异源于传统思想和批判思想的不同功能。传统理论的最高命题定义了普遍概念,该领域的所有事实都应归入这些概念之下,例如物理学中的"物理过程"概念或生物学中的"有机事件"概念。在这些概念之间存在属和种的等级关系,到处都有相应的从属关系。事实是属的个案、例子或体现,系统各单元之间不存在时间差异。电不存在于电场之前,反之亦然,正如狮子本身不存在于特定狮子之前或之后。如果在个体认知中可能存在这样或那样的时间序列,那么这种序列无论如何不在对象一侧。物理学也已经不再将更普遍的特征理解为具体事实中隐藏着的原因或力量,也不再把这些逻辑关系实体化,只有在社会学中这样的模糊不明还占据着主流。如果在系统中增添了个别属或做出了其他改变,这通常不会被理解为相关规定过于僵化而必须被证明为不相称的,因为无论是与对象的关系还是对象本身发生变化,对象都不会失去其同一性。相反,变化被视为我们过去的认知缺陷或是对象的某些部分被其他部分替代,就像一张地图因为森林被砍伐、新城镇的加入、其他边界的建立而变得过时,这也是推理逻辑或知性逻辑对生命发展的把握。这个人现在是个孩子,后来是成年人,这只能意味着存在一个保持不变的坚实核心——"这个人"——儿童和成人的特性一个接一个地附加在他身上。根据实证主义,没有什么是完全同一的:最初是个孩子,后来是个成年人,两者是两组不同的事实复合体。一个人发生变化但仍保持自己的同一性,这一点无法被这种逻辑所理解。

社会批判理论同样从抽象的规定开始;就其涉及的当前时代而言,它从描述基于交换的经济开始。① 例如,当具体社会生活中的关系被判断为交换关系时,当人们谈到商品特征时,在马克思那里出现的概念,如商品、价值和货币,是可以作为类概念(Gattungsbegriffe)运作的。但是,理论本身不能仅限于通过假设将这些概念与现实联系起来。出发点是对资产阶级社会的机制的刻画,这一机制使得它在废除封建制度、行会体系和农奴制之后,并没有因为其无政府主义原则而立即崩溃,而是得以保持自身活力。资产阶级经济赖以生存的交换,其调节作用得到了体现。在这里已经开始发挥作用的社会与自然之间进程的概念、社会的统一时代的理念、社会的自身持存,等等,都是在对未来的兴趣的引导下,从对历史进程的深入分析中产生的。最初的概念关联与事实的关系从根本上说并不是种属与实例的关系,它们所刻画的交换关系因其动力而支配着社会现实,正如新陈代谢在很大程度上支配着动植物机体一样。在批判理论中,我们也必须插入特定的元素,以便从这一基本结构过渡到差异化的现实。但是,这些规定性的插入,比如既有的堆存着的黄金数量、社会中尚未资本化

————————

① 关于政治经济学批判的逻辑结构,参见《论真理问题》("Zum Problem der Wahrheit", diese Zeitschrift, Jabrgang IV〔1935〕, S. 344 f. sowie S. 351 f.)。

278　的空间、对外贸易,不是通过像在以专业的方式封闭起来的理论
中那样的简单演绎来实现的。相反,每一步都需要有关人类和自
然的知识,这些知识居存于科学和历史经验中。就工业技术的学
说而言,这一点是不言自明的。但在其他方向,对人类反应模式
的差异化认知也在这里所讨论的思想发展中得到了应用。像这
样的命题——即使是社会最底层的人,在一定条件下也会拥有最
多的孩子——在说明资产阶级交换社会如何必然导致带有产业
后备军和危机的资本主义的过程中发挥了重要作用,其心理学上
的论证则托付给传统科学。因此,社会批判理论的出发点是由相
对一般的概念所规定的简单商品交换的理念;在利用所有可用的
知识的前提条件下,吸收从外部和自己的研究中掌握的材料,然
后展示在既定的人和事物的特性下(当然,这些特性受交换经济
的影响而变化),交换经济如何必然导致社会对立的加剧,而这种
对立在当前的历史时代推动了战争和革命的发生,同时又不突破
交换经济自己的、由专业的国民经济学所描绘的原则。

　　这里所说的必然性,就像概念的抽象性一样,与传统理论的
相应特征既相似又有所不同。在这两种理论中,演绎的严格性基
于如下事实:对普遍规定性的有效性断言包含了对某些事实性关
系有效性的断言。如果这是一个关于电的过程的问题,那么,由
于电的概念包含了如此这般的特征,如此这般的事件就一定会发
生。就社会批判理论从简单交换的概念中发展成当下情形而言,
它确实包含了这种必然性,只不过一般假设的形式是相对无关紧
要的。尽管这是事实,但重点不在于简单商品经济在特定的历史
情形下一定会发展成为资本主义,而在于从一般的基本交换关系
中推导出现实的、从欧洲扩展到全球的资本主义社会,而社会批

判理论声称对此适用。即便专业科学的范畴判断从根本上具有
假设性,存在判断——如果存在的话——也只能在自己的章节、
描述性或实践性的部分被容许,①而批判的社会理论(kritische
Gesellschaftstheorie)作为一个整体,是一个独一无二的、展开着的
存在判断。粗略地说,这一理论认为,现代历史所根植的那个历
史地给定的商品经济的基本形式,包含了这个时代的内部和外部
对立,并以激化的形式持续地更新这些对立,在经历了一个上升
期,经历了人类力量的展开、个体的解放、人类对自然权力的巨大
扩张之后,它最终阻碍了进一步的发展,并将人类推向了新的野
蛮。这一理论中的各个思想步骤,至少在意图上,与专业科学的
理论中的演绎具有同样的严格性;每个步骤都是构成广泛的存在
判断的一个环节。个殊部分可以转化为普遍的或特殊的假设判
断,并在传统理论概念的意义上加以应用,例如资本会随着生产
力的提高而有规律地贬值。在理论的某些部分,以这种方式产生
的命题与现实的关系是困难的。从"关于作为整体的统一对象的
表述是真实的"这一点出发,我们只能在特定条件下推导出脱离
整体的个别部分,在多大程度上能以孤立的形式适用于对象的孤
立部分。一旦批判理论的部分命题要应用于当代社会中单次性
的或可重复的过程,所产生的疑难并不关涉其真理性本身,而是

---

① 在判断的形式和历史时期之间存在关联,这一点在此可简要说明。
范畴判断是前资产阶级社会的典型,事实就是如此,人类无法改变。假设性
的和选性的判断形式则尤其属于资产阶级世界:在某些情况下,这种"或这
或那"的效果可以出现。批判理论对此这样解释:我们不一定非要这样——
条件现已具备,人们可以改变存在的状态。

涉及批判理论在具有进步目的的传统思想成果面前是否具有适应性。专业科学，尤其是同时代的国民经济学，在处理碎片化的提问时无法从中获益，但这既不是由于它们自身，也不单单是由于批判理论，而是由于它们在现实中扮演着特定的角色。

280　　　正如我们刚才所谈到的那样，批判的和反对的理论也是从普遍的基本概念中推导出关于现实状况的陈述，从而使这些状况看上去是必然的。如果仅从逻辑必然性来看，两种理论的结构是相近的，但一旦涉及事实进程的实质必然性，两者间就存在对立。生物学家的陈述，比如一株植物因为内在过程必定枯萎，或者属于人类有机体的某些演变必然导致其消亡，我们并不考虑是否有任何作用效果，可以影响或完全改变这些过程的特性。即使一种疾病被描述为可治愈的，但在面对是否实际采取相应措施的情况时，疾病就被视为一个外在于事物本身的事件序列，属于技术的范畴，因此，对理论本身而言并不是本质性的。在这个意义上，社会所受支配的必然性也可以被视为生物学上的必然性，据此，人们可以质疑批判理论的特殊性质，因为生物学和其他自然科学也像社会批判理论那样，以类似的方式构建有关个别过程的理论。社会的发展被视为一个特定的事件序列，为了描述这个过程，需要借助不同领域的成果，就像医生在疾病演变或地质学家在地球的史前时期需要运用不同的知识分支。社会在这里被视为一个基于专业科学理论进行评判的个体存在。

　　尽管这些智识努力之间可能存在许多相似之处，但在主体与客体的关系以及所判断的事件的必然性方面却存在着一个决定性的差别。专业科学家所研究的事物完全不受科学家自身理论的触动。主体与客体是严格分离的，即使在后来的某个时间点上,客观事件可能会受到人为干预的影响;这在科学中同样被视为一个事实。对象性事件超越理论,其独立性是其必然性的一部分:观察者本身无法改变对象性事件的任何内容。然而,有意识的批判行为是社会发展的一部分。将历史进程构建为经济机制的必然产物,同时包含了对由此产生的这种秩序的抗议,以及人类"自身规定"(Selbstbestimmung)的理念,即人类的行动不再源于某个机制,而是源于自己的决定。在这里,对迄今为止所发生的事件的必然性作出判断,意味着为将其从盲目的必然性转变为意义充沛的必然性而斗争。若将理论的对象与理论分离开来思考,就会歪曲事实图景,并导致寂静主义或顺从主义。理论的每个部分都预设了按照其自身所规定的方向对现状进行的批判和抗争。

281

起源于物理学的认识论者谴责将"原因"与"力的作用"混为一谈,并最终将原因的概念换成了"条件"或"功能",这样的看法尽管并不完全正确,却并非没有道理。纯粹记录的思维只能描述显象的序列,而从不描述力和反作用力,这显然并不在于自然,而在于这种思维的本质。如果将这种方法应用于社会,就会产生统计学和描述性社会学。它们对各种目的,甚至对批判理论而言,都可能变得重要。传统科学认为一切要么完全是必然的,要么完全不是,这取决于人们是将必然性理解为观察者的独立性,还是将其理解为绝对确定的预测的可能性。然而,只要主体(即使是思维主体)没有从根本上把自己与它所参与的社会斗争隔离开来,只要它不把认知和行动仅仅看作相互分离的概念,必然性就具有不同的含义。必然性不受人的支配而与人对立,它一方面被视为自然界,尽管人们仍需更深入地征服它,但它永远不会完全消失;另一方面则被视为社会迄今为止的无力——社会无法以有意识、有目的的组织形式与自然相斗争。在这里,各种力和反作用力是统一的。这个必然性概念相互关联的两个方面——自然的威力和人类的无能为力——都是基于人类自身为了从自然的强制,以及从社会生活形式、法律、政治和文化秩序这些业已成为桎梏的束缚中解放出来而已经做出的努力。它们属于对这样一种状态的真正追求,在这种状态中,人们所希冀的同样也是必然的,在这种状态中,事情的必然性变成了被理性支配的事件的必然性。批判性的思维模式的这些或其他概念的适用性,以及对它的理解,都与人自身的活动和努力,与认识主体的意志相联结。试图通过单纯提高这些理念的逻辑简洁性,创造看似更精确的定义或"统一语言",以此弥补对这些理念及其相互关联方式理解的不足,这是不可能成功的。这不仅仅是一个有关误解的问题,而是不同行为方式的现实对立。批判理论中的必然性概念本身是批判性的;它预设了自由的概念,即使不是某种现存的自由概念。即使人们身负枷锁,自由作为单纯内在的自由也始终存在,这种对自由的看法属于唯心主义的思维方式。这种偏颇却并非完全不真的理念的倾向由青年费希特最为清晰地展示出来:"我现在完全相信人类意志是自由的,幸福不是我们存在的目的,只有'配享幸福'(Glückwürdigkeit)才是。"①在这里,激进形而上学的流派与它的对立面之间的糟糕的同一性显露出来。对事件绝对必然性的断言最终与对当前实际自由的断言具有相同的含义:在实践中听天由命。

---

① Johann Gottlieb Fichte, *Briefwechsel*, herausgegeben von H. Schulz, Band I, Leipzig 1925, S. 127.

对思考理论与实践的统一性的无能为力，以及将必然性概念局限于宿命论式的事件，其认识论基础在于对笛卡尔的思维与存在二元论的实体化。这既适用于自然界，也适用于资产阶级社会，因为它本身就类同于自然机制。成为现实力量的理论，即伟大历史变革中主体的自身意识，超越了这种二元论所刻画的心性。只要学者们不仅头脑中持有这种二元论，而且还真诚地对待它，那他们就无法独立行事。根据他们自己的思维，他们实际上只能实践那些现实的封闭因果关联所规定他们要做的事情，或者把自己当作统计数据的个体单元来考虑，而个体单元在其中恰好不起任何作用。作为理性的存在，他们是无力的、孤立的。对这一事实情况的认识是朝扬弃它的方向所迈出的一步，但这种认识只是以形而上学的、非历史的形态进入资产阶级的意识，这种认识作为一种对社会形式具有不可改变性的信念支配着当下。在反思中，人们将自己视为一个庞大事件的单纯旁观者和被动参与者，这个事件或许可以预见，但无论如何是无法控制的。他们对必然性的认识不是人们自己所强制发生的事件，而仅仅是那些人们可以通过概率预先计算的事件。在承认意志与思考、直观与行动相互交织的地方，如在最新的社会学的某些部分，这只是在必须注意到对象复杂性的角度下才是有效的。主体抽身而出，它唯一的兴趣就是——科学。

283

当今公共生活中普遍蔓延的对理论的敌意，实际上是针对与批判思想联结在一起的变革活动的。如果它不是以尽可能中立的方式，即以对在既有形式当中的生活实践来说不可或缺的方式来确定和组织范畴，那么它就会立即触发阻抗。对于绝大多数被统治者来说，他们会无意识地害怕，理论思想会使他们煞费苦心地适应现实的做法显得颠倒和多余；而在受益者中，人们普遍怀疑任何知识分子的独立性。这种将理论视为实证的对立面的倾向如此强烈，以至于即使是人畜无害的传统理论偶尔也会受其影响。由于当下最先进的思想形态是社会批判理论，而每一种关心人类的、前后一致的智识努力都会意气相通地汇入其中，因此理论在总体上声名狼藉。即使是其他任何科学陈述，只要不是以最常用的范畴、尽可能中立的形式（例如数学）来陈述事实，都会被指责为过于理论化。这种实证主义的态度不只是敌视进步。当近几十年来不断加剧的阶级对立使统治愈发依赖于现实的权力装置时，意识形态仍然是分裂的社会构造中不可低估的黏合因素。在坚持事实和摒弃一切幻觉的口号中，今天仍潜藏着某些反对压迫与形而上学相结盟的反应。然而，混淆经验主义启蒙在 18 世纪和在当下形态之间的本质区别是错误的。当时，一个新的社会已经在旧社会的框架内发展起来。需要的是将已经存在的市民经济从封建束缚中解放出来，简单地"放任自由"。与之对应的专业科学思维也只需摆脱旧教条的约束，沿着已经辨认出来的道路前进。然而，在从当今社会形式向未来社会形式过渡时，人类第一次将自己构建为有意识的主体，主动决定自己的生活形式。尽管未来文化的要素已经存在，但我们仍需要有意识地重新构筑经济关系。因此，今日对理论的不加区分的敌视构成了阻碍。如果不继续开展理论努力——这种努力是在理性地组织起来的未来社会的利益中，通过批判性地审视当今社会并借助专业科学中的传统理论而构建起来的——那么改善人类生存的希望将失去其地基。对实证性和从属性的要求，甚至在社会的进步群体中也可能钝化对理论的敏感性，这必然不单单会影响解放的理论，也

284

会影响解放的实践。

　　试图从简单商品经济的模型中推导出自由主义的复杂关系，并最终推导出康采恩①资本主义的复杂关系的理论，它的单个部分并不像一个演绎式的秩序结构中的诸层级那样对时间要素漠不关心。正如在生物的进化序列中，对人类同样重要的消化功能在作为物种的"腔肠动物"中以一种似无遮盖的状态被发现一样，存在着至少接近于简单商品经济的社会历史形式。如上所述，思想的发展与历史发展之间即使不能携手并进，仍存在着某种可辨识的关系。然而，理论与时间的本质关系并不在于构造的个别部分与历史阶段间的对应关系（黑格尔的《精神现象学》《逻辑学》，以及作为同一方法的证明的马克思的《资本论》都赞同这一学说），而在于理论上对社会的存在判断的持续变化，而这种变化是以它与历史实践的有意识联系为条件的。这与通过不断"从根本上质疑"任何特定的理论内容和总是从头开始的原则毫无关系，现代形而上学和宗教哲学正是以这一原则来反对一切前后一致的理论。批判理论并不会今天持一套学理内容，明天又持另一套。只要时代不改变，其修改就不会转向全新的观点。理论的稳固性源于这样一个事实：尽管社会发生了种种变化，但其基本经

285

---

　　① 康采恩是德语词 Konzern 的音译，意为"企业集团"，是一种通过由母公司对独立企业进行持股而达到实际支配作用的垄断企业形态。它以实力最雄厚的大垄断企业或银行为核心，由不同经济部门的许多企业联合组成。加入康采恩的各个企业尽管在形式上是独立的，但其中的大多数要受居于核心地位的大银行或大工业企业的直接控制。通过康采恩的模式，金融寡头得以在经济上占据更有利的地位，攫取高额垄断利润。——译注

济结构、最简单形态的阶级关系以及扬弃阶级关系的理念却始终如一。以此为条件的理论内容,其决定性特征不可能在历史变革之前发生变化。而在此之前,历史亦不会停滞不前。由批判思想所介入的对立,其历史发展会影响对立中的各个因素的重要性,迫使它发生分化,并改变专业科学知识对批判理论和批判性实践的意义。

关于掌握生产资料的社会阶级的概念,我们需要详细说明它意味着什么。在自由主义时期,经济统治在很大程度上与生产资料的法律所有权相关联。庞大的、由私人所有者构成的阶级在社会上占据主导地位,这一时期的整个文化都带有这种关系的痕迹。当时的工业仍分化为数量庞大的、在今天看来小而独立的企业。与这一技术发展阶段相适应的工厂管理是由一个或多个所有者或其直接委托人进行的,而伴随着19世纪技术发展的推促,资本的集中和中心化迅速发展,法律上的所有者多半脱离了那些吞并其工厂且正蓬勃发展的大型企业的管理,从而使管理逐渐独立于法律产权。工业巨头、经济领袖应运而生。在许多情况下,他们一开始是保留着康采恩的大部分所有权的。如今,这种情况已变得微不足道,个别有权势的经理人支配着整个工业部门,但只对其管理的极小部分工厂拥有法律上的所有权。这一经济进程带来了法律和政治机器及意识形态运作方式的变化,在所有权的法律定义没有丝毫改变的情况下,所有者在管理者及其员工面前变得越来越无力。如果所有者在意见分歧时提出诉讼,那么,对大型企业资源的直接支配会使得管理者在过程中占据极大优势,以至于其对手的获胜几乎是不可想象的。管理者的影响力最初可能仅限于较低的法律和行政机构,但最终会扩展到上级机构,扩展到国家及其权力组织。由于与实际生产的分离和影响力的下降,仅仅拥有财产证书的人的视野变得狭窄;他们的生活条件和举止越来越不适合担任社会中起决定作用的位置,最后,他们仍然从财产中获得分成,却无法为财产的增加做出任何实质性的贡献,这使他们在社会上显得毫无用处,在道德上也令人怀疑。与这些或其他变化密切相关的意识形态——"伟大人格"(großen Persönlichkeit),以及生产性的资本家与寄生性的资本家之间的区别——由此产生。相对于普遍性而独立且有明确内容的权利观念正在失去其重要性。对生产资料私人支配权(这是主导性社会秩序的核心部分)的残酷维护,其同一方面是这样一种政治理论的冒头,这种理论认为非生产性财产和寄生性收入必须消失。随着真正有权势者的圈子缩小,有意识地构造意识形态、建立双重真理的可能性也在增加,在这种双重真理中,知识为内部人保留,而留给"人民"(Volk)的则是"说法"(Version),对真理和思想的犬儒主义情绪普遍地蔓延开来。① 这一进程的终点是一个由工业和政治领导集团而非独立所有者统治的社会。

　　这些变化并非没有触动批判理论的结构。然而,批判理论当然没有陷入所有权和利益不再扮演决定性角色的假象当中,这种假象被社会科学精心地鼓吹为幻觉。一方面,批判理论始终认为法律关系不是社会实情的本质,而是其表面,并知道人和物的处置权仍然属于社会中的一个特殊群体,该群体虽然在国内独步一时,但在全球范围内与其他经济性的权力群体的竞争却激烈得

287

---

① 在题为《理性反对自身:关于启蒙的一些评论》的演讲中,霍克海默更详细地提到了这种"双重真理"及其宗教根源。见本书第 205 页。——译注

多。利润出自相同的社会来源,最终必须通过与以前同样的方式来提振。另一方面,随着经济权力的集中所导致的所有具有明确内容的权利的消除,且这种消除在与威权国家的关系中完成,理论似乎与意识形态同时作为一个文化因素而消失了,这绝非只有消极的一面,也有积极的一面。考虑到企业家阶级内部结构的这些变化,理论的其他概念也会有所区别。如果社会是一个整体,那么,文化对社会条件的依赖性必须跟随社会条件而发生深入细节的改变。即使在自由主义时期,个人的政治和道德观念也可以从其经济状况中推导出来。对纯粹品格的珍视、言出必行、独立判断等,都源于一个由相对独立、通过契约相互联结起来的经济主体所组成的社会。但这种依赖在很大程度上是以心理为中介的,道德本身也因其在个体中的功能而获得了一种稳固性。(当然,当自由主义市民阶层的经济地位受到危害,热爱自由的品质也消退之时,这个真相——对经济的依赖性也主宰着这种道德——就显现了出来。)然而,在垄断资本主义条件下,个体的这种相对独立性也走到了尽头,他们不再有自己的思想。大众信仰的内容(没有人真正相信它们)是经济和国家层面统治性官僚机构的直接产物,其追随者暗中追随的只是他们原子化的、因而也是不真实的利益;他们作为经济机制的纯粹功能而行动。

因此,文化依赖于经济的概念已经被改变。随着古典个体的毁灭,人们可以用一种比以前更加庸俗唯物主义的方式来理解它。对社会现象的解释变得既简单又复杂。简单,是因为经济更直接、更有意识地决定着人们,而文化领域的相对的抵抗力和实体性正在消退;复杂,是因为释放出来的经济动力——大多数人已沦为其单纯的介质——正在以飞快的速度产生新的形态和灾难,即使是社会的先进部分也因普遍的无计可施而一筹莫展。真理的持存亦与现实的格局有关。在 18 世纪的法国,真理有经济发达的市民阶层在背后撑腰。在晚期资本主义的条件下,面对威权国家的压迫机器,劳动者无能为力,真理逃到了令人钦佩的小团体中,而这些小团体在恐怖的摧残下,几乎没有时间来打磨理论。招摇撞骗者从中渔利,广大民众的智力状况迅速下降。

通过以上论述,我们可以清楚地认识到,社会关系的持续变革直接源于经济的发展,并在统治阶层的构造中得到了最切实的体现。这种动荡不仅影响到各个文化分支,而且影响到它们对经济的依赖方式,从而影响到整个构想中的决定性概念。社会发展对理论结构的这种影响属于其自身学理存在的一部分,因此新的内容并非机械地添加到已有的部分中。由于理论形成了一个统一的整体,这一整体只有在与当前情势相关的情况下才有其独特意义,因此它正在经历着演变,当然,这并不会废除其基础,就像它所反映的对象——当代社会——的本质不会因其最新的改组而变得不同一样。然而,即使是看似最遥远的概念也被纳入了这一过程。知性在反映一个活生生的整体的每一个思想中所遇到的逻辑困难,首先就是基于这种特性。若从理论中抽取单个概念和判断,并将其与从早先观点中分离出来的概念和判断作比较,就会产生矛盾。这既适用于作为整体的理论的诸历史发展阶段之间,也适用于理论内部的诸逻辑层级之间。企业和企业家的概念在不同时期虽保持同一性,但仍存在着差异,这取决于它是取自资产阶级经济最初形式的描述,还是取自已铺展开的资本主义的学说;也取决于它是源于 19 世纪的政治经济学批判(它面对着的是自由主义的工厂主),还是源于 20 世纪的政治经济学批判

(它面对着的是垄断者)。对企业家的想象与企业家本身一样,也经历了一个发展过程。因此,理论各部分之间的矛盾并非源于定义的错误或疏忽,而是因为理论所拥有的是一个在历史上变化着的对象,即便一切都处于分裂之中,它却仍是同一个对象。理论不是在对社会中个别事件的进程进行假设,而是在构建整体的展开图景,即涉及历史的存在判断。企业家乃至一般市民——他们的性格中包含着目前在中产阶级群众运动中占主导地位的非理性主义特征——曾经是什么样的存在,这可以追溯到市民阶级起源时的经济状况,并嵌入理论的基本概念中。但这一起源只有在当代的斗争中才以这种分化了的形式显露出来,这不仅是因为在斗争中市民阶级经历着改变,还因为在这种情况下,理论主体的兴趣和注意力导致了其他的关注点。现在,对理论的逻辑和历史阶段中出现的各种依赖性、商品、阶级、企业家等进行分类和并列,可能符合一种系统的兴趣,这也并非完全没有用处。然而,由于意义最终只有在整个思想建构的背景下才会变得清晰,而概念建构又必须始终适应新的情势,因此,这种从批判理论中抽离出来的类型和亚类型的体系、概念的定义和技术规范,通常甚至不具备其他专业学科的概念清单的价值,后者至少是在日常生活相对千篇一律的实践中使用的。将社会批判理论转化为社会学始终是一个问题重重的事业。

这里提到的关于思想与时间关系的问题确实带有一种特殊的困难。因为在真正的意义上谈论一个正确理论的转变是不可能的,而尝试把这种转变说出来,这种做法也已经预设了一个面临同样问题的理论。没有人能成为除了在历史时刻之下的主体以外的其他主体。严格地说,只有从论战的角度上来看,谈论真理的恒定性或可变性才有意义。这一谈论针对的是一种绝对的、超历史主体的假设，针对的是主体的可替换性，仿佛人们可以全然严肃地跳出当前历史时刻，为任何其他时刻设身处地着想。这里不再探讨在多大程度上这一点是可能的或不可能的。无论如何，批判理论与将自身呈现为某种超越人类之物，甚至具有成长性的唯心主义信念不相容。文献有历史，但理论无命运。要求为理论添加特定的因素，使理论在不改变其根本学理内容的情况下适应未来新情势，所有这些都属于当今存在着并试图规定实践的理论的一部分。那些在头脑中拥有理论的人，在头脑中将其视为一个整体，并按照这个整体行事。独立于主体的真理的不断增长，以及对科学进步的信任，就其受限制的有效性而言，仅涉及知识的一种功能，那就是对自然的支配，它在未来社会中仍然保有其必要性。当然，这种知识也是现存社会总体性的一部分。关于知识是延续还是变化的见解，其前提是经济生产和再生产在已知形式中的持续性，就某种意义而言，这实际上与那种关于主体的可替换性的见解是同一个意思。社会的阶级分化并不妨碍人类主体对此的认同。在这里，知识本身就是代代相传的事物；只要人类必须生活，就需要它。传统的科学家在这方面高悬着的石头也可以放下了。

在激进变革的图景下构建社会，这尚未通过现实可能性的考验，因此缺乏许多主体得以共为一体的优势。在对一个没有剥削和压迫的状态的追求之中，确实存在一个广泛的主体，即有自身意识的人类，并且从这种追求中我们可以谈论统一的理论塑造和一种超越个体的思想，可这种追求还没有被现实化。对批判理论的尽可能精确的传播当然是其历史成功的条件；但它并不是在一套已打磨好的实践和固定的行为方式的坚实基础上，而是借助于对变革的兴趣来推进的。这种兴趣虽然随着流行的浑浊不公而必然再生产出来，但应由理论本身加以形塑和引导，并同时反馈于理论。传承这一传统的圈子并不是由有机的或社会学的合规律性来界分和更新的。它既不是通过生物遗传也不是通过遗嘱继承，而是通过有联系的知识而构成和维系在一起的，这只能保障他们当下的共同体状态，而不能为未来的共同体做担保。尽管具备所有逻辑标准的印记，但它直至时代终结都无法通过胜利得到确证。直到那时，维护其正确表达和应用的斗争仍在继续。某个得到宣传机器和大多数人支持的版本，也并不因此就是更好的。在普遍的历史变革之前，真理可以被掌握在零星少数的人手中。历史教导我们，这些被排斥但坚定不移的群体，甚至连社会上的反对部分都很少注意到，却能在决定性的时刻因其深刻的洞察力而成为居于顶峰者（Spitze）。今天，当现存社会的全体力量都在把人类推向抛弃一切文化和最黑暗的野蛮时，真正团结的圈子无论如何也几乎无立锥之地。当然，对手，即这一衰落的时期的统治者，本身既无忠诚又不团结。这类概念构成了正确的理论和实践的要素。脱离理论，它们的意义会发生变化，就像活生生的"背景关联"（Zusammenhang）中的所有部分那样。比如人类共同体的积极特征可以在一伙强盗团体中发展出来，这虽然是事实，但这种可能性始终显示出这个团体所生存其中的更大的社会的不足。在不公正的社会中，罪犯不一定在人性上低劣不堪，而在完全公正的社会中，同样的他们则是没有人性的。对人性事务的个别判断只有在背景关联中才能获得正确的意义。

批判理论作为一个整体，并没有普遍的标准；因为普遍的标准总是建立在事件的重复之上,从而建立在再生产自身的总体性之上。同样也不存在这样一个社会阶级,能够为批判理论所坚持赞同。在当前条件下,每个阶层的意识都可能受到意识形态的束缚和腐蚀,即使它在其位置上被规定为趋向真理的。虽然批判理论在每个个别步骤上都具有洞察力,其元素也与最先进的传统理论相一致,但除了与它自身关联在一起的对消除社会不公的旨趣之外,它本身并没有任何特定的实例。这种否定的表述,借用一种抽象的表达,就是唯心主义理性概念的唯物主义内涵。像在如今这样的历史时期中,真正的理论与其说是肯定的,不如说是批判的,正如与其相适配的行动也不可能是"生产性的"一样。当今人性的未来取决于批判行为的存在,当然,批判行为蕴含了在传统理论及这一已经过去了的文化中的诸元素。科学以虚构的独立性塑造其所服务和从属的实践,视其为单纯的彼岸之物,并满足于思想与行动的分离,它已经放弃了人性。思想活动的最突出特征在于,不仅在个别片段,而且还在其总体性中,对它应当完成的任务和服务的目的进行自身规定。因此,思想活动本身的性质就将其指向历史变革,在人类中间创造出一种公正的状态。今天,在"社会精神"和"民族共同体"(Volksgemeinschaft)的大声疾呼下,个体与社会之间的对立与日俱增。科学的自身规定变得越来越抽象。思想的顺从主义,以及坚持思想是一种固定的职业、是社会整体中一个自身封闭的王国的做法,背叛了思想自己的本质。

292

哲学与批判理论[①]

Philosophie und kritische Theorie

———————————

① 本文于 1937 年发表于《社会研究杂志》第六卷第 3 期,可视为霍克海默对《传统理论与批判理论》讨论的延续。在这篇文章中,霍克海默与马尔库塞的讨论前后相继,其中,霍克海默撰写了第一部分,马尔库塞则撰写了第二部分。在这里,我们将霍克海默的部分翻译出来。译自“Philosophie und kritische Theorie”, *Zeitschrift für Sozialforschung*, 1937(Jahrgang 6), München: Deutscher Taschenbuch Verlag, 1980, S. 625-631。——译注

前言:在上一期关于传统理论和批判理论的论文之 625
后,我们进行了详细的讨论。最重要的话题是哲学的意
义,实际上是思想在当下扮演什么角色的问题。我们的
探讨基于下述文章。

在我的论文①中,我指出了两种认知模式的区别:一种模式建
立在《谈谈方法》的基础上,今年是该书的出版周年纪念;另一种
模式则是建立在政治经济学批判的基础上的。笛卡尔所创立的
传统意义上的理论在各专业学科的运作中无处不在,它根据产生
于当代社会的那些与生活的再生产相关的提问来组织经验。学
科体系以一种在给定的情况下尽可能得到最广泛应用的形式将
知识包含在内,而科学所涉及问题的社会起源、科学运用的实际
情况及其应用的目的,对科学本身而言却被视作外在的。相比之
下,社会批判理论则以作为其全部历史生活形式的生产者的人类
为对象。科学所依据的现实关系,在批判理论看来并不只是事先
确定和按照概率法则预测出来的被给予的事实。在每种情况下,
究竟是何物被给予了,这不仅取决于自然,也取决于人类对自然
所能做的事情。对象及其被感知的方式、问题的提法以及回答的

---

① 指发表于《社会研究杂志》第六卷第 2 期的《传统理论与批判理论》
一文。——译注

意义，都见证了人类的活动及其力量的大小。

社会批判理论与德国观念论的观点一致：那看上去是最终之物的事实的材料（专业学者必须把它看成最终之物），与人类生产之间具有某种关联——自康德以来，观念论就一直通过这一动态要素来反对事实崇拜以及与之相关联的社会顺从主义。据费希特所说："就像在数学中那样，在整个世界观中也是如此；唯一不同的是，在构建世界时，人们没有意识到自己在构建，因为这只是必然的，而不是自由的。"①这一思想在德国观念论中很普遍。然而，在被给予的材料中显现的活动被认为是精神性的，属于超出经验的意识本身、绝对自我和精神，因此，克服其愚钝、无意识、非理性的一面，原则上是属于个人内心、属于省思（Gesinnung）的事务。相反，按照唯物主义观点，这种根基性的活动（grundlegenden Tätigkeit）是社会劳动，其阶级形式给所有人类反应方式（包括理

---

① Johann Gottlieb Fichte, *Logik und Metaphysik*, in：*Nachgelassene Schriften*, Bd. 2, Berlin 1937, S. 47.

[霍克海默这里所引用的费希特的单个句子，含义并不清晰。费希特更完整的相关文段如下："但在一般意识中，它在我们看来却是一个与我们分离、独立存在的物。在这里，我们不能仅仅说这是一种欺骗，还必须解释我们把属于我们的产物视为不属于我们的原因。迈蒙指责批判哲学没有实在性；因为他问，人们如何将先天的概念应用于客体；他说，在数学中，我们可以看到概念的实在性；他补充说，因为我们构建了自己。不难看出，精神的法则与此相吻合。但是，**就像在数学中那样，在整个世界观中也是如此；唯一不同的是，在构建世界时，人们没有意识到自己在构建，因为这只是必然的，而不是自由的。**因此，我们把客体看作没有我们的干预而现存着的东西，看作外在于我们的东西。"——译注]

论)打上了烙印。因此,对知识及其对象的构成过程的合理性穿透,使它们从属于意识的控制,并不发生在纯粹的精神领域,而是与现实中争取特定生活形式的斗争相一致。如果说,以传统的方式创立理论,在既定社会中是一种与其他科学活动及另外的活动划清界限的职业,它自身并不需要了解与这些事务交织在一起的历史目标和趋势,那么,批判理论则在其范畴形成及其发展的各个阶段,完全有意识地追随着对人类活动的理性组织的兴趣,而它本身就肩负着阐明这种兴趣并使之合法化的重任。因为它不仅关心由现存生活形式所预先划定的目的,还关注人类及其所有可能性。

在这方面,批判理论不仅继承了德国观念论的遗产,还全然继承了哲学本身的遗产。它不是任何只要在主流运作中证明自己有用即可的研究假设,它是创造一个符合人类需要和力量的世界的历史努力中不可分割的环节。尽管批判理论与专业科学之间相互作用(批判理论不断遵循专业科学的进步,并且在过去七十年里①对其产生了解放性的和激励性的影响),但批判理论与专业科学不同,它绝不只是为了知识的增长,而是为了将人类从奴役关系中解放出来。在这一点上,它对应于希腊哲学,不过与其说它对应于希腊化时期的屈从,不如说它对应于柏拉图和亚里士多德时期希腊哲学的鼎盛。如果说斯多葛学派和伊壁鸠鲁学派在这两位哲学家徒劳无果的政治筹划之后退回了个体主义实践的学说,那么新的辩证哲学则紧紧握住这样一种认识:个体的自

---

① 指的是从马克思《资本论》第一卷出版的 1867 年到霍克海默写作本文的 1937 年。——译注

由发展取决于社会的理性状态。通过对当前状况的刨根问底，它成了对经济的批判。

627　　然而，批判与批判的对象并不完全相同。国民经济学（Volkswirtschaftslehre）并不是从哲学中结晶而成的。在我们的时代，数学化的国民经济学（Nationalökonomie）的曲线就像实证主义的或生存论的专业哲学一样，无法与本质性的东西保持关联，那些学科的概念已经失去了与时代基本关系的联系。如果说严谨的研究总是需要将诸种结构隔离开来，那么今天它再也不会像亚当·斯密那时一样，受到有意识的、向前迈进的历史利益的指引。现代的分析已经不再隶属于某种以现实历史为目标的知识整体。使分析与现实以及与某种目的之间建立关联的任务，已留待他人，留待后面的时代，或者留待偶然。只要有社会对自身的需求和承认，科学便不会对此感到担心；或者，它将这种担心转嫁给其他学科，比如社会学和专业哲学，而其他学科在这方面亦如法炮制。社会中起主导作用的力量使各自的统治被科学自身默不作声地确认为其意义和价值的评判者，进而宣告认识的无能为力。

　　然而，与现代专业科学的运作不同，社会批判理论作为对经济学的批判，仍始终保持着哲学性：它的内容是将支配经济的概念转向其对立面，将公正的交换转变为社会不公的深化，将自由经济转变为垄断的统治，将生产性劳动转变为阻碍生产的条件的巩固，将维持社会生活转变为民众的贫困。在这里，与其说关乎的是什么保持不变的问题，不如说关乎的是这个行将就木的时代的历史运动。《资本论》分析的精确性并不亚于被批判的国民经济学，但即使是在它有关孤立的、周期性重复的过程的最细微计算中,对整个历史进程的认识仍然是其驱动性的动机。标志着它与纯粹专业观察之间区别的是,它并不在意一个特定的哲学对象;相反,即使在最抽象的逻辑和经济学思考中,有关社会整体的诸种趋势的视角也是决定性的。

批判理论的哲学特征不仅表现在面对国民经济学时,也表现在反对经济主义的实践中。反对自由主义的和谐幻想、揭露寓于其中的矛盾及其自由概念的抽象性,这样的斗争被世界上最不同的地方在字词上所采用,并被扭曲为反动的说辞。那些口头上宣称经济应服务于人类而非统治他们的人,正是那些历来只想让经济为他们自己的委托人服务的人。整体和共同体在那些人们无法设想它们与个体间不存在排斥性对立的地方(也即在它们的简单意义上)被美化,并与人们自己所代表的堕落秩序合二为一。在"神圣的利己主义"和幻想出来的"民族共同体的生活利益"这些概念中,现实的人对无阻碍的发展和幸福生存的兴趣被掌权集团对权力的渴望所取代。辩证法所批判的推崇朴素实践的庸俗唯物主义已成为这个时代真正的宗教,它被唯心主义的措辞所掩盖,它用它老妪能解的特性刺激了它最忠实的追随者。① 当专业思维在狂热的顺从主义中摒弃了与所谓"价值判断"的任何内在

628

---

① 信仰的形式和内容彼此之间并非互不相关,所相信的内容会反过来影响认为某物为真的行为。民族主义意识形态的内容与工业世界的精神状态背道而驰,因此并不是被人们当作一种真理来认知的。即使是最沉迷于此的人,也只是在肤浅的思考中持有它;实际上,每个人都知道它究竟是怎么回事。当听众明晓演讲者并不相信他所说的话时,演讲者的权力反而增强,听众沐浴在他的心狠手辣之中。然而,如果情况非常糟糕时,这样的共同体当然就无法持续下去了。

联系,并坚定不移地将认识和实践的立场分离开来时,当权者的虚无主义在现实中残酷而严肃地对待了这种放弃幻想的姿态。据称,价值判断要么属于民族诗歌,要么属于人民法庭,总之无论如何都不属于思想的机构。与威权国家的科学仆人们不同,批判理论以所有个体的幸福为目标,它无法忍受贫苦的延续。理性的自身直观构成了旧哲学的最高幸福境界,但在现代思想中,它已转化为关于自由和自身规定的社会的唯物主义概念;唯心主义在此余留了这样的信念:人类除了融化在当今现存之物之中,除了积累权力和利益之外,还具有其他的可能性。

自从高度发达的欧洲国家的所有进步努力遭遇低谷以来,批判理论的个别要素以一种颠倒的意义出现在与其相对立的理论和实践中,这种混乱甚至在批判理论的支持者中间也蔓延开来。扬弃目前阻碍发展的社会条件确实是下一个历史目标。然而,"扬弃"是一个辩证的概念。将个人所有转化为国家所有,对工业的扩展,甚至是大众的广泛满足本身,这些因素的历史意义取决于其所属整体的性质。虽然它们相较于落后的状态可能是重要的,但它们也可以被卷入倒行逆施的运动之中。旧世界正在因过时的经济组织原则而崩溃,文化的衰落也与此相关。经济是贫困的首要原因,因此理论和实践的批判必须首先针对它。但是,如果仅以经济来判断未来社会的形式,那是机械论而非辩证思维。历史变革并非没有触动与文化领域之间的关系。如果说在目前的社会境况下,经济支配着人,因而它成了变革社会的杠杆,那么在未来,人们将在自然必然性面前自己规定他们的整个关系;在那儿,孤立的经济数据不再是衡量其共同体的标准。这一点同样适用于政治相对于经济将获得新的独立性的过渡时期。只有在这一时期结束之时,政治问题才会溶解为纯粹的事务管理问题。在此之前,一切都可能发生变化,甚至过渡本身的特征也仍是悬而未决的。

在引用批判理论的某些情境中,批判理论被简化为经济主义,经济主义并不是把经济看得过于重要,而是把经济理解得过于狭隘。经济源初的、面向整体的意义,在对被分割开来的现象的诉求中消失。根据批判理论,当今经济的本质在于,人们所生产的超过了自身需求的产品并未直接进入社会,而是被私人占有和销售。扬弃这种状态意味着一种更高的经济组织原则,而绝非哲学上的乌托邦。旧的原则正在将人类推向浩劫,但指向变革的"社会化"概念并不仅仅包含着被吸收到国民经济学或法学中的元素。将工业生产置于国家控制之下是一个历史事实,其个中意义必须首先根据批判理论加以分析。它是否涉及其本来意义上的社会化,即在多大程度上体现了更高的原则,这不仅取决于特定财产关系的变化,取决于新的社会合作形式下生产力的提高,而且同样取决于发生这一切的社会的本质和发展。问题的关键在于新的生产关系究竟具有什么样的性质。即便最初因个体天赋和业绩能力而产生的"自然特权"仍然存在,也绝不允许新的社会特权去取代它们。在这种暂时的状态下,不平等不应该被固定下来,而应该在越来越大的程度上被克服。像这样的问题,涉及生产什么,如何生产,是否存在具有特定利益的相对固定群体,社会差异是保持还是加深,以及个人与政府的积极关系,所有涉及个体的决定性的管理行为与他们自身知识和意志的关系,对于有关所有可支配状态的现实协议的依赖性,简言之,真正的民主和联合的基本要素的发展程度,这些都属于"社会化"概念的内容。

没有一种规定可以从经济中分离出来，对经济主义的批判并不是要背离经济分析，而在于坚持其完整性和适合于历史的方向。辩证理论不是从单纯的理念出发进行批判。即使在其观念论的形态中，它也打消了仅仅依据某种自在的好的东西来对现实提出异议的想法。它不是根据超越时间的事物，而是根据在时间中的事物来进行判断。当极权国家开始对财产进行部分国有化时，它们也呼唤了共同体和集体实践。在那里，虚假性是显而易见的。但即便是在迈出诚挚的步伐的那些地方，批判理论仍具有辩证功能：它不仅要根据个别孤立的数据和概念，还要根据其源初的和完整的内容，对每个历史阶段进行衡量，并确保它在其中具有生命力。今天，正确的哲学不是从具体的经济学的和社会的分析中抽身出来，退回空洞的、不相关的范畴；恰恰相反，它要防止经济学的概念蒸发成空洞的、不相关的琐碎工作，这些琐碎工作会从各个方面遮蔽现实。批判理论从未溶解到专业的经济科学当中。政治对经济的依赖是它的研究对象，而绝非它的研究纲领。

今天，在那些援引批判理论的人当中，有些人完全有意识地将批判理论贬低为只是他们各自事业的一种合理化形式；另一些人则紧紧抓住那些连措辞都变得陌生的肤浅概念，把它变成一种人们对此一无所思，因而人人都能理解的补偿性的意识形态。但是，辩证思维自诞生之日起，就代表着最先进的知识水平，最终的判决只能来源于此。在退步的时期，它的承载者总是还处于相对孤立的状态，这也是他们与哲学的共同之处。只要思想还没有最终取得胜利，它就不可能在某种权力的庇护下获得安全感。它需要独立。尽管在今天看来，由于背后只有迫害者而几乎没有支持者,这一源于社会运动的概念显得有些徒劳空洞,但真理终将水落石出,因为理性社会的目标——虽然今天似乎只是保留在幻想之中——实际上深植于每个人的内心。

这不是一种抚慰性的肯定,可能性的实现取决于历史斗争。关于未来的真理不是关于给定之物的断言,后者只不过是一个特殊的索引。人类自己的意志在其中发挥作用,如果预言要成真,意志就不允许得到安抚。即使在新社会建立之后,其成员的幸福也无法与当今即将要堕入深渊的人的困苦相提并论。这一理论并不能给持有它的人带来疗愈,它与特定的欲力和意志密不可分,并不像斯多葛学派或基督教那样宣扬一种心理状态。自由的殉道者并不追求灵魂的安宁,他们的哲学是政治。如果说他们的灵魂在面对恐怖时依然保持平静,这并不是他们的目标;他们的焦虑也不能作证来反对他们。自伽利略忏悔和撤回自己的理论(Widerrufe)以来,权力的机器实际上并未变得更加粗糙;如果说在19世纪它落后于其他机制,那么在过去几十年中,它已迎头赶上。在这方面,这个时代的终结被证明是开端在更高层次上的回归。如果按照歌德的说法,人格性被视为幸福,那么另一位诗人则刚刚补充说,人格性的拥有也是社会赋予的,而且随时可能丧失。法西斯主义者皮兰德娄①比自己预想的更了解他所置身的时代。在极权主义的邪恶统治下,不仅人的生命,还有人的自我,都

631

①　路伊吉·皮兰德娄(Luigi Pirandello, 1867—1936),意大利剧作家、小说家,1934年诺贝尔文学奖获得者。他与意大利法西斯政权有过复杂的关系,在1924年他曾写信给墨索里尼要求加入法西斯政党。因此,霍克海默称他为一名法西斯主义诗人。——译注

只能以偶然的方式侥幸保住,而在今天,撤回自己的理论比文艺复兴时期更无足轻重。因此,那种认为可以在自身之中、在任何一种真理之中找到安宁的哲学,与批判理论毫无关系。

哲学的社会功能①

The Social Function of Philosophy

① 本文于 1939 年发表于《社会研究杂志》第八卷, 原文是英文。译自 "The Social Function of Philosophy", *Zeitschrift für Sozialforschung*, 1939（Jahrgang 8）, München：Deutscher Taschenbuch Verlag, 1980, S. 322-337。——译注

在谈话中提到物理、化学、医学或历史等字眼时,参与者通常 322
都有非常明确的想法。如果出现意见分歧,我们可以查阅百科全
书或公认的教科书,或者咨询相关领域的一位或多位杰出专家。
这些科学中的任何一门科学的定义都直接来自它在当今社会中
的位置。尽管这些科学在未来可能会取得最伟大的进步,尽管我
们甚至可以想象,其中的几门科学,例如物理学和化学,有一天可
能会合并,但实际上没有人对以任何其他方式定义这些概念感兴
趣,而只会参考目前在这些条目下展开的科学活动。

哲学则截然不同。倘若我们询问一位哲学教授"哲学是什么",
如果我们足够幸运,恰好找到一位对下定义不反感的专家,他会给我
们一个定义。如果我们采纳这个定义,我们可能很快就会发现这绝不
是这个词被普遍接受的含义。于是,我们可能会求助于其他权威人
士,并仔细研读现代和古代的教科书。可我们反而会更加困惑。许多
思想家将柏拉图和康德奉为权威,认为哲学是拥有自身领域和研究主
题的一门精确科学。在我们这个时代,这种观念的主要代表人物是已
故的埃德蒙德·胡塞尔。其他思想家,如恩斯特·马赫,认为哲学是
对特殊科学的批判性阐释和综合,以形成一个统一的整体。伯特兰·
罗素也认为,哲学的任务"先是逻辑分析,接着是逻辑综合"[1]。据

---

① Bertrand Russell, *Logical atomism*, in: *Contemporary British Philosophy*, ed.
J. H. Muirhead, Ⅰ, 1925, p. 379.

此,他完全同意霍布豪斯的观点,霍布豪斯宣称:"哲学……以科学的综合为其目标。"①这种观念可以追溯到奥古斯特·孔德和赫伯特·斯宾塞,对他们来说,哲学构成了人类知识的总体体系。因此,哲学对一些人来说是一门独立的科学,对另一些人来说则是一门附属性的或辅助性的学科。

如果大多数哲学作品的作者同意哲学的科学特征,那么也有少数人——他们绝非什么很差劲的作者——坚决否认这一点。德国诗人席勒的哲学文章可能比他的戏剧影响更深远,他认为哲学的目的是为我们的思想和行动带来审美秩序,美是哲学成果的标准。其他诗人,如荷尔德林和诺瓦利斯,也持有类似的观点,甚至纯粹的哲学家,例如谢林,在他们的某些表述中也非常接近这一观点。亨利·柏格森则坚持认为无论如何,哲学与艺术密切相关,而不是一门科学。

如果说人们对哲学的一般特征具有不同看法还不够的话,我们还可以发现他们在哲学的内容和方法上具有迥然多样的观念。仍然有一些思想家认为,哲学只涉及存在的最高概念和存在的法则,最终涉及的是对上帝的认知——亚里士多德主义和新托马斯主义就是如此。还有一种相关的观点认为,哲学涉及所谓的"先

① L. T. Hobhouse, *The philosophy of development*, in: *Contemporary British Philosophy*, ed. J. H. Muirhead, I, 1925, p. 152.

[伦纳德·特里劳尼·霍布豪斯(Leonard Trelawny Hobhouse, 1864—1929),英国社会学家和政治理论家,他是19世纪末至20世纪初自由主义发展的关键人物之一,并在将社会学确立为学术学科方面发挥了重要作用。——译注]

天"（a priori），亚历山大把哲学描述为"对非经验的东西或先天进行经验的或实证的研究，以及对经验与先天的关系所引发的问题的研究"①。还有一些人继承了英国感觉论者和德国的弗里斯与阿佩尔特学派②，认为哲学是内在经验的科学。根据卡尔纳普等逻辑经验主义者的观点，哲学本质上涉及科学语言；而根据文德尔班（Wilhelm Windelband）和里克特（Heinrich Rickert）学派（另一个拥有众多美国追随者的学派）③的观点，哲学处理普遍价值，尤其是真、美、善和神圣。

最后，众所周知，在方法上人们没有达成一致。新康德主义

------

① S. Alexander, *Space*, *Time and Deity*, vol. I, 1920, p. 4.

［塞缪尔·亚历山大（Samuel Alexander, 1859—1938），一位出生于澳大利亚的英国哲学家，以其在形而上学和哲学心理学领域的工作著称。——译注］

② 雅各布·弗里德里希·弗里斯（Jakob Friedrich Fries, 1773—1843），德国后康德主义哲学家和数学家，代表作《新人类学批判》，试图为康德的批判哲学提供新的心理分析基础；黑格尔在其《法哲学原理》序言中批评了弗里斯，认为弗里斯依赖于"直接感知和偶然想象"，他的观点是情绪化的，而不是理性的。恩斯特·弗里德里希·阿佩尔特（Ernst Friedrich Apelt, 1812—1859），德国哲学家，是弗里斯的学生，接替了他在耶拿大学的教职。阿佩尔特是弗里斯学派最著名的代表，在弗里斯去世后，阿佩尔特成为该学派的中心。——译注

③ 即新康德主义西南学派。新康德主义关注有效性（Geltung）问题，希望系统阐明允许在各个知识领域进行有效思考的先天原则。新康德主义中的马堡学派主要立足于《纯粹理性批判》来理解数学和自然科学中的有效性问题，而西南学派则更关注有关文化和生活的意义和价值等领域中的有效性，强调阅读整体康德的重要性，并认为其哲学纲领的核心是《判断力批判》导言中概述的能力体系。——译注

者都认为,哲学的程序必须包括分析概念并将其还原为认知的最终要素。柏格森和舍勒认为直观("本质直观")是决定性的哲学行为。胡塞尔和海德格尔的现象学方法与马赫和阿芬那留斯①的经验批判主义截然对立。罗素、怀特海及其追随者的逻辑主义公开与黑格尔的辩证法为敌,而根据威廉·詹姆斯的观点,一个人偏好何种哲学思维取决于其性格和经验。

324   提到这些定义是为了说明,哲学的情况与其他智识追求并不相同。不论那些领域存在多少争议,至少它们智力工作的一般方向是得到普遍承认的。杰出的代表人物或多或少都会在主题和方法上达成一致。然而,在哲学领域,一个学派对另一个学派的驳斥通常意味着彻底的拒斥,也就是将其研究内容否定为一种彻底的错误。当然,这种态度并非所有学派所共享。例如,辩证哲学在遵循其原则的情况下,会倾向于提取个别观点中的相对真理,并将其引入自己的综合理论中。而其他哲学学说,如现代实证主义,其原则的灵活性较小,它们将很大一部分哲学文献,尤其是过去的伟大体系,简单地排除在知识领域之外。简而言之,不能理所当然地认为,凡是使用"哲学"一词的人,他向听众所传达的内容就一定超出了一个含混的概念。

个别科学将自己应用到那些必须要处理的问题上,是因为它们是当今社会生活过程中出现的问题。刨根问底地说,个别问题

---

① 理查德·海因里希·阿芬那留斯(Richard Heinrich Avenarius, 1843—1896),19世纪德国哲学家,经验批判主义创始人之一。主要著作有《哲学,按费力最小原则对世界的思维》《纯粹经验批判》《人的世界概念》等。——译注

及其要指派到哪个特定学科上,都源于人类过去和现在的组织形式中的需要。这并不意味着每一项科学研究都是为了满足某种迫切需要,许多科学事业所取得的成果,人类没有它一样可以过得很好。我们在文化生活的每一个领域都能看到能量的滥用,科学也不例外。然而,发展那些对当前只具有可疑的实用价值的科学分支,实际上是科学和技术进步所必需的人力劳动支出的一部分。我们应该记得,某些数学分支最初看起来只是玩物,但后来却被证明极为有用。因此,尽管有些科学研究不能立即派上用场,但它们在特定的社会现实中都具有某种潜在的应用性,尽管这种应用性可能是遥远而模糊的。就其本质而言,科学家的工作能够丰富当前的生活形式。因此,他的活动领域在很大程度上是为他自己划定的,而调整几个科学领域之间的划界、发展新的学科以及不断分化和整合这些学科的尝试,无论有意识与否,总是以社会需要为导引的。这种需求同样在大学的实验室和报告厅中起作用,尽管这种作用是间接的,更不用说在大型工业企业的化学实验室、统计部门以及医院中也是如此。

325

　　哲学没有这样的导引。自然,许多欲望会对哲学产生影响;人们期望它能解决科学未处理或处理得不尽如人意的问题。但社会生活的实践并没有为哲学提供任何标准,哲学无法指出成功之处。即使个别哲学家偶尔在这方面有所建树,那也并非专门的哲学性工作。例如,笛卡尔和莱布尼茨的数学发现、休谟的心理学研究、马赫的物理学理论,等等。哲学的反对者还说,只要哲学有价值,那它就不是哲学,而是实证科学。他们声称,哲学体系中的其他一切只是空谈,偶尔会有启发,但通常是乏味的,且总是没什么用。此外,哲学家们对外界的裁决表现出某种固执的不屑。

自苏格拉底受审以来,他们与现实的关系,尤其是与他们所生活的共同体之间显然具有一种紧张的关系,这种紧张有时表现为公开的迫害,有时仅仅是无法理解他们的语言。他们必须在身体或智力上将自己隐藏起来,科学家也与他们所置身的社会发生冲突。但在这里,我们必须回到我们已经提到过的哲学的和科学的元素之间的区别,并反转这一图景,因为迫害的原因通常在于这些思想家的哲学观点,而不是他们的科学理论。耶稣会士中充满敌意地迫害伽利略的人承认,如果伽利略把他的日心说放在适当的哲学和神学背景下,他本是可以自由地发表的。阿尔伯特·马格努斯①本人也在他的《神学大全》(*Summa Theologiae*)中讨论了日心说,但他从未因此受到攻击。此外,科学家与社会之间的冲突,至少在现代,并不涉及基本原理,而只涉及个别学说。这些学说在一个国家的某一时期不被这个或那个权威所容忍,但在另一个国家的同一时期或在不久之后却被容忍,甚至被颂扬。

哲学与现实的对立源于其原则。哲学坚持认为,人类的行为和目标不应是盲目的必然性的产物。无论是科学的概念还是社会生活的形式,无论是流行的思维方式还是流行的风俗,都不应被习性所接受并不加批判地付诸实践。在事关生存的决定性问题上,哲学反对单纯的传统和顺从,它肩负着一项令人不快的任务,那就是将意识之光投射到那些如此根深蒂固,以至于看起来

---

① 阿尔伯特·马格努斯(Albertus Magnus,1200—1280),德国天主教多明我会主教和哲学家,被认为是中世纪最伟大的哲学家和思想家之一。马格努斯的著作囊括了他那个时代的大部分欧洲知识,也对自然科学贡献卓著。——译注

就是自然的、不变的和永恒的人类关系和反应方式上。有人可能会回应说，科学，尤其科学发明和技术变革，也将人类从习惯那深深磨蚀的沟槽中拯救出来。当我们把今天的生活与三十年前、五十年前或一百年前相对比时，我们无法深信不疑地接受科学未曾扰乱人类习惯和习俗的说法。不仅是工业和交通，甚至连艺术也被合理化了。只要举一个例子就足够了。在过去，一位剧作家会在个人的隐居生活中完成他对人类问题的个人构想，当他的作品最终公之于众时，他的思想世界就会与现存世界发生冲突，从而促进了自己的心灵和社会心灵的发展。但如今，银幕和广播上的艺术品的生产和接受都已经完全合理化，电影不再是从安静的工作室中制作出来的，一整组专家参与其中。从一开始，目标就不是与某种理念达成和谐，而是与公众的当前观点和普遍品味相合，而这些都由专家仔细测量和预先计算。如果有时艺术产品的模式与公众舆论不相合，错误通常不在于内在分歧，而在于制作者对公众和媒体反应的不正确估计。有一点是可以肯定的：无论是物质领域还是知识领域，没有一个行业处于完全稳定的状态；习惯无暇沉淀成形。当今社会的基础在科学的干预下不断发生转变，在商业和政府活动中，几乎没有一项活动不是在持续地简化和改进的。

但是如果再深入一点，我们就会发现，尽管有这些表现，人类的思维和行动方式并没有如我们可能相信的那样进步。恰恰相反，至少在世界上的大部分地区，人们现在的行动所依据的原则肯定比其他时期更加机械，因为其他时期的原则是以活生生的意识和信念为基础的。技术进步使我们更加轻而易举地固化陈旧的幻想，并在理性未曾涉足的空隙中将新的幻想植入人们的头脑中。正是文化机构的扩散和工业化导致了有关智力发展的重要

因素的衰退甚至消失，原因是内容的肤浅、智力器官的愚钝以及

一些人的个人主义创造力的消退。近几十年来，浪漫主义思想家和进步思想家都一再指出了科学技术胜利进程的这种双重面向。法国作家保尔·瓦雷里(Paul Valéry)最近尤为有力地阐述了这一情形。他讲述了自己小时候被带去剧院看一场幻想剧的经历，在幻想剧中，一个年轻人被一个恶灵追赶，恶灵的灵魂用各种魔鬼般的手段吓唬他，让他听命于自己。晚上，当他躺在床上时，恶灵用地狱的魔鬼和火焰将他包围；突然间，他的房间变成了海洋，床罩变成了船帆。一个鬼魂刚刚消失，新的鬼魂就又来了。过了一会儿，这些恐怖之物不再能对这个小男孩产生多少影响，最后，当新的鬼魂出现时，他惊呼道：" *Voilà les bêtises qui recommencent ！* "（"愚蠢的事情又来了!"）瓦雷里总结道，总有一天，人类也会对科学发现和技术奇迹产生同样的反应。

并不是所有的哲学家(最起码我们不是)，都认同瓦雷里对科学进步的悲观看法。但确实，无论是科学的成就，还是工业方法的进步，都不直接等同于人类的真正进步。显然，尽管科学和工业在进步，人类在关键时刻可能仍然会在物质、情感和智力上陷入贫瘠。科学和技术只是现存社会总体性中的一部分，尽管它们取得了许多成就，但其他因素，甚至总体性本身，都可能正在倒退，人类可能变得越来越受限和不幸，个人可能会被摧残，国家则可能走向灾难。我们很幸运地生活在一个已经消除了跨越半个大陆的国家边界和战争局势的国家。① 但在欧洲，当交往变得更迅捷、更全面，当距离减少，生活习惯越来越相似时，关税壁垒却

---

① 霍克海默此时在美国流亡。——译注

越筑越高,各国狂热地扩充军备,对外关系和国内政治条件都逐渐趋近并最终陷入了战争状态。这种对抗性的局面在世界其他地方也同样存在,谁也不知道世界上那些幸免于难的地区能否或能在多长时间内保卫自己,以免受这种对抗局面的结果在各个强度上的影响,细节上的理性主义很容易与普遍的非理性主义同流合污。在日常生活中被正确视为合理和有用的个体行动,可能会给社会带来浪费甚至毁灭。这就是为什么在像我们所处的这样的时代,我们必须记住,创造有用之物的最好的意愿可能会适得其反,这仅仅是因为它对其科学专业或职业范围之外的事物视而不见,因为最好的意愿聚焦于近在眼前的手头事物而曲解了它真正的本质,后者只有在更大的背景下才能被揭示出来。在《新约》中,"他们不晓得自己在做些什么"①仅指那些为恶之人。如果这些话不能适用于全人类,那么思想就不能仅仅局限于特殊的科学和职业中的实践学习,而是要探究那些通常被认为是理所当然的物质上的和智识上的前提,思考那些几乎是盲目地建立和维持的日常生活关系,并使人类意图浸透其间。

328

　　当谈到哲学与现实之间的紧张关系是根本性的,且这种紧张关系与科学在社会生活中必须与之斗争的偶然困难并不相同时,这里指的是蕴身于哲学之中的倾向,即不为思想画下终止线,并对那些通常被认为是固定的、不可征服的力量或永恒法则的生活因素施加特别的控制。这正是苏格拉底审判的主题所在。面对

---

① 参见《新约·路加福音》(23∶34)。原文为:"父啊,宽恕他们吧! 他们不晓得自己在做些什么。"这句话是说耶稣将要被处死时,他为处死他的人祷告。——译注

主张人们服从受神保护的习俗并不加疑问地适应传统生活形式的要求，苏格拉底提出了一个原则，即人应该认知自己的行为，塑造自己的命运。他的神居住在他内心，也就是居住在他的理性和意志之中。今天，哲学中的冲突不再表现为对神灵的斗争，但世界的形势依然严峻。如果我们坚持理性与现实已经和解，并且坚持人在这个社会中的自主性已得到保证，那么我们实际上是在接受现状。哲学的原初功能仍有现实意义。

在哲学内部的讨论，甚至关于哲学概念的讨论，通常比科学领域的讨论更为激进和不可调和，这或许并不是错误的假定。与其他任何追求不同，哲学并没有在既定秩序中划定一个行动领域。这种生活秩序及其价值等级，本身就是哲学的问题所在。当科学仍能参考为其指明方向的既定数据时，哲学则必须依靠它自身，依靠自己的理论活动。哲学的研究对象是在它自己的规划范围内确定的，这一点远远超出具体科学所呈现出的情况，即使在具体科学如此深入地研究理论问题和方法论问题的今天也是如此。我们的分析还让我们了解到，为什么哲学在欧洲生活中比在美国受到更多的关注。在美国这片大陆上，由于地理上的扩张和历史上的发展，且伴随着开拓国家和履行日常工作的压力，使得某些在欧洲因现存关系而一再激烈爆发的社会冲突，其重要性有所下降。社会生活的基本问题得到了暂时的实际解决，因此，在特定历史条件下引发理论思考的紧张关系从未变得如此重要。在这个国家，理论思维通常远远落后于事实的确定和积累，而这种活动是否还能满足这个国家对知识的正当要求，这个问题我们现在没有时间，暂且按下不表。

诚然，许多现代作者的定义——其中一些上文已经引用过——很难揭示哲学区别于所有具体科学的特性。很多哲学家对其他院系的同事投去羡慕的目光,这些同事的情况要好得多,因为他们有明确的研究领域,对社会的贡献毋庸置疑。这些作者竭力"推销"作为一门特殊的科学的哲学,或者至少证明哲学对具体科学非常有用。这样一来,哲学就不再是批判者,而是科学和一般社会形式的仆从。这种态度相当于承认,思想不可能超越科学活动的主流形式,因而也不可能超越当代社会的视野。思想应该满足于接受政府和工业不断更新的需求为其设定的任务,并按照接收到的形式处理这些任务。这些任务的形式和内容在当前历史时刻是否是正确的,以及产生这些任务的社会组织是否仍适合人类——这些问题在这些谦逊的哲学家看来既不是科学的也不是哲学的;它们是由私人决定的问题,由屈从于自己品味和性情的个体进行主观的评估。在这种观念中唯一可识别的哲学立场是一种消极的教义,即实际上并不存在哲学,系统性的思考必须在人生的决定性时刻退居幕后,简言之,就是哲学的怀疑论和虚无主义。

在进一步讨论之前,有必要将这里提出的哲学的社会功能的观念与另一种观点区分开来,这种观点在现代社会学的几个分支中得到了最好的体现,它将哲学与一种普遍的社会功能——意识形态——等同起来。[①] 这种观点认为,哲学思想,或者更准确地说,思想本身,仅仅是特定社会情况的表达。每一个社会群体,例如德国的容克贵族,都会发展出一个概念装置、某些思维方法和一种适应其社会地位的特定思维风格。几个世纪以来,容克贵族的生活一直与特定的继承秩序相联系,他们与他们所依附的王朝

330

————————

① 参见 Karl Mannheim, *Ideology and Utopia*, London 1937。

以及他们自己的仆人之间的关系都具有宗法特征。其结果是，他们倾向于将整个思想建立在有机体、世代有序继承和生物生长的形式上，所有事物都以有机体和自然联系的视角呈现。另一方面，自由主义资产阶级的幸福与不幸取决于商业的成功，他们的经验告诉他们，一切都必须归结为金钱这一共同基准，因此他们发展出了一种更加抽象、更加机械的思维方式，与其智识风格和哲学相关的是敉平（levelling）的倾向，而非等级倾向。同样的方法也适用于其他群体，无论是过去的还是现在的。例如，在笛卡尔的哲学中，我们必须问一问，他的观念是符合宫廷中的贵族和耶稣会士，还是符合"袍贵族"①抑或更下层的资产阶级和大众。每一种思维模式，每一种哲学或其他文化作品，都属于一个特定的社会群体，它们起源于该社会群体，并与这个群体的存在紧密相连。每一种思维模式都是"意识形态"。

毫无疑问，这种立场确实有一定的道理。当我们从社会基础的角度来审视当今流行的许多观念时，就会发现它们不过是幻觉而已。但仅仅像那种社会学学派所做的那样，将这些观念与某一社会群体相关联，这是不够的。在深入探讨并发展这些观念时，我们必须从那些解释了社会群体本身的决定性的历史过程出发。让我们举一个例子，在笛卡尔哲学中，机械思维，特别是数学，扮演了重要角色。我们甚至可以说，这整套哲学就是数学思想的普

---

① 在法国，特别是在 17 世纪和 18 世纪，贵族阶层大致分为两个主要类别：剑贵族（Noblesse d'épée）和袍贵族（Noblesse de robe）。剑贵族指的是那些通过军事服务获得贵族地位的贵族，而袍贵族指的是通过从事法律、行政或司法工作（通常穿着代表官员身份的长袍）获得贵族地位的人。——译注

遍化。当然,我们现在可以尝试在社会中找到一个与这种观点相关的群体,并且我们可能会找到笛卡尔所身处时代的社会中的某些明确的群体。但是,一个更复杂但也更适当的方法是研究当时的生产体系,并展示新兴的中产阶级的成员是如何在商业和制造业的非凡活动中,被诱导去进行精确的计算(如果他们渴望在新开发的竞争性市场中保持和增强自己的力量的话),而他们在科学和技术领域的代理人可以说也是如此,他们的发明和其他科学工作在现时代的个人、城市和国家之间的持续斗争中发挥了巨大的作用。对于所有这些主体而言,研究世界的既定方法是以数学术语来考虑的。由于这一阶级通过社会的发展而成为整个社会的特征,这种方法被广泛传播,远远超出了中产阶级本身。社会学是不够的,如果我们想避免严重错误,就必须有一套全面的历史理论。否则,我们就有将重要的哲学理论与偶然的或者至少不是决定性的群体联系起来的危险,从而误解特定群体在整个社会中的意义,进而误解相关的文化模式。但这并不是主要的反对意见,将意识形态概念一成不变地应用于每一种思维模式,归根结底是基于这样一种观念:不存在哲学真理,事实上对人类来说根本不存在任何真理,所有的思想都是由情境所决定的(*seinsgebunden*)。就其方法和结果而言,它仅属于人类的某一特定阶层,且仅对这一阶层有效。对待哲学理念的态度不包括客观检验和实际应用,而是与一个社会群体有着或多或少的复杂关联。这样,哲学的诉求就得到了满足。我们很容易认识到,这种倾向的最终结果是把哲学化解为一门特殊的科学,变成社会学,而这只是重复了我们已经批判过的怀疑论观点。它并不旨在解释哲学的社会功能,而是为了发挥哲学的社会功能本身,即阻止思想那

331

指向未来的实践倾向。

哲学真正的社会功能就在于它对流行事物的批判。这并不意味着肤浅地寻找个别理念或条件的错误,就好像哲学家是个怪人一样;这也不意味着哲学家抱怨这种或那种孤立的状况并提出补救措施。批判的主要目的是防止人类使自身迷失在现有社会组织灌输给其成员的观念和活动中。必须让人类看清他的活动与其成就之间的关系,他的特殊生存与社会的一般生活之间的关系,他的日常筹划与他所承认的伟大理念之间的关系。哲学暴露了人在日常生活中必须依附于孤立的观念和概念时所陷入的矛盾。我的观点从下面的文字中可以很容易看明白。在柏拉图那里,西方哲学的目标以其最初的完整形式出现,即在一个更全面的思想体系中,在一个更灵活、更适应现实的体系中,取消和否定片面性。在一些对话的过程中,教师展示了如果对话者过于片面地坚持自己的立场,他是如何不可避免地卷入矛盾的。教师指出,有必要从这一观念推进到另一观念,因为只有在整个观念体系中,每个观念才能获得其应有的意义。例如,考虑一下《拉凯斯篇》中对勇气本质的讨论。当对话者坚持自己的定义,认为勇气意味着不从战场上逃跑时,他会被导向这样的认识:在某些情况下,这种行为不是德性,而不过是匹夫之勇,比如当整个军队撤退时,一个人试图凭自己赢得战斗的情况。同样的道理也适用于Sophrosyne 这一概念,我们颇不妥帖地将其译为"节制"(temperance)或"适度"(moderation)。Sophrosyne 当然是一种德性,但如果把它作为行动的唯一目的,而不是以对所有其他德性的认识为基础,那么它就变得可疑了。Sophrosyne 只能被视作在整体中正确行为的一个要素。"正义"(justice)的情况亦复如是。良善意愿,追求正义的意愿,是美事一件。然而,这种主观上的努力是不够的,正义的称号并不会赋予那些意图良好但执行失败的行动,这既适用于私人生活,也适用于国家活动。每一项措施,无论其制订者的初衷是好是坏,都有可能变得有害,除非它建立在全面的知识基础之上,且因时制宜。黑格尔在类似的背景下说:"极公正"(*summum jus*)可能变成"极不公正"(*summa injuria*)。① 我们不妨回顾一下《高尔吉亚篇》中所做的比较。面包师、厨师和裁缝的营生本身非常有用,但如果没有卫生方面的考虑来决定它们在个体和人类生活中的位置,它们可能会导致伤害。港口、造船厂、防御工事和税收在同样的意义上也是有益的。但是,如果共同体的幸福被遗忘了,那么这些安全和繁荣的因素就会成为毁灭的工具。

因此,在欧洲,在当前战争爆发前的最后几十年里,我们发现社会生活的各个要素都出现了混乱的增长:庞大的经济企业、苛捐杂税、军队和武器装备的巨大扩张、强制性的纪律、对自然科学的片面培养,等等。代替对国内和国际关系进行理性组织的是文明的某些部分以牺牲整体为代价的肆意扩展。一个部分反对另一个部分,作为一个整体的人类因此而遭到毁灭。柏拉图要求国家由哲学家统治,并不是说这些统治者应该从逻辑学教材的作者中挑选。在商业生活中,Fachgeist,即"专家精神",只关心利润;在

---

① 霍克海默在这里对黑格尔的引用,原文在《小逻辑》第 81 节附释一中:"例如,*Summum jus Summa injuria*("极公正即极不公正")这个谚语就有这类意思,它说明抽象的公正在被推到它的极端时,就会转化为不公正。"中译参见黑格尔:《逻辑学:哲学全书·第一部分》,梁志学译,北京:人民出版社,2017,第 154 页。——译注

军事生活中,则只关心权力;甚至在科学领域中,它也只是关注某一特定学科的成功。当这种精神摆脱其缰绳之时,它就成为社会无政府状态的代表。对柏拉图来说,哲学意味着将各种能量和知识分支汇聚并保持为一个统一体,从而在最充分的意义上将这些部分的破坏性因素转化为生产性因素。这就是他要求哲学家统治的含义,这意味着对流行思想缺乏信任。与流行思想不同,理性从不迷失于单一的观念,尽管这种观念在任何特定时刻都可能是正确的。理性存在于整个观念体系中,存在于从一个观念到另一个观念的进展过程中,这样,每一个观念都能在真正的意义上(也就是在整个知识的意义上)得到理解和应用。只有这样的思想才是理性的思想。

这种辩证的构想已经被伟大的哲学家应用于生活中的具体问题;实际上,对人类生存进行理性的组织是他们哲学的真正目标。对我们在日常生活和科学生活中遇到的概念世界进行辩证的澄清和精炼,培育个人的正确思维和行动,已经成为其目标——实现善,而至少在哲学繁荣的时期,这意味着对人类社会的理性组织。尽管亚里士多德在《形而上学》中将心灵的自身沉思和理论活动视为最大的幸福,但他明确指出,这种幸福只有在特定的物质基础上,即在一定的社会和经济条件下才有可能实现。柏拉图和亚里士多德并不像安提西尼①和犬儒学派那样认

---

① 安提西尼(Antisthenes,前445—前365),古希腊哲学家,苏格拉底的弟子之一,犬儒学派的奠基人。他采纳并发展了苏格拉底教义的伦理方面,提倡按照德性过苦行生活。著作有《赫拉克里斯》《西落》《阿切劳斯》《政治论》等。——译注

为,理性可以在那些按照字面意义过着狗一样的生活的人身上永远发展下去,也不认为智慧可以与痛苦相伴相随。对他们来说,各种事务的公平状态是人类智识力量得以展开的必要条件,而这一观念构成了西方人文主义的基础。

任何不只是在标准的纲要中,还通过自己的历史考察来研究现代哲学的人,都会发现社会问题是一个非常决定性的动机。我只需提到霍布斯和斯宾诺莎:斯宾诺莎的《神学政治论》是他在世时唯一发表的重要作品;对于其他思想家,比如莱布尼茨和康德,一些更透彻的分析揭示了社会和历史范畴在他们作品最抽象的章节以及他们的形而上学和先验学说中的基础性地位,没有这些范畴,就无法理解或解决他们的问题。因此,对纯理论哲学学说内容进行基本分析是现代哲学史研究中最有趣的任务之一,但这一任务与上文所提到的肤浅关联几乎没有共同之处;艺术或文学的历史学家也有相应的任务。

334

尽管哲学在审视社会问题(无论是已表达的还是尚未得到表达的,意识的还是无意识的)中扮演了重要角色,但我们再次强调,哲学的社会功能不仅仅体现在此,还体现在批判的和辩证的道德思维的发展。哲学是将理性引入世界的有条不紊的和坚定不移的尝试,哲学岌岌可危、备受争议的地位正源于此。哲学是令人不便的、固执的,并且它没有直接的用途——实际上,它是烦扰之源。哲学缺乏标准的和有力的证明。尽管对事实的调查同样也筚路蓝缕,但人们至少知道该依据什么。人自然不愿意在私人生活和公共生活的困惑和纠葛中打转:他感到不安全,临渊履薄。在我们目前的分工中,这些问题被分配给了哲学家或神学家。或者,人们安慰自己说,失序只是暂时的,从根本上说,一切都很好。在过去一个世纪的欧洲历史中,尽管人类表面上很安全,但却未能按照他对人性的构想来安排自己的生活,这一点事实确凿。人们用来判断自己和世界的观念与他们通过行动再现的社会现实之间存在着鸿沟。由于这种情况,他们的所有构想和判断都是双面的和虚假的。现在,人类看到自己正在走向灾难,或者已经被灾难所吞噬,在许多国家,他被日益迫近的野蛮所麻痹,几乎完全无法做出反应和保护自己——他是砧板上待宰的鱼肉。也许有些时候,人离开了理论也能生存,但这种缺陷降低了人的地位,使他在面对强力时束手无策。理论可以升格为纯净高空中空洞而无血肉的唯心主义,也可以沉沦为令人厌倦、言之无物的空谈,但这一事实并不意味着此即理论的真正形式。就乏味和平庸而言,哲学常常与所谓的事实调查构成一对难兄难弟。今天,无论如何,整个历史动态都把哲学置于社会现实的中心,而社会现实也被置于哲学的中心。

应当注意的是,自古典时代以来发生了一个特别重要的变化。柏拉图认为,爱欲(Eros)使智者能够认识理念。他将知识与一种道德或心理状态,即爱欲,联系在一起,这种状态原则上可能存在于每一个历史时刻。据此,他提出的城邦对他而言是一个理性的永恒理想,不受任何历史条件的约束。《法律篇》中的对话是一种妥协,是作为不影响永恒理想的初级步骤而被接受的。柏拉图的城邦是一个乌托邦,类似于现代之初甚至我们今天所投射出来的那些乌托邦。但乌托邦不再是处理社会问题的适当哲学形式,人们已经认识到,思想中的矛盾无法通过纯粹理论的反思来解决,它需要历史的发展,而这是我们无法在思想中越过的。知识不仅与心理和道德条件相关,也与社会条件相关。从纯粹的理念中阐明和描述完美的政治和社会形式,既无意义亦不充分。

因此,作为哲学体系之皇冠的乌托邦被对具体关系和趋势的科学描述所取代,这种描述据说能够改善人类的生活,这一变化对哲学理论的结构和意义产生了最为深远的影响。现代哲学与古代哲学一样,高度评价人类的潜能,对人类的潜在成就持乐观态度。最伟大的思想家都摒弃了"人在本质上无法过上良善生活或实现最高水平的社会组织"这一命题。让我们回顾一下康德关于柏拉图乌托邦的著名论述:"柏拉图式的理想国,作为一个只能在无所事事的思想家头脑中存在的虚幻完美的典型,已经成为一个代名词,而布鲁克尔认为可笑的是,这位哲学家居然断言,一位君主如果不分有理念,就绝不能统治有方。然而,更多地顺从这一思想,并(在这位杰出的人物未给我们提供帮助的地方)通过新的努力来阐发它,要胜于用'这不可行'这种贫乏且有害的借口把它当作无用的而置之一旁……因为再也没有比鄙俗地诉诸据说相悖的经验更有害、与一位哲学家更不相称的东西了;如果在适当的时候已经按照理念做出了那些部署,而且不是由粗鄙的概念取代理念,恰恰由于它们是从经验中得来的而使一切好的意图破灭,上述经验毕竟是根本不会存在的。"①

自柏拉图以来,哲学从未放弃过真正的唯心主义,它相信在336个体和国家之间引入理性是可能的。它只是抛弃了虚假的唯心

---

① I. Kant, *Critique of Pure Reason*, trans. F. Max Müller. New York 1920, pp. 257–258.

[中译参见康德:《纯粹理性批判》,李秋零译注,第255—256页。译文有所改动。——译注]

主义，即只需描绘完美的图景就够了，无须考虑实现的方式。在现今时代，在一个与最高理念对立的世界里，对最高理念的忠诚与对如何在地球上实现这些理念的清醒渴望联系在了一起。

在结束之前，让我们再次回到一个已经提到过的误解。在哲学中，与商业和政治不同，批判并不意味着对某一事物的谴责，对某些措施或其他的咕哝抱怨，或仅仅是否定或与之割袍断席。在某些条件下，批判确实可能采取这种破坏性的转变；希腊化时代就有这样的例子。我们所说的批判，是指一种智识上的，最终也是实践上的努力，它不满足于未加思索或仅仅出于习惯而接受流行的理念、行动和社会条件；它旨在将社会生活的各个方面相互协调，并与时代的一般理念和目标协调起来，从起源上推导它们，将表象从本质中区分出来，考察事物的基础，总之，真正地认识它们。黑格尔是我们在许多方面都最为感激的哲学家，他对任何针对具体条件的发牢骚式的抱怨是如此不屑一顾，以至于普鲁士国王把他召到柏林，让他向学生们灌输恰当的忠诚，以使他们免受政治反对派的影响。黑格尔在这方面尽了最大努力，并宣布普鲁士国家是神圣理念在人间的化身。但思想是一个特殊的因素，为了给普鲁士国家辩护，黑格尔必须教导人类克服普通人的知性的片面性和局限性，看到所有概念关系和现实关系之间的相互关系。此外，他还必须教会人们在复杂和矛盾的结构中领会人类历史，从各民族的生活中寻找自由和正义的理念，认识到当民族的原则被证明不再适用时，它们如何湮灭，而新的社会形式已时机成熟。黑格尔因此不得不训练学生的理论思维，这一事实对普鲁士国家产生了高度模棱两可的后果。从长远来看，黑格尔的著作对这一反动机构造成的伤害，比后者从黑格尔的形式性的美化中得到的一切好处都要严重得多。理性是反动的拙劣盟友。黑格尔死后不到十年(他的教席很长一段时间一直空着),国王就任命了一位继任者来对抗"黑格尔主义泛神论的龙牙",以及"他的学派的傲慢和狂热"。①

　　我们不能说,在哲学史上,产生了最进步影响的思想家都是那些发现了最多批判对象的思想家,或者是那些总是亲自提出所谓实践方案的思想家。事情并非如此简单。一种哲学学说有许多方面,而每一方面都可能产生最不同的历史效果。只有在某些特殊的历史时期,比如法国启蒙运动时期,哲学本身才成为政治。在那个时期,"哲学"一词更多地让人联想到对教会等级制度和非人道的司法系统的攻击,而非逻辑学和认识论。消除某些成见几乎等同于打开新世界的大门,传统和信仰是旧制度最强有力的堡垒,而哲学的攻击则构成了直接的历史行动。然而,今天的问题不是消除一种信条,因为在那些最喧嚣地号召英雄主义和崇高世界观的极权国家,信仰和世界观都不占统治地位,只有个体对命运和来自上层的事物的愚钝的漠不关心和麻木。今天我们的任务是确保在未来,即使在即将到来的和平时期,当日常事务可能会使整个问题再次被遗忘时,理论的能力和从理论中派生出的行动能力也不会再次消失。我们的任务是不断斗争,以避免人类因为当前可怕的事件而彻底失去希望,以避免人类对走向一个有价值、美好、和平和幸福的社会的信念从地球上消失。

---

① 1841 年,普鲁士政府有意从青年的头脑中"剔除黑格尔泛神论的龙牙"。新上任的文化部长动员弗里德里希·谢林来柏林开展这项工作,霍克海默不具名地提到的继任者即谢林。——译注

中　编

理性批判

Kritik der Vernunft

理性与自身持存①

Vernunft und Selbsterhaltung

① 本文于 1942 年以《理性的终结》为题发表于《社会研究杂志》第九卷第 3 期，原文是英文。同年，该文的德文版本以《理性与自身持存》为题，刊载于 *Walter Benjamin zum Gedächtnis. Hekto graphiertes Typoskript. Institut für Sozialforschung* [New York, Los Angeles] 1942, S. 17-60。这两个版本有不少差异。我们主要从英译本译出（Max Horkheimer, "The End of Reason", *Zeitschrift für Sozialforschung*, 1942 [Jahrgang 9], München：Deutscher Taschenbuch Verlag, 1980, S. 366-388），同时也参考了该文的德文版本（"Vernunft und Selbsterhaltung", Max Horkheimer, *Gesammelte Schriften*, Bd. 5, Hrsg. Gunzelin Schmid Noerr, Frankfurt/M：Fischer, 1987, S. 320-350），并尽量标注两个版本间的关键差异。中括号中的内容为后来的德文版本增添的文字。——译注

文明的基本概念正在迅速衰败。年轻一代不再对这些概念 　366
抱有信心，法西斯主义加深了他们的疑虑。这些概念在多大程度
上是有效的，这个问题比以往任何时候都更加迫切地需要答案。
在这些概念中，最具有决定意义的是理性，在哲学中没有比这更
高的原则。理性被认为具有调节人际关系和为所有人们被要求
的行为提供辩护的能力。教会的教父们和启蒙运动的先驱们一
致推崇理性。伏尔泰称其为"上帝赐给人类的不可思议的礼物"
和"一切社会、制度和秩序的源泉"。① 奥利金（Origen of Alexan-
dria）说我们不应该把人（即使是坏人）与动物相提并论，以免我们
亵渎了理性。② 对古代世界来说，理性是创造的主导原则；③对康
德而言，尽管存在倒退、黑暗的间奏和偏离，理性的胜利仍是世界
历史隐蔽但确定的趋势④。自由、正义和真理的理念正是从这种
理性的理想中获得了其正当性。它们被认为是在理性中与生俱
来的，是由理性凭直观或必然地构想出来的。"理性时代"是启蒙

---

① *Dialogue d'Ephémère*, *Oeuvres complètes*, Paris 1880, Garnier, Val. 30,
p. 488.

② 参见 *Origen against Celsus*, Book 4, eh. 25（The Antinicene Fathers, ed.
Robert and Donaldson, New York 1890, Val. IV, p. 507）。

③ 参见 Aristotle, *Politics*, I 1260a 18。

④ Kant, *Idee zu einer allgemeinen Geschichte in weltbürgerlicher Absicht*, 命题九。

世界引以为傲的称号。

这个世界所产生的哲学本质上是理性主义的,但它在遵循自己的原则时却一再回过头来反对自身,并呈现出怀疑论的形式。教条主义或怀疑论的微妙差别(取决于究竟是什么被强调了)在每种情况下都决定了哲学与社会力量的关系,并且在随之而来的斗争中,在斗争的不断变易的命运中,理性意义的变迁也变得显而易见。理性的概念从一开始就包含了批判的概念。理性主义本身确立了理性认知的严格、清楚和明晰的标准。怀疑论和经验主义学说以同样的标准反对理性主义。左翼苏格拉底反对派给柏拉图学院冠以迷信之温床的恶名,直到后者转向怀疑论。布拉邦的西格尔①和罗杰·培根②反对托马斯·阿奎那的经院理性主义,直到后者自己的教派在邓斯·司各脱③之后让位于更注重经验的倾向。进步派和反动派思想家,包括信仰唯物主义的医生和

367

---

① 布拉邦的西格尔(Siger of Brabant, 1240—1284),一位来自 13 世纪低地国家南部的哲学家,以其对亚里士多德哲学的解释和对经院哲学的挑战而闻名。他与托马斯·阿奎那和其他学者有过激烈的争论,因为他的某些观点被认为与教会的正统信仰相冲突。他主张理性和信仰之间的区分,这导致他被指控为异端。——译注

② 罗杰·培根(Roger Bacon, 1214—1292),中世纪英国哲学家和方济会修士,他非常重视通过经验主义对自然的研究,是一名著名的唯名论者,实验科学的先驱。——译注

③ 邓斯·司各脱(Duns Scotus, 1265—1308),苏格兰天主教神父和方济会修士,大学教授,哲学家和神学家。他是中世纪盛期西欧最重要的四位基督教哲学神学家之一,著有《论第一原理》等。——译注

伽桑狄①,也包括耶稣会会士,都反对笛卡尔关于人类精神本质的学说。[笛卡尔的演绎体系将理性作为统一性囊括进来,这与法国的行政管治在针对异见的封建势力时所推行的是同一种统一性。法国在17世纪提出将严格的中央集权作为其原则,而这种原则后来在20世纪以法西斯主义告终。怀疑论从一开始就萦绕着这一过程,它标志着资产阶级合理性在现存之物上的局限性。演绎体系并不筹划乌托邦,它的普遍概念并非指向自由的普遍性,而是指向计算。怀疑论牢牢地扼住了理性的喉咙。]康德在德国时甚至被告知,他的哲学毫无根据地吹嘘自己战胜了休谟的怀疑论。②

怀疑论清除了理性概念中的大量内容,以至于今天几乎什么都没有剩下。理性在摧毁对概念的拜物时,最终也摧毁了自己。以前,它是永恒理念的使者,这些理念只是朦胧地在物质世界投下阴影。后来,它被认为应该在自然事物的秩序中认出自己,并发现表达永恒理性的不变现实形式。几千年来,哲学家们一直相信他们拥有这样的知识。现在他们已经知道情况并非如此,理性主义的任何范畴都没有幸存下来。现代科学将其中的一些诸如心灵、意志、终极因、先验创造、天生观念、广延(res extensa)和思维

---

① 皮埃尔·伽桑狄(Pierre Gassendi, 1592—1655),法国哲学家、数学家、天文学家和牧师。他是17世纪著名的思想家之一,以其对亚里士多德主义的批评和对原子论的支持而闻名。伽桑狄批评了笛卡尔的哲学,特别是对笛卡尔的形而上学和心灵-身体二元论持怀疑态度。——译注

② Gottlob Ernst Schulze, *Aenesidemus oder über die Fundamente der von dem Herrn Professor Reinhold in Jena gelieferten Elementarphiosophie. Nebst einer Verteidigung des Skeptizismus gegen die Anmassung der Vernunftkritik.* 1792. In Neudrucke der Kantgesellschaft, Berlin 1911, p. 135.

(res cogitans) 等范畴看作鬼影,甚至比伽利略鄙视经院主义的蜘蛛
网还要鄙视它们。理性本身似乎是从语言使用中浮现出来的幽
灵。根据最新的逻辑学,日常语言的语法仍然遵循万物有灵的思
想模式,不断将状态和行动实体化为语法主格,于是在这种语言
中,"生命在呼唤","责任在要求","虚无在威胁"。通过这种方
法,理性得以"获得发现"并"以单一且相同的形式存在于所有人
之中"。这种理性的名字被认为是一个毫无意义的符号,一个没
有功能的寓言形象。[理性曾经将那些失去意义的历史碎片视为
更深刻洞见的符号,①但如今它却再也无法赋予自身意义。]所有
超越既定现实的理念都不得不蒙受它的耻辱。由于这种观点已
经渗透到我们社会的各个阶层,因此仅仅宣传自由、人的尊严甚
至真理是不够的。任何沿着这条路线的尝试只会引起人们的怀
疑,认为它们背后的真正原因要么被隐瞒,要么完全不存在。[今
天的政治家们如果援引上帝的名义,人们至少知道他们代表了某
种令人恐惧的世俗力量;而当失败者诉诸理性时,他们只是在承
认自己的无能为力。]

尽管如此,理性并未从那些与时俱进的人的词汇中完全消
失,[就像与其概念相关联的法国大革命中的"人权"那样,]而只
是被大大简化为它的实用意义②,这比以往任何时候都更加彻底。
理性主义形而上学的教导已经消失,但理性主义的行为模式③仍

368

---

① 参见 Walter Benjamin, *Ursprung des deutschen Trauerspiels*. Berlin 1928,
S. 182-183。

② 德文版"实用意义"为"工具意义"。——译注

③ 德文版"理性主义的行为模式"为"目的导向的行为"。——译注

然延续了下来。洛克曾写道:"在英文中 reason 一词有几种意义。有时它指正确而明白的原则;有时它指由这些原则所推出的明白清楚的演绎;有时它指原因,尤其是终极因。"①他补充了理性的四个维度:发现真理、有规律地和有条理地排列这些真理、感知它们之间的联系并得出正确的结论。除了终极因,这些功能在今天仍然被认为是理性的。在这个意义上,理性在现代战争技术中是必不可少的,正如它在商业行为中一直不可或缺一样。其特点可以概括为:手段与目的的最佳匹配,思想作为一种节约能量的操作。它是一种实用工具,注重权宜,冷静而清醒。对聪明的信仰建立在动机之上,这种动机比形而上学的主张更有说服力。当今天的独裁者呼吁理性时,他们指的是他们拥有最多的坦克。他们有足够的理性制造坦克,其他人也应该有足够的理性屈服于他们。在法西斯主义的范围内,蔑视这种理性是滔天大罪。[它的上帝甚至就是理性。]

理性与实效②之间的紧密联系在这里得到了揭示,这种联系在现实中一直存在。这种相互联系的原因在于社会的基本结构。人类只能通过社会的渠道来满足其自然需要。③[动物觅食并逃离天敌,人类则追随他们的目标。]"有用"(use,

① *Essay Concerning Human Understanding*, Book IV, ch. xvii, p.1.

[中译参见洛克:《人类理解论》,关文运译,北京:商务印书馆,1983,第666页。译文有所改动。——译注]

② 德文版"实效"为"实践"。——译注

③ 德文版该句为:"只有在社会裁决机构所规定的道路上,个人的自然需要才能得到满足。"——译注

Nutzen)是一个社会范畴,理性在竞争社会的各个阶段皆紧随其后;通过理性,个体确立自身或使自己变得适应,并与社会相处。当个体没有足够的力量按照自己的兴趣来塑造社会时,理性就会使他屈从于社会。在原始社会,个人的社会地位是由本能决定的;而在现代社会,则应该由理性决定,也就是说,由个人对自己利益何在的意识来决定。即使是希腊的唯心主义在很大程度上也是务实的,它将好与有利、美与有用等同起来。①[柏拉图和亚里士多德赞同这一观点。]它把整体的福祉置于成员的福祉之上。②[柏拉图驳斥了这样一种反对意见,即他理想国的守护者们尽管拥有巨大的权力,但可能并不幸福。他并非不了解权力所带来的极乐。然而,他认为关键不在于某个群体的福祉,而在于全体的福祉。③]个体离开了整体就什么都不是。整个哲学的人文主义传统都试图将二者结合起来,人文主义中的理性力图在个体之好与总体之好之间取得适当的平衡。

369 　　希腊城邦(Polis)以个人利益与公共善和谐共存的理想为指导。中世纪城镇和新兴民族国家的政治理论家们更新了这一理想:和谐应通过法律领域来实现。凡希望与他人共处者,必须遵

---

　　① 德文版该句为:"希腊唯心主义本身就是重实用的,苏格拉底将好与有用解释为同一个东西。"并添脚注:Xenophon, "Memorabilia" IV, 6。参见 E. Zeller, *Die Philosophie der Griechen*, II, 1, Leipzig 1921, S. 151 ff。——译注

　　② 德文版该句为:"然而,当他们将有用作为理性的原则时,他们将全体的有用置于首位。"——译注

　　③ Platon, *Republik*, Anfang des IV. Buches. *Sämtliche Werke Band II*, Phaidon Verlag, Wien 1925, S. 188-189.

守他们的法律——这就是西方文明的世俗道德的精髓。蒙田在讨论苏格拉底时说道,只要我们寻求宗教庇护,我们就只有一个指导,那就是每个人都必须遵守自己国家的法律。① 这种形式的合理性在服从中吞噬了一切,甚至包括思想的自由,这也是德·迈斯特与法国大革命达成一致之所在。"政府是一种名副其实的宗教:它有教条、有秘密、有牧师……人类最基本的需求是他不断生长的理性……迷失在国家理性之中,从而将个人的存在转化为另一种共同的存在,就像河流汇入海洋,虽然无名无实,却始终存在于水中。什么是爱国主义?这就是我所指的民族理性,它就是对个体的弃绝。"②这类理性在法国大革命的狂热中同样盛行。罗伯斯庇尔的辩护人马蒂耶说,理性宗教与旧宗教一样不宽容,"……它不承认任何矛盾,它要求宣誓,通过监狱、流放或绞刑架来强制执行,并且像真正的宗教一样,它通过神圣的标志、明确且排他的符号来将自己具体化,而这些符号

---

① 参见 *Les Essais*, edited Villey, Paris 1930, Vol. II, ch. xii, p. 491 ff。

② De Maistre, *Etude sur la Souveraineté*, *Oeuvres complètes*, Lyon 1891, Tome I, pp. 367-377.

[约瑟夫·德·迈斯特伯爵(Le comte Joseph de Maistre, 1753—1821),法国哲学家、政治理论家、律师及外交官。在法国大革命之后的一段时间,他挺身为阶级社会与君主制辩护。他以其保守主义和对革命的批评著称,其著作对 19 世纪的政治思想产生了重要影响。霍克海默所引的书为《主权研究全集》,在这本书中,德·迈斯特对主权概念和政治权力进行了深入研究。——译注]

被一种可疑的虔诚所包围。"①

[反对者们在这一点上与所有资产阶级的深刻思想——包括黑格尔的思想——达成了一致。]在这一时期,基本的统一性抹杀了意见分歧。反革命派和民众领袖的热情不仅在对刽子手的共同信仰上达成一致,还在这样一种信念上达成一致:理性随时可能为放弃思考辩护,尤其是对穷人而言。德·迈斯特,这位迟来的绝对主义者,提倡为了理性本身而放弃理性。其他人则成立了"公共安全委员会"②。

个人必须对自己施暴,并认识到整体生活是他个人生活的必要前提。理性必须控制叛逆的情绪和本能,只有抑制这些欲力才能实现人类合作,那些最初由外部强加的抑制必须成为个体自己

---

① A. Mathiez, *Contributions à l'Histoire religieuse de la Revolution Française*, Paris 1907, p. 32.

[阿尔贝·马蒂耶(Albert Mathiez,1874—1932),法国历史学家,以其对法国大革命的研究而闻名。马蒂耶是马克思主义历史学家,他的研究强调了阶级斗争在法国大革命中的作用,他还是雅各宾派的坚定支持者。他对罗伯斯庇尔和恐怖统治时期持正面评价,认为这些是革命过程中必要且积极的阶段。马蒂耶的主要作品包括《法国革命的社会背景》(*Le Socialisme et la Révolution française*)和《罗伯斯庇尔的生平》(*La Vie chère et le mouvement social sous la Terreur*)。他的研究和观点对20世纪初的法国革命史学产生了深远影响。——译注]

② 公共安全委员会(Comité du Salut Public)是法国大革命期间由国民公会于1793年设立的一个重要机构,其主要职能是监督和管理国家的军事和行政事务,以应对内外部的危机。公共安全委员会在革命的高峰期,尤其在雅各宾派执政期间,主导了法国的恐怖统治,实行了大规模的镇压、清洗和革命法庭的审判。德文版此处用"民主的控制"替换。——译注

的意识中不可分割的组成部分——这一原则在古代世界就已经盛行。所谓的进步就在于这种抑制的社会扩展。在基督教时代，每个人都自愿背负十字架。然而，对于那些处于社会金字塔底层的人来说，普遍利益和特殊利益之间的和谐只是一个悬设。他们在要求自己所参与促进的共同利益中并无份额。放弃他们的欲力对他们来说从来都不是完全理性的，因此他们从来没有被文明完全涵盖，却总是被强迫去变得适应社会。这正是独裁统治一直以来的基础。① 然而，"幸运的占有者"(*beati possidentes*)正确地将政治和精神力量视为自己的化身[,在外部和内部的当权者中,他们被自己的代理机构正当地承认]。他们实现了理性文明的理念，因为他们的社会性源于对他们个体利益的知识。后者仍然是普遍利益与特殊利益之间和谐相处的理性标准。[在这种关于和谐的意识下,统治者曾被称为"国家的第一仆人",直到自行管治的国家取代了君主专制(Absolutismus)。即使是大众也在其中拥有政治权利。在理念上,民主国家应当成为没有奴隶的希腊城邦。]

[无论社会的原则如何必然地与个体的原则同时设定,资产阶级个体的自身利益仍然是其合理性标准。]理性主义哲学的困难源于这样一个事实：理性的普遍性不可能是别的，唯有所有个体利益的一致，而在现实中，社会被分裂成利益冲突的诸群体。由于这种矛盾，对理性普遍性的诉求呈现出虚假和幻觉的特征。理性的绝对性主张预设了人类之间存在着一个真正的共

---

① 霍克海默在这里无疑采取了弗洛伊德在《文明及其不满》中所表达的历史哲学。——译注

同体。① 经验主义者通过否定普遍概念的现实性，转而指向实存的现实，相对于理性主义者而言，这是正确的。而另一方面，相对于经验主义者，理性主义者也是正确的，因为在他们的理性概念中隐含着对人类潜在团结的坚持，这种团结作为一种理想，抵抗着现实中通过暴力和灾难方式强行实现的团结。然而，在自由主义时代行将结束之际，仅考虑生存和清醒的自身持存的思想已经蔓延到整个社会。所有人都成了经验主义者。②

　　以个体自身持存的角度来定义理性看上去与洛克的原型定义相矛盾，根据洛克的定义，理性指的是智识活动的方向，而不考虑其外部目标。然而，洛克的定义仍然成立。它并没有使理性从个体的原子式自身利益中解放出来。相反，它定义了更容易贴合自身利益所需目的（无论这目的是什么）的程序。理性越来越形式化的普遍性，不仅没有体现对普遍团结意识的增强，反而表现出思想与其对象的怀疑性分离。思想变成了在经验科学起源时期亚里士多德所指的那样，被指派为一种"工具"。由于洛克和康德的影响，思想不再设想对象本身的真正所是，而是满足于对所谓纯粹数据的排序和分类。唯名论的胜利与形式主义的胜利齐

----

　　① 德文版该句为："对理性本身的尊重以一个正确社会——一个没有奴隶的城邦的现实——为前提。"——译注

　　② 最后几句的德文版表述为："因此，经验主义者对理性主义者的批评是有道理的——理性主义者的理念自由地超越了资产阶级社会。理性主义者对经验主义者的批评也有其道理，因为理性主义者在自主性和普遍性的概念中，积极地提出了人类的团结，尽管这种团结在资产阶级社会中只能通过暴力和破坏性方式实现。然而在实践中，普遍性被美化为实证性，自由被宣称为必然性，这实际上起到了为现状辩护的作用。"——译注

头并进。由于思想限制自身,将对象视为一种怪异的杂多、一种混乱,理性便成为一种操纵分析性判断的加法机器。在哲学中,对象可以被视为未经限定的量,因为经济现实将它们敉平,使所有事物都等同于金钱这一共同基准。面对这种敉平,对象的真实存在不再被考虑。[在新近的哲学中,"类"(Species)之所以能够成为一种秩序概念,是因为在市场上,关于特定事物的旧有秩序消弭在交换价值的背后。]认知因此成为记录对象并对其量化表达进行解释的过程。人类越少以质的术语思考现实,现实就越容易被操纵。其对象既得不到理解,也不受尊重。

对象的纯粹杂多与所谓的目的的多元主义相对应,后者认为科学判断与价值领域之间存在鸿沟,这导致了价值判断与理性和科学无关。人们认为,选择自由还是服从,民主还是法西斯主义,启蒙还是权威,大众文化还是真理,都是主观偏好问题。然而,选择的自由一直是享有富裕生活的小群体的特权。对他们来说,只要这些所谓的文化用品符合他们的统治利益,他们就可以在其中进行选择。这是唯一实现了的价值多元主义,只要所讨论的价值影响到欧洲社会的基础,它们就是预先确定好了的。社会上层的自身持存意愿虽然被竞争所撕裂,但它毫不含混地界定了针对奴隶、农奴和大众的行动路线。特权的延续是决定一个人是向其他利益和群体奋起抗争还是与他们沆瀣一气、是保持立宪政府还是走向威权主义的唯一理性标准。重大历史决策之间的不同在于它们是深谋远虑还是目光短浅,而不在于其目标的本质。[真正的多元主义是一个属于未来社会的概念。]

自身持存也是构成各种个体性特质的根源。仪态自若、尊卑有序、知礼守节、绅士风度,仍然被实用主义误解为个体适应社会

情势的习惯形式。① 在遥远的过去,所有举止与这些规范不符的

人都会面临失去阶级地位的威胁。今天,这些规范是过去社会形式的残余,在那些社会形式中,个体若没有这些规范就会不知所措。它们仍然保留着那个时代的印记,但由于失去了目的,它们也就失去了活力。正如实用物件上的装饰指向了过去的生产技术,技术的不完善被保留为饰物,同样,从封建时代传承而来、如今业已失效的人类行为标准仍然带有过去的领主们为了适应自己的需要而不得不尝试反对自己的暴力印记。② 在当前社会状态中,这些人类特质带有无目的的和解特征,但它们仍很好地适应了主流的目的。贵族将国内市场让给商人,转而尝试为商人征服国外市场。贵族作为战争领主为商人保留了他们的垄断地位,直到新的战争技术带来了不可避免的改变。他们甚至在资产阶级规范、态度和反应(如节俭和正直)已经开始分享贵族行为标准的命运的时候仍然保持着这种垄断地位。贵族行为标准的荣誉主要归功于中产阶级通过美化其前辈来巩固自身地位的努力,这种与过去统治者的团结源于对社会其他阶层的共同态度,权力被人为地呈现为永恒的。如果像拿破仑·波拿巴这样的中产阶级公职人员能在历史长廊中与其他伟大的领主和刽子手并肩而立,无论他们是朋友还是敌人,他自己的声望都会得到提升。在国内,

----

① 德文版该句为:"仪态自若、尊卑有序、知礼守节、绅士风度,曾经是真实存在的,但现在它们成了实用主义者所想要的东西,即个体对社会环境习惯性适应的形式。"——译注

② 也就是说,贵族为了更有效地行使其统治而制定了一系列约束自己的规范和行为标准,在某种意义上他们为了适应而对自己施暴。——译注

富有者模仿他们所谓的"风格";在办公室,他们遵守商业道德标准,因为他们的阶级不能没有自己的纪律;然而,面对内部和外部竞争对手以及大众,他们实践着实际上将他们与历史传统联系起来的东西,即必不可少的自身持存。

这种自身持存甚至可能要求被保存的个体去死。① [对于真正的公民而言,普遍者总是在个体利益上体现出来,即使普遍者被宣扬为一种形而上学的理念或祖国的宗教。]当有必要捍卫国家权力时,牺牲可以是理性的,因为只有这种权力才能保障那些需要其牺牲的人的存在。② [在资产阶级革命和反革命的所有派别中,经过唯名论清洗的理性概念——自身持存的原则——已为牺牲和自相矛盾奠定了基础。到新时代末期,剔除理性中的那些超越性元素的努力最终波及了整个社会。]理性的理念,即使在其唯名论的和纯化了的形式中,也始终为牺牲辩护。在英雄时代,个体为了保证集体的利益和象征而毁灭自己的生命。财产制度向个体传达了这样一种理念:他的某些存在可以在死后依然延续下来。在有组织的社会起源之时,财产在世代更替中持留,单子式的个体通过遗赠得以存活。即使在死后,他仍可以通过遗产使自身传续,但如果他为了用法律保证这一遗产的国家而牺牲自己

373

---

① 德文版该句为:"作为总体的自身持存,它也反对自我主张的个体自身。"——译注

② 德文版该句为:"与为摩洛赫而死不同,为了祖国而死是理性的,因为在现代战场上,必须捍卫国家的力量,唯有国家能保证生存,尽管它要求牺牲。"摩洛赫(Moloch)是古代近东宗教中的一个神祇,在《圣经》中也有所提及。摩洛赫通常与残忍的祭祀仪式有关,特别是孩童的献祭。这个神祇象征着无情的权力或暴力,要求极大的牺牲。——译注

的生命,那么,他并没有与自身持存的原则相矛盾。以这种方式,牺牲作为一种理性制度获得了自己的位置。[那些将自己奉献给罗马的著名罗马人,如今已成为了公司而毁掉自己的商人。]

然而,牺牲和自身否弃①的合理性却因社会地位而异:它随着财富和机会的减少而降低,最终成为强制性的。对于穷人来说,用尘世和天国的正义来补充理性始终是合理的。伏尔泰承认,理性可能会为体面者带来胜利,"但下层人却无法做到这一点"②。他说:"我们从未打算去启蒙鞋匠和仆人——这是使徒们的事情。"③

对于大众来说,从一个人自己的利益到维护社会利益的道路是曲折而漫长的。对他们而言,将对欲力的否弃理性地强加于自身是不可能的。如果一个希腊奴隶或一个女人像苏格拉底那样说话和行事,她就会成为一个愚人,而不是圣人。苏格拉底在临终前将忠于国家法律置于一切之上,在他开创的良知时代,合理性只属于那些在社会上或多或少独立的人。[服从的合理依据在最矛盾的形态中构成了国家契约的理论。它之所以如此糟糕,并不是因为它作为理性主义的建构否认了历史,而是因为它过于符合历史现实。契约的理性在于在推行和巩固那些非理性关系的方面达成一致,而这些关系正是对契约论的反动批评所援引的存在。这种契约论道出了财产所有者之间关系的真相,而这些关系是无财产者被迫遵从的。为了将无财产者的物质愿望转化为精

① 德文版"自身否弃"为"否弃欲力"(Triebverzicht)。——译注
② *Letter to D' Alembert*, Feb. 4, 1757, op. cit., Vol. 39, p. 167.
③ *Letter to D' Alembert*, Sept. 2, 1768, op. cit., Vol. 46, p. 112.

神要求,使他们成为新文明所依赖的满足于现状的农民和工人,这一任务其实不需要格劳秀斯或霍布斯的理论,而早已由圣方济各、罗耀拉、路德和詹森派①所完成。]

大众转向了宗教,但他们这样做并未影响自身持存的基本合理性。[新教的社会功能主要与设置目的的理性(zwecksetzenden Vernunft)的实效性相契合。]理性主义没有权利抱怨路德。路德称理性为野兽和娼妓,仅仅是因为在他那个时代,理性本身无法让个体压制自己的欲望。宗教改革训练人们使自己的生活服从于更遥远的目标,他们被教导不要沉迷于当下,而要学会客观推理、一以贯之和务实行事。因此,人们不仅增强了抵抗命运的能力,还能够时不时地从自身持存和权宜之计的压倒性机制中解脱出来。然而,此种沉思性的停顿并不能阻止主流秩序的利益在人们心中扎根。新教促进了这种冷酷的合理性的传播,而这种合理性正是现代个体的典型特征。它破坏了偶像,消除了对事物的虚假崇拜,但通过与新兴的经济体系结盟,它使人们甚至比以前更

---

① 圣方济各(San Francesco,1181—1226),意大利著名天主教修士,方济各会的创立者。他以简朴、谦卑和爱护贫穷者的生活方式闻名,被视为基督教传统中的重要人物。

伊格纳秀·罗耀拉(Ignatius Loyola,1491—1556),西班牙天主教神父和神学家,耶稣会的创立者。以其对天主教会的改革和教育的贡献而闻名。

詹森派(Jansenisten)是17世纪天主教内的一个神学派别,得名于其创始人科尔内利厄斯·詹森(Cornelius Jansen)。詹森派以其严格的教义和对人类原罪的强调而著称,主张预定论和对上帝恩典的依赖,反对耶稣会的相对宽松的教义。詹森派的思想在法国和荷兰产生了广泛影响,并引发了与天主教会的激烈冲突。——译注

374 加依赖物的世界。以前人们为了救赎而工作,现在则为了工作而工作,为了利润而利润,为了权力而权力,整个世界都变成了单纯的"材料"。① 如果说新精神作为一种止痛药为人们服务,那么它至少缓解了理性主义所事先安排的外科手术,即工业体系对人们身体和心灵的摧残。从中世纪的手工作坊到装配线,除了将外部强制转化为良知的强制外,别无他途。它产生了新合理性所要求的机器般的勤奋和柔顺的效忠。② 加尔文的神权非理性主义最终暴露为技术专家理性的奸计,后者必须将它的人类塑造为材料。贫困和济贫法不足以驱使人们进入早期资本主义时代的手工作坊。新精神通过关注妻子和孩子——这在现实中相当于内向主体的道德自主——来补充外部压力。今天,在这个起源于文艺复兴和宗教改革的进程的尾声,自身持存的理性形式最终演变为顽固的顺从,然而,这种顺从已经变得对任何政治或宗教内容都漠不关心。在法西斯主义中,个体的自主性已经发展成了他律。

极权主义秩序标志着从间接统治形式到直接统治形式的飞跃,同时仍维持着私营企业的体系。国家社会主义者并不置身于

---

① 这里霍克海默显然采纳了马克斯·韦伯在《新教伦理与资本主义精神》中的基本论点。——译注

② 德文版将这一段改写为:"费希特说出了新教的原则,而他并没有因此背叛理性主义的原则。就算新教宗教也许曾是人民的鸦片,但它是一种使人民得以忍受理性主义所施加的干预——工业革命对身体和灵魂的干预——的鸦片。从达·芬奇到亨利·福特,只有通过宗教内省才能找到一条通路。宗教内省催生了机器般的勤奋和可引导的团结,这也是宽泛意义上的理性(ratio),而这种理性的要求超出了人类的力量。"——译注

经济趋势之外。① [如果他们确实是黑帮,那么他们只是承接了垄断主义时期的一种趋势,在那个时期,每个经济上的外来者都被视为不法之徒。]那些认为只要消除溃烂就能恢复正常状态的人,必须更加严肃地对待有关国家社会主义的"黑帮理论"(the gangster theory)。德国政府并非被从外部强行破门而入的黑帮所篡夺盗用;相反,社会统治凭借其自身的经济原则导致了黑帮统治。在自由的工业经济时代,当众多去中心化的企业没有一个强大到不需要互相签订协议时,自身持存便受到了人道主义(humanitas)标准的限制。垄断主义再次废除了这些限制,并使社会统治回归其真正的本质,而过去只有在人道统治形式为非人道留下破绽的地方,在大城市的小规模帮派(racket)和团伙那里,这种本质才得以继续运作。他们只知道抢劫他们的"客户"时必须遵守的纪律,除此之外别无其他法则。皮条客、佣兵头子、庄园领主和行会一直在保护并同时剥削他们的客户。保护是统治的原型,经过自由主义的间奏后,欧洲的经济趋势朝向新的全面保护主义发展。只有大型联合企业在竞争中幸存了下来,它们强大到足以摧毁权力的分散,摧毁保障与权利的网络。对大众来说,垄断部门以及它们的政府构成了不透光的丛林。现存集团的任务的规模和多样性,以及无所不包的特点(这使得他们区别于从事帮派活动),一方面转向了全面的计划,另一方面转向了对人类本身的攻击,这是经济发展本身不可避免的结果。相同的社会学机制适用于垄断和城市帮派,后者以前曾与同一分支的其他帮派分享赃

375

---

① 德文版该句为:"国家社会主义者并非如所谓的'黑帮'那样脱离历史发展进程。"——译注

物,但随着通信的发展和警察的日益集中,继续进行小额贿赂、招募新手下和采购枪支已不再可能。该帮派被迫将其业务机制化,并承担将其附属于大型政治组织的花费不菲的任务。只有在无须分赃的情况下,此类投资才能有利可图。在帮派中,卡特尔①化开始出现,除非警方及时将其铲除,否则在城市中和在全国的所有帮派将被驱使着走向统一。对"从事帮派活动"(racketeering)等边界现象的研究可能可以为理解现代社会的某些发展趋势提供有用的类比。一旦大型财产的集中力量达到一定程度,斗争将在更广泛的范围内继续,并在技术进步所需的巨额投资压力下,演变成争夺世界霸权的斗争,这种斗争只有在脆弱的妥协时期才会中断。从这一点来看,在听话程度的差异面前,权力层级内部的目标和理想间的差异退居次位。精英们必须确保,就算违背自己的意愿,社会秩序中的一切也都得到严格的协调。在极权主义的社会条件下,无论是任命省级工厂的经理还是傀儡政府的首脑,可靠程度决定了所有需求信任的职位的分配。与效率并驾齐驱的是,某种人类品质再次赢得了尊重,特别是不惜一切代价对当权者顺从随行的决心。因为受信任者只不过是代理人,胜任工作的人不会表现出任何被理性的自身批判所摧毁的东西的痕迹,他必须体现出整体的自身持存,而这种整体已经与抹除人性无异。现代帮派的历史起点是宗教裁判所,终点则是

----

① Kartell 音译为"卡特尔"或意译为"联合垄断"。卡特尔是垄断组织形式之一 ,是为了垄断市场从而获取高额利润,生产或销售某一同类商品的厂商通过在商品价格、产量和市场份额分配等方面达成协定从而形成的垄断性组织和关系。——译注

法西斯领袖。他们的追随者与浩劫朝夕相处，必须正确做出反应，直到他们成为没有人能长期忍受的合理性原则的受害者。①

　　当今对理性的蔑视并未扩展到有目的的行为。"心灵"一词，若是指一种智力官能或一种客观原则就会显得毫无意义，除非它指向了目标和手段的协调。通过理性的自身批判以及哲学中不断翻新的唯名论倾向，理性主义教条的毁灭如今已得到历史现实的证实。与自主性理念紧密相连的个体性的实体本身，在工业化进程中未能幸存下来。理性已经退化，因为它是一种虚假普遍性（如今这种普遍性表明主体的自主性原来是一种幻觉）的意识形态投射。理性的崩溃和个体性的崩溃是同一回

376

---

　　① 关于霍克海默此处的"帮派理论"，霍克海默全集编者后记中有过精湛的总结，特在此翻译出来，以供读者参考："在此（指弗里德里希·波洛克的国家资本主义理论）基础上，霍克海默的帮派理论切入社会统治问题。根据该理论，社会统治按照其自身的经济原则，从通过交换中介的形式，经由经济垄断所赋予的形式，最后再演变为无中介的暴力统治。霍克海默将'帮派'理解为在不同的时代、文化和亚文化中形成的团体、派系、委员会、决策团体或工作组，这些组织的社会功能在很大程度上被维护和扩展自身权力的强制性要求所支配。帮派理论起源于关于马克思理论在当代社会形态中适用性的讨论，首先是为了摆脱革命主体的神话，同时又不退回文化批判，后者在政治经济学批判之后陷入虚幻。进一步而言，该理论旨在构建一种权力理论，展示出自由主义中通过市场法则调节的统治模式仅是社会成就所带来的优势垄断的一个特例。"（*Gesammelte Schriften*, Bd. 5, Hrsg. Gunzelin Schmid Noerr, Frankfurt/M：Fischer, 1987, S. 439）——译注

事。"自我(ego)是无法拯救的"①,自身持存已然失去其"自身"(self)②。如果生物学上的个体不再意识到自己是一个同一的单元,那么一个行动对谁还能仍然是有用的呢? 在生命的各个阶段,身体都只拥有可疑的同一性。个体生命的统一性是一种社会性的而非自然性的存在。当促成这种统一性的社会机制像今天这样被削弱时,个体对他的自身保护的关切就会改换其意义。以前促进人类发展的那些东西,如知识的快乐、通过回忆和远见来生活、自己和他人的愉悦、自恋以及爱,正在失去其内涵,无论是良知还是利己主义都已不复存在。道德法则已经不再适用于那些应当遵守它的人,它以前所援引的权威也已经消失。道德必须消失,因为它不符合自己的原则。它假装自己独立于经验性的个体,是无条件的普遍的,但它的普遍形式却维持了个体之间的对抗以及对人类和自然的暴政。希望在更好的时代人类会回归道德是无济于事的。然而,即使在法西斯主义中,道德也在人们心中留下了痕迹,且至少这些痕迹已经摆脱了伪造出来的实证性。道德之所以能够幸存,是因为人们意识到他们所屈从的现实并不正确。尼采宣称道德已死;现代心理学则致力于探索道德。作为现代怀疑论的调节形式,精神分析通过发现和揭露超我中的父亲,战胜了道德法则。然而,这种心理学是"密涅瓦的猫头鹰",当黑暗的阴影已经笼罩整个私人生活领域时,它

---

① Ernst Mach, *Contributions to the Analysis of the Sensations*, trans. C. M. Williams, Chicago 1897, p. 20.

② 德文版该句为:"自身持存已然失去其主体。"——译注

才展翅高飞。① ［银行家和商人的资本已不再稳固。］父亲可能
仍然拥有超我，但孩子早已连同自我和性格一起，撕下了超我的
假面。如今，孩子只模仿业绩和成就；他接受的不是理念，而是
事实。

　　随着独立经济主体的消失，主体本身也随之消失。它不再是
综合的统一（a synthetic unit）；为了遥远的未来而保存自身或为继
承人做计划变得毫无意义。在当前的时代，个体只有短期机会。
一旦安全的财产不再是获取的目标，个体经历的内在联系也随之
消失。在有序竞争和法律治理下对财产的关注一直是自我的构
成部分。奴隶和贫民没有个体性。"如果我生活在其他自由的存
在中间，那么我在感性世界中的所有行为的前提只能是作为感性
世界的一部分。这个被规定的世界部分……被称为……我的财
产。"②自我概念"还必须意愿未来状态存在，这个状态将是从现
有状态中产生出来的，其结果依据的是他在决定实施他的因果性
行动时所遵循的规则"③。财产和财产关系的有序运作是一个人
自己过去和未来的概念的参照物。今天，个体自我已被极权主义
规划的伪自我所吞噬，即使那些策划极权主义计划的人，尽管他

377

---

　　① 德文版该句为："深蕴心理学（Tiefenpsychologie）的范畴起源于流通
领域，而直到这个领域迎来黄昏，深蕴心理学才开始起飞。"这里的"流通领
域"（Zirkulationssphäre）强调了精神分析与早期自由资本主义的紧密联
系。——译注

　　② I. G. Fichte, *The Science of Ethics*, trans. A. E. Kroeger, New York 1897,
p. 308.

　　③ I. G. Fichte, *The Science of Rights*, trans. A. E. Kroeger, London 1899, p.
167.

们拥有巨大的群众和资本,却与被他们安排的人一样缺乏自主权。后者被组织进各种各样的团体之中,在这些团体中,个体只是一个毫无自身重要性的元素。如果他想保全自己,他必须作为团队的一部分工作,无论从事工业、农业还是体育,都要准备充分且对一切事情都很熟练。在每个阵营中,他必须捍卫自己的物质存在,捍卫工作、饮食和睡眠场所,必须互相给予、承受手铐和殴打,并服从最严格的纪律。为自己和家人制订长期规划的责任已经让位于使自身适应当下机械任务的能力,个体作茧自缚,他没有梦想或历史,总是保持警惕和准备,总是瞄准一些眼前的实际目标。他的生活陷入一系列数据中,这些数据预先符合他必须回答的问题,他只把口头语言当作信息、指导和命令的媒介。现代逻辑学所进行的语言向符号系统的语义解体,超越了逻辑的领域。它从一种让语言屈服于垄断统治之下的事实状态中得出结论。为了被接受,人们说话的腔调听起来必须像广播、电影和杂志那样。事实上,似乎没有人能靠自己谋生,在大众社会中人人都受到怀疑,每个人都需要一个永久的不在场证明。个体不再有任何需要关心的未来,他只需准备好适应自己,服从命令,拉动操纵杆,做着不同却又总是一样的事情。社会单位不再是家庭,而是原子化的个人,为生存而斗争就是要在装置、引擎和手柄的世界中时刻保持不被淘汰。

身体力量不是最重要的一点,但它仍然足够重要。在很大程度上,身体力量不是一种自然素质。它是社会分工的产物,是生产所必需的,由一整个除了提供体力外没有其他生存的理由的社会阶层所提供。在被统治的阶层中,那些在蛮力方面出类拔萃的

人反映了不公正,因为踹谷的牛总是被笼住嘴。① 文化试图驯服
身体力量原则中固有的这种蛮力。然而,这种驯服掩盖了一个事
实,即体力的耗费仍然是工作的核心。与这种掩盖相对的是身体
力量在意识形态中的美化,这表现为对各种伟大之物的赞美——
无论是智识巨人还是乡村集市上的肌肉男,无论是在瓦格纳的
"总体艺术"(Gesamtkunstwerk)中,还是在巨大的体育场中。如
今,意识形态的面纱已被揭开,身体力量的原则以强硬手段和清
洗的形式被公开宣扬。

　　可是,比起肌肉,当代个体更需要的是心灵的在场;重要的是
能够随机应变,与各种机器、技术、体育、政治的亲和力。以前,人
们只是机器的附属品,而今天他们本身就是附属品。在为自身持
存而战的过程中,反思性思考和理论皆失去其意义。五十年前,
心理经验、娴熟的论证、商业的远见仍然是在社会中进步的工具。
在办公室机械化之前,即使是会计也不仅需要机敏,还需要智识。
随着企业完全融入垄断领域,理性的论证失去了力量。它如今带
有以前曾服务于销售谈话的印记,而胜利的垄断则可以免除这种
销售谈话。农民和儿童对巧言令色者的不信任一直保留着一种
关于不公正的观念,这种不公正让语言成为获取利益的仆人。如
今,人们沉默寡言,这很大程度上要归咎于曾过于雄辩地与他们
作对的语言。

379

---

　　① 这句话出自《新约·弟茂德前书》(5:18),原文为:"就如摩西的律法
记着说:'牛在场上踹谷的时候,不可笼住它的嘴。'"踹谷是指牛在场上用脚
踩踏谷物,使其脱壳或破碎的过程,而笼住牛的嘴是让牛在劳作的同时无法
进食谷物。——译注

今天,人们需要的是事实性的知识以及自动反应的能力,但他不再需要那种对各种可能性的静默思索,这种思索预设了对自由和闲暇的选择。市场为生产者、消费者及其多重中介机构所提供的自由,虽然可能是抽象的和欺骗性的,但至少为一定范围的深思熟虑留下了空间。在垄断装置中,没有人拥有那样的时间和空间。每个人都必须迅速反应,像神经对刺激做回应那样即刻做出决策。在极权主义规划下,人们被生产手段统治的程度甚至比在市场体系下还严重,效率低下是不可饶恕的罪过。人们日常生活中仍然拥有的短暂空闲时间如今被保护起来,避免被浪费掉。空闲时间有退化为无所事事的危险,而无所事事的状态总是被工业所鄙视,不过这种危险已经被防止了。自笛卡尔以来,哲学一直大力尝试将自身作为科学,为当时占主导地位的生产方式服务,这一尝试只遭到极少数思想家的反对。① 随着闲暇(otium②)和自我的消失,超然的思考不复存在。社会原子虽然可能仍然渴望解放,但已经失去了对"思辨"(speculative)这个词的感受,无论是在这个术语的褒义还是贬义的维度上。哲学前景黯淡。没有闲暇,哲学思考是不可能的,无法被构想或理解。在这种情况下,传统哲学的论证程序显得无所助益、泛泛而谈。在最后关头,现

---

① 德文版点出了极少数哲学家的名字:"只有黑格尔和相似的哲学家……"——译注

② otium 是一个拉丁词,通常翻译为"闲暇"或"闲暇时间"。在古罗马文化中,otium 被视为一种有价值的状态,指的是人们在完成日常职责或工作后,用于反思、学术研究、创作艺术或享受生活的时间。这种闲暇时间被认为是进行深度思考、文化活动和个人成长的重要时刻。——译注

象学试图(这种尝试具有足够的悖论性)阐述一种无须争辩的思维模式,但这种哲学的起源——实证主义——成了它的继承者。实证主义将思想从哲学中剥离出来,并将后者简化为通过复制和删减来组织感性世界中事实的技术。在实证主义中,理性通过消解自己来维持自身。

　　随着自我及其反思理性的衰落,人际关系趋向于一种新的状态,即从经济对所有个人关系的统治、商品对生活总体性的普遍控制,转变为一种新的、赤裸裸的命令与服从的形式。学校和家不再以小规模财产为支撑,它们正在失去使人们为社会生活做好准备的教育功能。生活与做好准备已经变成同一件事情,如同军职一般。在学校里,体育和体操的等级制度战胜了从来没有被孩子们全心全意接受过的课堂等级制度。教师的权威被一种无条件的、匿名的但却无处不在的权威所削弱,后一种权威的要求如今占据上风。这种权威来自大众社会中无所不能的标准。孩子在这个社会中所需要的品质,是由学校班集体强加给他的,而这个班集体仅仅是被严格组织起来的社会本身的一个切片。教师要么选择赢得学生的好感(甚至不惜在必要时采取严酷手段),要么被嘲笑。与今天个人所需要的技能相比,课程只具有次要的价值。孩子们很快就学会了汽车和收音机的构造,这种知识对他们而言是与生俱来的,这与了解最复杂的机器本质上没有区别,他们可以不需要科学。学校物理课在双重意义上已经过时:它既远离相对论和量子理论的数学推论(这些推论早已超出了表象的极限),也远离了对学生来说唯一重要的实用灵活度。教师无法在理论与实践之间进行调解,因为从实践观察到理论的过渡已经无法再被认识。最高层次的理论仍然是一种盲目的技术,就像修理

380

工作一样。两者都是通过纯粹的技巧来完成的，一个在研究中，另一个在车间里。理论物理学家在从不同概念领域的数学综合过渡到对象世界所遇到的困难，与最熟练的机械师无法从操作发动机过渡到发动机工作的原理的困难，两者大致相同。物理知识被分解为操作知识和领域知识，而这种由劳动分工造成的分裂影响了学生与知识本身的关系。对意义的探索被对功能的驾轻就熟所取代。理论的泛灵论残余被剔除，而这种胜利同时意味着一种"理智牺牲"①。技术实践可以不需要物理学，就像电影明星可以不经过学徒期，法西斯政治家可以不需要学习一样。教育不再是个体之间的过程，就像父亲为儿子继承家业做准备，而教师在一边协助那样。现今的教育是由社会自身直接实施的，并且发生在家庭不知情的情况下。

童年成了一种历史现象。基督教在对弱者的颂扬中开创了童年的理念，而资产阶级家庭有时将这一理念变为现实。然而，

381 从基督教时代到启蒙运动，理性作为一种外在的自身持存的强制而作用于儿童，这种自身持存碾碎了所有无法自卫的事物。中世纪的雕塑和绘画并不区分存在到底是由于身体还是社会地位而变得低等，这揭示了秩序（ordo）和等级制度的秘密，即谁可以毫无

---

① "理智牺牲"，原文是拉丁语 *sacrificium intellectus*，在基督教语境下这意味着将理性置于信仰之下，意味着将对唯一合法的信仰解释者（教权权威）的顺从视为一种谦卑而值得称赞的行为。这个术语由德国天主教神学家马蒂亚斯·约瑟夫·舍本（Matthias Joseph Scheeben，1835—1888）等人引入，后来通过韦伯的演讲《以学术为业》和舍勒的回复《论人之中的永恒》而获得了哲学分量。——译注

惩罚地殴打谁。在基督教世界中遭受地狱折磨的儿童,在启蒙的世界中被奖励以基督教天堂。幸福将属于他们,因为他们被选为纯真无邪的象征。19世纪启蒙了的商人热爱其子女,他可以在不变得迷信的情况下哀悼自己失去的宗教。儿童象征着黄金时代以及充满希望的未来,理性主义的社会为孩子们讲述传奇和童话,让他们为幻灭的成人们映照出希望。成人创造了童年的田园诗般的意象,以便逃避冷静的知识与意识形态之间的抵牾,摆脱面对始终险恶的社会动荡时无法解决的困境。童年的理想反映了谎言中的真相(这种谎言使底层民众保持顺从),反映了永恒幸福的乌托邦。[个体的青春期因此在个体发生学上重演了社会向理性主义时代的过渡。]在那些资产阶级自身仍然属于底层的时代,这一乌托邦成了宗教理想的最后避难所。

如今,他们可以不用再幻想这种乌托邦了。在垄断社会中,童年和青春已经变成了纯粹的生理过程。青春期不再是一种人类危机,因为孩子一旦学会走路便算是长大成人,而成年人原则上一直保持不变,发展已经不复存在。在家庭的鼎盛时期,父亲代表着社会对孩子的权威,而青春期则是两者之间不可避免的冲突。然而今天,孩子从一开始就直接面对社会,冲突在尚未发生之前便已被裁决。世界被现实的力量和对其的适应努力所占据,以至于青少年的反叛——这种曾因父亲的惯例与其自身的意识形态相矛盾而产生的反叛——不再可能出现。通过击垮个体性来使人变得冷酷无情的过程——在法西斯主义的各类营地中被有意识和有条理地进行——如今在大众文化下,在不知不觉中机械地四处发生着,而且发生在如此年幼的时候,以至于当孩子们开始有意识时,一切都已尘埃落定。自弗洛伊德以来,父亲与儿子之间的关系发生了逆转。如今,在这个快速变化的社会中,对旧事物的评判不再由父亲代表,而是由孩子代表。孩子而非父亲代表了现实。"希特勒青年团"①从父母那里享受到的敬畏,只不过是这一普遍状态的尖锐政治表达。这种新关系甚至影响到生命的最初几年,父亲的形象和超我应该在这一时期形成。从心理上讲,父亲不再由另一个个体所代表,而是被物的世界和孩子所依附的群体所取代。

个体与社会之间冲突的消除也影响到了爱情。随着父亲权威的消失,与家庭发生灾难性冲突的危险也随之消退,这种冲突过去曾激起了始热终弃。② 今天,性似乎已经被解放,但压迫依旧存在。性别关系的社会规制,在种族优生学最终完成这一过程之前就已经走得很远;这种规制体现在大众文化各个领域的标准化的"正常"中。③ 优生学在启蒙运动中有它的起源,科学将性客观

---

① "希特勒青年团"(Hitler Youth)是纳粹德国时期的一个青年组织,德文是"Hitlerjugend"。这个组织成立于 1926 年,旨在教育和训练德国的青年,使他们成为忠诚于纳粹意识形态和希特勒的未来公民和士兵。希特勒青年团的成员为 10—18 岁的男孩,类似的组织还有专门针对女孩的"德国少女联盟"。——译注

② 德文版中该句为:"这种冲突过去曾激起了献身(Hingabe)。"——译注

③ 这是一种对纳粹宣传的身体文化的影射,这种身体文化基于种族和遗传生物学的目标,同时伴随着对某些性隐私禁忌的解除(如"力量来自欢愉""生命之泉"等)。参见 Friedrich Pollock, "Is National Socialism a New Order?", in: *Studies in Philosophy and Social Science*, Bd. IX, 1941, S. 448f.。——原编者注

化,直到可以对其进行操控。在无人性的清醒中,康德将婚姻定义为一种互相占有性器官的契约,这种定义根据自然法标准控诉了无人性的性特权。到了 19 世纪,这一定义已经渗透到人们的实践中。在当代大众社会中,性别之差被敉平,因为男女双方都不抱幻想地将自己的性视为一种可以随意支配的东西。女孩们努力在与其他女孩的竞争中脱颖而出,在她们眼中,打情骂俏提高的是声望而不是未来的快乐。她们与康德一样,将性视为一种具有交换价值的财产。魏德金①曾要求娼妓自由,因为他认为女性只有通过有意识地利用她们唯一的垄断资源才能赶上男性社会。然而,现代女孩利用父权制禁忌(taboo)来赢得自由,这种禁忌通过把她置于神坛之上而使她蒙羞。性对人们的力量不复存在,它根据情境的需要来打开、关闭,人们不再沉溺于其中,他们不再被爱情触动或蒙蔽。在国家社会主义之下,婚外性行为被国家鼓励为对社会有益的劳动形式,爱情由国家所组织。在美好的时代里,孩子们被培养成未来的继承人;在糟糕的时代里,培养他们是为了防老;在法西斯主义统治下,他们在国家的庇护下被生产出来,并作为某种税赋而纳给国家(如果说在一个由一群巨头剥削所有其他人口的社会中,人们还能谈论什么"税赋"的话)。

---

① 弗兰克·魏德金(Frank Wedekind, 1864—1918)是一位德国剧作家、诗人和作家,以其大胆、前卫的戏剧作品而闻名。魏德金的作品常常探讨性、道德和社会规范等主题,挑战了当时的传统观念和社会禁忌。他最著名的作品包括《青春的觉醒》(*Frühlings Erwachen*)和《露露》(*Lulu*)系列剧。这些剧作揭示了青少年性觉醒和社会压抑之间的矛盾,因其对性和道德的直言不讳而引发了极大的争议和讨论。——译注

在法西斯主义统治下,税赋有着显而易见的重要性。对于财产所有者来说,它们有助于加速集中化进程并击败较弱小的竞争者。对于大众来说,它们以货币形式变得透明,显示出为权力服务的辛劳。这种辛劳的一部分就是生育的劳动,在国家社会主义下,如果女孩拒绝将自己献身给穿制服的男人,那么这会被视为与在战争中束手待降一样失德失范。在德国,圣母玛利亚的形象从未完全取代对女性的古老崇拜。在基督教文明的表面之下,对母系社会的记忆从未完全消失。这些残遗在对老处女的共同反感以及德国"艺术歌曲"①对被遗弃的情人的忠诚中继续显现,远远早于国家社会主义者排斥假正经者并歌颂非婚生母亲。但基督教处女的禁欲至福远远超越了国家社会主义政权所认可的快乐,并以对埋葬了的过去的记忆为滋养。国家社会主义政权合理化了它假装要保存的神话般的过去,为它正名,并将其动员起来为大工业服务。在这种古老的遗产没有冲破基督教形式并采取日耳曼特征的地方,它赋予了德国哲学和音乐其特有的音调。国家社会主义中的神话并非纯然虚假的,但国家社会主义通过将聚光灯打在这种幸存的神话之上而彻底清除了它,它在短短几年内完成了其他文明花费几个世纪才实现的目标。

人口政策所规定的性自由并不能消除性禁忌的世界的焦虑,而只是表达了对爱情的蔑视。爱情是与现行的合理性无法和解的敌人,因为恋人既不保护自己也不保护集体。他们舍弃了自

383

———————————

① 德国"艺术歌曲"(Lied),也被音译为"利德歌曲",在狭义上往往指19世纪浪漫主义时期为独唱和钢琴伴奏而创作的具有很高艺术性的歌曲。弗朗茨·舒伯特、罗伯特·舒曼等音乐家是这一歌曲形式的代表。——译注

己,这正是他们招致愤怒的原因。罗密欧与朱丽叶因这个社会所宣扬的东西而与社会发生冲突,并因此丧命。在非理性地将自己完全交给彼此的过程中,他们通过对抗物的世界的统治,维系了个体的自由。在纳粹德国,"污染种族"的人们忠实于这些恋人的生死。在纳粹的非人道世界中,那些聪明却被蒙骗了的年轻人在生育怀孕、成为人父和走向死亡的过程中,只不过是骇人听闻的人口政策的牺牲品,而纳粹却将英雄之名冠于他们,种族犯罪复活了曾经被称为英雄主义的东西,即缺乏前景和理性的忠诚。而那些无法改变自己方式的人的悲惨幽会,无视了外界合理性的胜利。卫军在破晓时分突然袭击这些毫无防备的人,照亮了理性已经异变成的畸形之物——独创力、聪明才智和随时准备发动攻击。这些恋人没有跟上社会发展的步伐,因此无法指望在精简高效的世界中获得宽恕。他们在集中营的剧痛被第三帝国的精明拥护者视为正确和正义的,因为那些受惩罚的人既不理性也不聪明,这显露出法西斯主义的性解放及其所导致的妥协性存在背后的真相。被鼓励为有益健康的性爱,其实表达了烦扰爱情的恶魔般的合理性。〔即便是那些在德国为微薄利润冒着生命危险兜售色情读物的小书商,也是在满足这个时代真实的性诉求,而这个时代的性诉求却主要通过军事动员和先进的统计数据来推动。〕

　　法西斯主义对那些受害者(他们被拣选为其不受限制的权力的例证)所施加的暴行似乎违背了所有的理性形式。其酷刑超越了感知或想象的能力;当思想试图理解这些行径时,它就会因恐惧而僵硬,并表现得无助。新秩序在如此根本的程度上与理性相矛盾,以至于理性甚至不敢对它有所质疑。即使是对压迫的意识也消失了。权力的集中和个体的无助之间越不成比例,人类悲惨境遇的根源就越难被洞悉。金钱这层破烂不堪的面纱已经被技术的面纱所取代。技术使生产集中变得必要,而生产集中则掩盖了领导者之间的自愿一致。危机比以往任何时候都更伪装为一种自然的和不可避免的现象,在为了储备资源而蹂躏各大洲的同时,它倾向于摧毁整个人类。这一过程的规模是如此超出人类,以至于即使是在大众文化的残害下幸存下来的想象力也举棋不定,不敢将这种事态追溯到它的社会起源之中。

在如今法西斯主义的魔咒下,当每个人都谈论着改造社会时,人们却从未如此盲目地接受不义,将其视为超出人类的命运的探访。对普遍厄运的意识使希望黯然失色,每个人都感觉自己的工作在延续一台地狱般的机器,他设法从这台机器上哄骗出足够的时间来生活,但又因为需要参与这台机器而又一次失去了这些时间。他以这种方式继续前行,在不了解任何一种情况的同时却能游刃有余地应对,蔑视死亡却又逃避死亡。在资产阶级时代,个体生命具有无限的重要性,因为死亡意味着绝对的灾难。哈姆雷特的台词"一切都归于沉默"①指向了自我的起源,在这句台词中,遗忘紧跟死亡而来。[人们在哈姆雷特的反思中发现了

---

① 这句经典台词出现在《哈姆雷特》结尾处。垂死的哈姆雷特被扶上王座,他对他忠实的朋友霍拉旭说道:"唉,我死了,霍拉旭。猛烈的毒药在咆哮,把我给打垮了。我等不到听得英国来的消息了;但我能预言:被推选为丹麦国王的将是福丁布拉。他得到我临终的推举。你就把这发生的大小事件告诉他,我想要表明——**一切都归于沉默**。"在悲剧发生后,哈姆雷特有千言万语想要诉说,但毒性发作,生命已到尽头,只能留下一句"一切都归于沉默"草草作结。死亡切断了所有的意义表达,使其陷入沉默和遗忘之中。中译参见莎士比亚:《哈姆雷特》,方平译,上海:上海译文出版社,2020。——译注

近代第一位怀疑论者蒙田的踪迹,这绝非偶然。]法西斯主义粉碎了这一基本原则。① 它通过教导人们恐惧是比死亡更糟糕的东西来打击摇摇欲坠的个体。恐惧超越了意识的同一性。个体必须放弃自我,并在失去自我的情况下苟延残喘。在法西斯主义之下,组织的对象被当作主体而去组织化了。他们失去了自己的同一性,在同一时间,他们既是纳粹又是反纳粹分子,既坚信又怀疑,既勇敢又怯懦,既聪明又愚蠢。他们放弃了一切连贯性。自我被溶解在不一致性当中,这是唯一能够应对现实的态度,它不由所谓的"计划"来定义,而是由集中营来定义。这种疯狂的方法在于向人们展示他们其实与集中营里的人一样支离破碎,从而将"民族共同体"焊接在一起。从集中营里释放出来的人已经学会了狱卒的行话,他们用冷酷的理性和疯癫的赞同(这是他们得以存活下来所付出的代价)讲述自己的故事,仿佛事情压根就不会以其他模样发生,并争辩说他们毕竟没有受到那么糟糕的对待。那些尚未被监禁的人则表现得好像他们已经遭受了折磨。他们什么都信承。另一方面,凶手们则采用了柏林夜总会和服装中心的语言。② 只有在工业巨头之间的争斗和买卖中,贸易和商业的

385

---

① 德文版中该句为:"法西斯主义触及了资产阶级人类学的这一基本要素。"——译注

② 德文版中该句为:"凶手们则采用了乌尔施泰因出版社、卡巴莱歌舞和服装工业的语言。"乌尔施泰因出版社(Ullstein)是柏林一家重要的自由派新闻和图书出版集团,同时是一个犹太家庭企业,在1933年被强制出售给纳粹党的中央出版社,并于1938—1945年间以"德国出版社股份公司"(Deutscher Verlag AG)的名义运营。卡巴莱(Kabarett)则是一种通常结合了讽刺、幽默、音乐和短剧的小型舞台演出,它往往带有社会批判的元素。——译注

领域仍然是现实的,这一领域已经远离了小人物甚至是大人物的视线。但是,市场心性的语言、犹太俚语、长期受辱的销售员和商人的黑话,却在压迫者的口中得以延续。这是一种挤眉弄眼的语言,一种狡猾暗示的语言,一种共谋欺骗的语言。纳粹将失败称为"破产"(Pleite),不注意脚下的人则是"疯癫的"(meschugge),一首反犹歌曲则唱道,美国人不知道"发生了什么"(was sich tut)。① 煽动者为他们的大屠杀辩护说:犹太人又一次做了不洁净(Koscher)②的事情。不择手段地生存下去是他们的秘密理想,就连 SA③ 的士兵也嫉妒他们所殴打过的犹太人的聪明才智。他们想象自己具有他们所努力模仿的犹太人的那种精明能干,这反映了他们必须否认并摧毁的事实。如果这个真理已经被一劳永逸地抛弃,人们决定进行全面适应,如果理性不计代价摆脱所有道德,并战胜了其余的一切,那么没有人可以置身事外,隔岸观火。一个孤独的"非理性的"(unreasonable,又译为"不可理喻

---

① 霍克海默所举的三个语言例子分别对应上文所提及的市场语言、犹太俚语、商人语言。meschugge 源于意第绪语,是一种主要由阿什肯纳兹犹太人使用的语言。提到的反犹歌曲具体是哪首已不可考,但 was sich tut 涉及的可能是关于犹太人操控了整个美国商业和经济的阴谋论。——译注

② Koscher(或拼作 Koscher)是一个源自希伯来语的词,主要用于犹太教饮食律法中,意思是"洁净的"或"符合规定的"。在犹太教中,某些食物必须符合特定的宗教规定才能被认为是"kosher"或"洁食"。这些规定包括哪些食物可以食用、如何宰杀动物,以及如何准备和食用食物。——译注

③ SA 是"Sturmabteilung"(冲锋队)的缩写,通常称为"褐衫党",是纳粹党在二战前的准军事组织。SA 在纳粹党上台过程中扮演了重要角色,负责保护纳粹集会、攻击政敌和犹太人以及在纳粹党集会中维持秩序。——译注

的"）人的存在阐明了整个民族的羞耻，他的存在证明了激进的自身持存体系（它被设定为绝对）的相对性。如果所有迷信都被废除到只有迷信还存在的程度，那么除了在冷酷无情的进步之外，没有任何固执的人可以四处游荡并寻求幸福。① 对犹太人的仇恨和对精神失常者的杀戮欲望一样，都是由他们对那无处不遗弃他们的上帝的不可理解的信仰，和他们不知不觉中所保持的原则的绝对刚性所刺激的。对疯狂的怀疑是迫害永不消失的根源。它起源于对自己实用理性的不信任。②

痛苦是从智性世界召回人们的手段，所有经验主义哲学家乃 386
至于康德，都禁止人们探究这一世界，它始终是使人们回归理性
的最好老师。痛苦让那些顽固不化、任性妄为、痴人说梦和异想
天开回归自身中去，它使它们归于身体，成为身体的一部分。痛
苦敉平和同化一切，无论是人与人还是人与动物之间。它吸收了
被折磨的整个生命，将其化为痛苦的躯壳。困扰着整个人类的
自我的毁损，在每一场酷刑中都会再次上演，时时刻刻纠缠着人
类的实用需求以及工业时代的实用主义合理性完全吞噬了受害
者的生命。痛苦是分裂社会中劳动的原型，同时也是其工具。哲
学家和神学家一直在颂扬它，他们对痛苦的赞美反映出人类迄今

---

① 这句话看似矛盾，实则充满反讽。"如果所有迷信都被废除到只有迷信还存在的程度"，意指排斥一切传统迷信的极端理性化本身就成了最大的迷信，它最终表现为对自身持存体系的绝对信仰。"冷酷无情的进步"则指在垄断社会中，社会或技术发展在不顾及人性或道德的情况下，强制性地推进和"进步"。——译注

② 德文版该句为："它源于对自身被净化过的理性的不信任，而这种理性正是导致理性文明崩溃的根源。"——译注

为止只把劳动当作统治的产物来认识。他们为痛苦辩护,因为痛苦将人引向理性。路德将第 90 诗篇翻译为:"求你教导我们懂得,我们必须死,才能变得谨慎。"①康德说:"痛苦是主动性之刺。"②伏尔泰说:"为了提醒我们保护自身,这种痛苦的感觉是必要的。"③宗教裁判所的审判者们曾为他们对掠夺性统治者的可憎服务辩护,称他们受命拯救迷途的灵魂或洗净其罪孽。他们的语言已然将天堂描绘为另一种第三帝国,不可靠的和可耻的人可以通过集训营的方式达到。如果哪个宗教裁判所的不幸受害者逃脱了,引渡他的要求就会被发布,把他描述为"一个丧失理智地拒绝为治愈他所提供的有益药物、踢开用来舒缓他伤口的酒和油的人"④。宗教裁判所体现了那些意识到基督教的灌输尚未完全成功的人的愤怒,这种愤怒后来在法西斯主义中导致了对基督教的公开拒绝。法西斯主义又让痛苦重新登上王位。在文明的喘息

------

① 出自《旧约·圣咏集》(90:12),路德的翻译和主流的中文翻译有所出入,中文一般译为:"求你指教我们怎样数算自己的日子,好叫我们得着智慧的心。"——译注

② Kant, *Anthropologie in pragmatischer Hinsicht*, § 61.

[中译参见康德:《实用人类学》,载《康德著作全集(第七卷)》,李秋零译,北京:中国人民大学出版社,2008,第 229 页。译文有所改动。——译注]

③ Voltaire, *A Philosophical Dictionary*. Article on "Good" in The Works of Voltaire, New York 1901, Vol. V, p. 264.

[中译参见伏尔泰:《哲学辞典》,王燕生译,北京:商务印书馆,2019,第 243 页。——译注]

④ Henry Charles Lea, *A History of the Inquisition of the Middle Ages*, New York, 1922, Vol. I, p. 459.

期间,至少在文明的母国,只有悲惨的赤贫者才会遭受赤裸裸的肉体痛苦;而对其他人来说,它只是作为社会的终极手段(*ultima ratio*)若隐若现地浮现在地平线之上。在法西斯主义统治下,社会动用了这一终极手段。对人所要求的东西与所能给予他的东西之间的矛盾变得如此尖锐,意识形态变得如此单薄,对文明的不满变得如此强烈,以至于必须通过消灭那些不服从的人、政治敌人、犹太人、反社会者和精神错乱者来加以补偿。法西斯主义的新秩序是理性将自己显露为非理性。

387

然而,在当代的衰退中,理性所剩下的不仅仅是对自身持存的坚持和达到高潮的恐怖。以自身持存来定义理性,这一古老的定义已经暗含了对理性自身的削减。唯心主义哲学的命题,即理性使人类区别于动物(这一命题使动物蒙羞,正如唯物主义医生的反题使人类蒙羞),这一观点包含着这样的真理:通过理性,人类摆脱了自然的镣铐。然而,这种解放并不赋予人类支配自然的权利(正如哲学家们所认为的那样),而是要让人类理解自然。由精英们的自身持存合理性所统治的社会,总是保存着大众的生命,尽管是以错误的和偶然的形式。理性不仅与一个人自己的生存,而且与生活本身有着真正的关系;这种超越自身持存的功能,与自身持存、对客观目标的服从和适应相伴共存。理性可以识别和谴责不公正的形式,从而使自己从中解放出来。作为一种命名事物的能力,理性不仅仅是那种通过毁灭他人和自身来保全自身的异化生命。诚然,理性不能像本体论的意识形态所主张的那样,指望置身于历史之外,凭直观洞悉到事物的真正秩序。在耀武扬威的理性使世界沦为地狱时,它丢掉了幻觉,但这样做使它能够直面地狱,认清地狱的真实面目。怀疑论已经完成了它的任务。理想在今天看来是如此的徒劳无益,以至于它们可以像协议和联盟那样日异月殊。意识形态更多地体现在人们是什么样的而非他们相信什么之上——体现在他们的心灵狭隘和对各种联系的完全依赖之上。他们只会在常规的概念框架内经验一切,任何对象在被感知之前就已包含在接受的图式之中。[这恰是康德真正的图式论——那"人类灵魂深处的一种隐秘的技艺"①——只不过其中起作用的先验统一性不再像在自由市场经济中那样代表一种虽处于无意识状态却具有普遍性的主体性,而是表现为大众社会对受害者心理装置预先计算好的效果。]正是这一点,而不是人们的信念,构成了今天的虚假意识。如今,人们被意识形态式地纳入社会,这是透过他们对受控的集体性的生物性预先形成来实现的。即使是独特性也成为集中经济的一个功能和附属品。文化将独特性作为被事物的普遍相同所环绕着的抵抗元素来加以推崇,但这是大众文化的一部分,而非其对立面;独特性成为垄断的招牌。巴黎和奥地利的本质已经仅仅成为它们与美国有所区别的一个功能。[文化作为一种幻象逐渐变得透明,揭示出曾被掩盖起来的统治形态,而随着文化的消逝,这种幻象也随之消散。]"自身"(The self)在解体中成了可被识别的意识形态。它不仅是现代自身持存的基础,也是一层将能够摧毁它的力量隐藏起来的面纱。② 适用于独特性的东西同样适用于活生生的自身。随着自身的解体,权力的过度扩张成为洞悉其已然是秋后黄

388

---

① 康德:《纯粹理性批判》,李秋零译注,第130页。——译注

② 德文版该句为:"社会进入最新阶段时,'自身'(Das Selbst)崩溃了,它不仅是自身持存的基础,也是意识形态的基础。"——译注

花的唯一障碍。尽管人类被残害,但在短暂的一瞬间,他们可以
意识到,在这个彻底合理化的世界中,他们可以不再需要那仍使
他们彼此对立的自身持存的利益。恐怖推动了理性,同时它也是
阻止理性的最后手段,真理已经如此接近。如果今天原子化了的
和分崩离析的人已经能够没有财产、没有处所、没有时间地生活,
他们也就抛弃了自我,这个自我支撑着历史理性的所有审慎和愚
蠢,以及对统治的顺从。导致自身毁灭的理性的进步已经走到了
尽头;无物遗剩,唯有野蛮或自由。

《启蒙辩证法》前言（1944/1947）[①]

Die Vorrede zu *Dialektik der Aufklärung*（1944 und 1947）

---

① 本文由霍克海默、阿多诺合写（霍克海默为主笔人），于 1944 年作为《启蒙辩证法》的前言发表。译自 Max Horkheimer und Theodor W. Adorno, *Dialektik der Aufklärung: Philosophische Fragmente*, in：*Gesammelte Schriften*, Bd. 5, Hrsg. Gunzelin Schmid Noerr, Frankfurt/M：Fischer, 1987, S. 16-24。在翻译过程中，我们将霍克海默全集编者所增添的几条关于版本差异的重要注释也一并翻译出来，以"原编者注"的形式呈现。——译注

在这项工作开始时,我们曾希望能在弗里德里希·波洛克五　16
十岁生日时完成并拿出整部作品(我们已经把初稿献给了他)。
但是,我们越是深入研究这项任务,就越是清楚地觉察到它与我
们的能力之间的不相称。事实上,我们所预先设定的任务不外乎
是去了解,人类缘何未能踏入真正的人性状态,而是陷入了一种
新的野蛮。我们低估了表述的难度,因为我们仍然过于信任当下
的意识。尽管我们多年来一直注意到,在现代科学运作中,伟大
的发明是以理论教育的日趋衰落为代价的,但我们总还是相信,
我们依然可以追随科学运作方式到这样的程度上:将自己的工作
主要限制在对专业学说的批判或延续。至少在主题上,我们的工
作应该坚持传统学科,坚持社会学、心理学和认识论。

　然而,在此汇集的断片表明,我们不得不放弃那种信任。如
果说对科学传统的细心呵护和检验构成了知识的要素,尤其是当
它被实证主义的涤除剂当作无用的累赘而被丢给过去的时候,那
么在资产阶级文明崩溃的当下,不仅科学的运作,而且科学的意
义都变得问题重重。冷酷的法西斯主义者所假仁假义地称颂的
东西,以及见风使舵的人性专家所贯彻的东西,即启蒙无休无止
的自身毁灭,迫使思想必须严禁对时代精神的种种习惯和方向保　17
有哪怕最后一丝天真。如果说公共领域已经到了思想不可避免
地成为商品、语言不可避免地成为推销工具的地步,那么,追踪这
种腐坏的尝试,必须在它的世界历史性后果使努力完全落空之

前,拒绝跟随现行的语言和思想要求。

如果障碍仅仅是由科学遗忘了自身的工具化所造成的,那么对社会问题的思考至少可以与那些反对官方科学的方向联系起来。但是,就连那些方向也被卷入了生产的整个过程当中,它们的变样丝毫不亚于它们所针对的意识形态,它们遭遇了亘古以来趾高气扬的思想所经历的命运。当一个思想存心脱离其批判性要素,甘于沦为为现存事物效劳的纯粹工具时,那么它就会违背自己的意愿,将自己所拣选出的积极事物转变为消极的、毁灭性的东西。18 世纪的哲学曾无惧于焚书和火刑,为无耻行径注入死亡的恐惧,却在波拿巴统治下就已经向这种无耻投诚。最后,孔德的辩护学派篡夺了不愿和解的百科全书派的继承权,与后者曾经反对的一切握手言和。从批判到肯定的蜕变,未能保持理论内容不受影响,它的真理也随之蒸发。在当下,加装了马达的历史当然跑在这种精神发展的前面,而官方发言人则另有所图,还未等到那协助他们获得"阳光下的地盘"①的理论真正卖淫之前,他们就已经将其清算干净。

因此,在对自己的罪责进行自身省思时,思想不仅发现自己无法正面使用科学的和日常的概念语言,而且同样无法使用与其

---

① 这里霍克海默和阿多诺提到的"阳光下的地盘"（Platz an der Sonne）的说法,最初由德国政治家伯恩哈德·冯·比洛（Bernhard von Bülow）在 1897 年的国会演讲中提出,当时他担任德意志帝国外交部长。他说："让别的民族去分割大陆和海洋,而我们德国满足于蓝色的天空的时代已经过去了……我们也要求阳光下的地盘。"随后,这个短语也成为德国在 19 和 20 世纪殖民扩张和追求霸权的代名词。——译注

相对立的另一套概念语言。没有任何表达能够不倾向于与主流
思想方向相一致，而那些陈腐的语言无法自动实现的部分，则由
社会机器精确地填补。电影制片厂因忧心更大的开支而自愿保
留下来的审查，在所有领域都有对应的相似例证。文学文本所经
历的过程，如果不是出于制作者的自发预见，那至少也受制于出
版办公室内外的编辑、出版商、改写者和枪手(ghost writers)所组
成的班子，而这比任何审查都要彻底得多。尽管进行了种种善意
的改革，但让审查制度的职能变得完全多余似乎是教育系统的野
心。某种观点认为，如果不把思维严格限制在对事实的确认和对
概率的计算上，认知精神便极易受江湖骗子和巫术迷信荼毒，但
这样的观点却反过来为人们贪得无厌地接纳江湖骗子和巫术迷
信预备好了贫乏单调的土壤。正如禁酒令总是为更有毒的产品
敞开大门一样，对理论想象力的封锁也为政治妄想铺路。即使人
们还未完全陷入这种境地，他们也已被外部的以及由内部自身植
入的审查机制剥夺了抵抗的手段。

因此，我们在工作中遭遇的进退维谷之境，被证明是我们必
须研究的第一个对象：启蒙的自身毁灭。我们毫不怀疑——这亦
是我们的循环论证(*petitio principii*)之所在——社会中的自由与启
蒙的思想密不可分。然而，我们相信，我们也同样清楚地认识到，
这种思想的概念本身，已然种下了今天到处生根发芽的倒退的种
子，在这一点上它并不亚于与之交织在一起的具体历史形式和社
会制度。如果启蒙没有将这一倒退因素纳入反思之中，那么它自
身的命运将无可挽回。当把对进步的毁灭性的反省留给敌人时，
盲目地实用主义化了的思维就失去了其扬弃了的(aufhebenden)
特征，于是也就失去了与真理的联系。受过技术教育的大众莫名

19

其妙地做好陷入任何专制主义魔咒的准备，以及趋向自身毁灭的民族妄想症，所有这些不可理解的荒谬都暴露了当前理论理解的贫乏。

我们相信，这些断片能够为此类理解做出贡献，因为我们展示了启蒙倒退回神话体系（Mythologie）的原因，并不主要在于那些专门为了倒退目的而设计的民族主义的、异教徒的以及其他现代神话体系，而在于启蒙自身，它因对真理的惧怕而凝固下来。启蒙和真理这两个概念不仅要从思想史的角度，也要从现实的角度来理解。正如启蒙在由人物和制度所体现的理念的层面上表达了整个资产阶级社会的现实运动，真理也不仅仅意味着理性的意识，而同样意味着它在现实中的形态。现代文明的正统后裔对脱离事实的焦虑——而事实在被感知时早已被科学、商业和政治领域的盛行惯例陈规刻板地修整过——与对偏离社会的焦虑是直接相同的。这些惯例还界定了语言和思想的"明晰性"（Klarheit）概念，而艺术、文学和哲学在今天理应实现这一概念。它把着手于否定事实和主流思维形式的思想视为晦涩复杂的东西，甚至最好视为异邦之物，从而将其列为禁忌，这使得精神被囚禁在越来越深的盲目性当中。即使是最真诚的改革者，也会用陈腐的语言推荐革新，并通过采用已磨出老茧的范畴装置及其背后站着的糟糕的哲学，反过来加强了它想要打破的现存权力，这属于无可救药的状态。虚假的明晰性仅仅是神话体系的另一种表达，神话体系总是既晦暗同时又易于理解的。一直以来，它通过让人耳熟能详，以免除概念劳动的方式证明着自己。

今天，人们向自然的沉沦（Naturverfallenheit）无法与社会进步相分离。经济生产力的提高，一方面为建立一个更加公正的世界创造了条件,另一方面也使技术装置和掌握这些装置的社会群体凌驾于其他民众之上。在经济权力面前,个人被彻底消除。与此同时,该权力也将社会对自然的暴力推向了未曾料想到的高度。个人在操作装置时消失不见,但这些装置对他的照顾却比以往任何时候都更好。在不公正的状态下,大众的无力感和可操纵程度随着分配给他们的商品数量的增加而上升。社会底层的物质生活标准显著改善,但社会处境却愈加悲惨,这在精神的欺骗性传播中得到了体现。精神的真正要务是对物化的否定,一旦它被固化为文化财富并为了消费目的而被交付,它就必定会土崩瓦解。精确无误的信息和精心设计的娱乐,两者组成的洪流同时使人们变得诙谐和愚昧。

这里讨论的不是作为价值的文化,就像文明批评者们(如赫胥黎①、雅斯贝尔斯、奥尔特加·伊·加塞特②和其他人)所理解的那样,而是启蒙必须反省自身,如果人类不想被彻底背叛的话。重要的不是保存过去,而是偿付过去的希望。然而今天,过去以毁灭过去的形式继续存在。在 19 世纪之前,体面的教养是一种特权,它是以未受教化者日趋恶化的痛苦为代价的,而在 20 世

---

① 阿尔道斯·赫胥黎(Aldous Huxley, 1894—1963),英国作家和哲学家,以其小说《美丽新世界》(*Brave New World*,1932)最为著名。这本小说描绘了一个未来的极权主义社会,探讨了科技进步对人类自由、个性和幸福的影响,是反乌托邦文学的重要代表作之一。——译注

② 何塞·奥尔特加·伊·加塞特(José Ortega y Gasset, 1883—1955),西班牙著名的哲学家、社会学家和文化批评家。其代表作《大众的反叛》(*La rebelión de las masas*)批判了大众的非理性和文化的堕落,认为大众对文化和社会的影响是负面的,并预言了这种趋势对社会的潜在威胁。——译注

21　纪,卫生的工厂环境则是通过在一个巨型坩埚中熔化一切文化来换取的。如果对文化的清仓叫卖没有导致经济成就逆转至其反面,那么这个代价可能还没有那些文化捍卫者所认为的那么高。

在现有条件下,物质财富(Glücksgüter)本身变成了不幸的要素。如果说,在没有社会主体的情况下,它们的大量存在在过去的国内经济危机中起到了所谓"生产过剩"的作用,那么在今天,由于权力集团作为社会主体粉墨登场,它造就了法西斯主义的国际威胁:进步翻转为倒退。合乎卫生的工厂环境及与之相关的一切,大众汽车和体育宫,正在麻木不仁地清算形而上学,不过这一点仍然是无关痛痒的;但它们本身成为社会整体中的形而上学,成为掩盖真实灾祸聚集的意识形态帷幕,这就再也不是无关紧要的了。我们的断片的出发点正系于此。

第一篇论文是后续论述的理论基础,试图使人们更容易理解合理性与社会现实的交织,以及与这种交织密不可分的自然与对自然的支配。对启蒙的批判旨在为其准备一个积极的概念,使其摆脱盲目统治的纠缠。

粗略地说,第一篇论文的批判部分可以归结为两个论点:神话(Mythos)已经是启蒙;以及启蒙又回返到神话体系(Mythologie)。这两个论点在两篇具有特定对象的附录上得到了进一步阐发。第一篇附录追溯了《奥德赛》(Odyssee)中神话与启蒙的辩证法,它是欧洲资产阶级文明最早的代表性见证之一。重点是"献祭"(Opfer)和"放弃"(Entsagung)的概念,通过这些概念可以表明,神话中的自然与启蒙的支配自然之间既有区别又有统一。第

22　二篇附录涉及康德、萨德和尼采,他们是启蒙无情的完成者。它说明了令自然万物臣服于专断主体是如何最终使盲目的客体和

自然物的统治达其巅峰的。这一趋势铲平了资产阶级思想的所有对立面，尤其是道德的严格性和对道德的绝对无视之间的对立。

"文化工业"这一章展示了启蒙在意识形态方面的倒退，这种倒退在电影和广播中找到了经典的表达。启蒙首先是对生产和分配的效果和技术的计算；就其实际内容而言，意识形态就在于将现存事物和控制技术的权力加以偶像化。在处理这一矛盾的过程中，文化工业受到了前所未有的认真对待。但是，由于文化工业对其自身商业特性的诉求、对妥协了的真理的自白早已成为它逃避为谎言负责的托词，我们的分析专注于产品客观的内生性主张，即审美形构和由此被塑造出来的真相。从这种主张的无效性当中，它揭示出社会的狼藉。与其他章节相比，关于文化工业的部分更加断片化。①

关于"反犹主义的要素"的论题性探讨涉及启蒙了的文明在现实中向野蛮的回归。理性从一开始就不仅包含了理念上的自身否弃（Selbstvernichtung）趋势，这种趋势同时也是实践上的，而且这种趋势不仅限于它赤裸裸地出现的阶段。在这个意义上，我们勾画了反犹主义在哲学上的元历史。其"非理性主义"源自占主导地位的理性的本质以及与其形象相对应的世界。这些"要

---

① 1944年的版本于此还跟有一句："大部分章节早已完成，只待最后编辑。它们还将论述大众文化的积极方面。"这句话后来被删去。这一章的第二部分当时尚未定稿，现已作为《启蒙辩证法》的附录，以"大众文化的图式"（Das Schema der Massenkultur）为题出版，见 Adorno, *Gesammelte Schriften* Vol.3, Frankfurt am Main 1981, p.299ff。——原编者注

素"与费利克斯·魏尔(Felix Weil)创办并通过基金会得以维持
其活力的社会研究所的经验研究直接相关,如果没有这些经验研
究,不仅是我们的研究,甚至大部分在希特勒时代的德国流亡者
的后继理论工作,都不再成为可能。前三个论题是我们与洛文塔
尔共同撰写的,自从最初的法兰克福岁月以来,我们与他在许多
科学问题上都有过精诚合作。

在最后一部分,我们发表了札记和草稿,其中有些属于前几
篇论文的思想范围,但未能在前面的论文中寻得其位,有些则初
步勾勒了未来工作将要处理的问题。大多数内容涉及一种辩证
的人类学。

[在从过去两年的工作中挑选断片时,我们主要依据它们内
部联系的显著性和语言上的统一性。我们排除了所有同时期创
作的英文作品,无论它们与断片的主题联系有多么密切。值得
一提的是《社会与理性》的系列讲座;《阶级关系的社会学》和
《教条主义的复兴》;对反犹宣传的全面分析《马丁·路德·托
马斯广播演说的心理技巧》,以及我们对反犹主义项目的其他
研究和贡献。我们至少用了一半的时间参与这项在纽约、洛杉
矶和伯克利进行的研究——在德国的整体准备工作中(这些断
片本身就属于这一工作),我们暂时搁置了关于逻辑的部分。
已经计划好了的关于社会学批判的章节中那些已经成文的部分
也被遗漏了。

如果能够有幸在处理这些问题时脱离直接目的的恶劣压力,
我们希望能在不久的将来完成整个工作。我们之所以坚信这一
点,是因为那些已经完成的工作所带来的信任,它们不会被时间

的任何逆境所动摇。]①

1944 年于加利福尼亚,洛杉矶

这本书没有包含任何文本上的实质性修改,它和在战争期间   24
所完成的没什么两样。后来唯一增添的是"反犹主义的要素"的
最后一个论题。

马克斯·霍克海默

西奥多·W.阿多诺

1947 年 6 月

---

① 括号里的内容在 1944 年之后的版本中被删去。——原编者注

理性反对自身：

关于启蒙的一些评论[①]

Reason Against Itself: Some Remarks on Enlightenment

① 这篇文章是霍克海默于 1946 年 12 月 28 日在美国哲学协会第二十届年会上的讲座文稿，原文是英文。霍克海默曾表示："这些评论基于笔者与阿多诺多年来共同参与的研究成果。其中部分研究成果将刊载于今年即将出版的两本书中：《理性之蚀》（纽约：牛津大学出版社）和《哲学断片》（阿姆斯特丹：奎里多出版社）。"译自 Max Horkheimer, "Reason Against Itself: Some Remarks on Enlightenment", in: *What Is Enlightenment? Eighteenth-Century Answers and Twentieth-Century Questions*, ed. James Schmidt, Berkeley: University of California Press, 1996, pp. 359-367。——译注

我们文明的很大一部分智识基础的坍塌，在某种程度上是技　359
术和科学进步的结果。然而，这种进步本身也是为了捍卫如今岌
岌可危的原则——例如个体及其幸福的原则——而产生出来。
进步有一种倾向，那就是摧毁它本应实现和展开的理念。独立思
考的能力本身也受到技术文明进程的威胁。

今天，理性似乎患上了一种疾病。不仅个人生活如此，社会
生活亦然。个体为现代工业的巨大成就、自身技术能力的提高以
及获取商品和服务的机会付出了代价——那就是在面对他本应
掌控的集中化了的社会力量时，陷入愈来愈深的无力之中。他始
终沉浸于按照预先设定的行为和感受模式来塑造自己的整个存
在，甚至连最微小的冲动也不例外。

个体身上的这些发展是工业社会发展所产生的副产品。通
过将工业中的分工应用于精神领域，科学理性已与宗教真理相分
离。作为一门界限分明的职业，科学与哲学之间泾渭分明，它几
乎放弃了处理人类生存中最为关键的问题的权利。科学或许偶
尔声称要探究价值的功能意义，但对这些价值的发现、表达或证　360
成却隶属于其他文化分支。它将对人类目标的界定交给宗教，将
为这些目标的斗争交给政治，将它们的传播交给大众传媒。在我
们社会智识活动的蓝图中，科学思想充其量是监督者，而架构师
却是匿名的。如果学者质疑他的研究发现的用途，他是以公民而
非科学家的身份发声的。他不仅必须跨出自己的专业领域去讨

论这些问题,而且鉴于科学与其他任何智识活动的严格分离,他无法相信自己研究中所蕴含的真理理念也同样适用于社会或个体的最终决策。科学在有关事物应当如何的问题上保持中立。它专注于手段,不论手段服务于何种目的。相应地,宗教则被隔离在保护区内,在现代工业世界中失去效力并受到良好保护。诚然,它与其他文化形式一起履行着重要的社会控制功能。然而,随着信仰从与世俗理性之间的生死斗争中解脱出来,其原初实质似乎已逐渐消逝。宗教在政治舞台上与其敌人的斗争几乎取代了它与人的良知中的怀疑的斗争。重点是宗教是否有益健康,是它对文明的贡献,而非具体教义的真理性。宗教关心的是人类的目标与命运,而科学则仅关心真理。正是知识求索与规范评估之间的这种分裂,威胁着摧毁一切意义。

个体独立思考的衰退,以及社会中科学真理与宗教真理之间的二元对立,不过是我们这个时代同一困境的两种不同症状。哲学——它几乎是理性的同义词——至少应该能够揭示这场灾难是如何发生的。技术文明正是从它当下正在清除的那种不屈不挠的理性中产生出来的,因此理性必须重构自己那浮沉荣枯的历史——换言之,试图回忆其起源并理解其内在的诸种自身毁灭倾向和机制,"因为探索和学习,作为一个整体,就是回忆"①。理性在支配自然(包括物理自然和心理自然)方面取得的压倒性成就,使其忘却了取得这些成就所献祭之物。因此,今天的心态和智慧

---

① Plato, *Meno*, 81.

[中译参见柏拉图:《柏拉图全集(第 4 册)》,王晓朝译,北京:人民出版社,2017,第 78 页。——译注]

虽然敏锐，却包含着盲目与狂热的要素。① 理性能够提供一种解释，解释它究竟是如何从一种感知万物意义的力量转变为纯粹的自身持存的工具的，而这种能力正是理性得以痊愈的前提。

哲学史上一个特定的发展能够例证理性的自身毁灭的倾向。法国的 18 世纪被称为启蒙运动②的时代，这个术语所指向的思想流派中包含了人类历史上一些最伟大的名字。这场运动并不局

361

———————————

① 为了克服在面对这些全新事实时我们所表现出的盲目，现代哲学家们（即使他们分属于最势不两立的学派）试图设计诸多方法，以重新获得通向那未被扭曲的、具体的事物的道路。他们希望通过有意识且系统化的努力，重新找回生活中的前概念领域，这是心灵进行任何界定和规定活动的起点。他们期望，理性通过重新回到它一开始向客观化和量化胜利进军的那个出发点，从而掌控自身。在这一点上，胡塞尔的现象学确实对黑格尔的现象学表示了赞同，尽管两种学说存在着差异。这也构成了 19 世纪后期所诞生的知识理论的一个最有力的动机，尤其是在新康德主义中。此外，柏格森的形而上学努力试图用他所谓的"独立回忆"（independent recollections）替代"机械记忆"（mechanical memory），旨在从科学所物化的世界回归到具体现实之中，并使心灵意识到自身。在他尽力"*briser le cercle du donné*"（《创造进化论》[*L'Évolution créatrice*]，Paris，210），即"打破既定的循环"时，柏格森与杜威早期想要突破静态的智识概念之墙、通向真正经验的努力并不遥远。最近的一些尝试同样表达了这种困惑，它们试图揭示可以说是被商业、科学语言和科学思维所掩盖的生存之基本结构。这些哲学家都意识到，在它的各类实用功能面前，理性已经停在迷失自身的悬崖边上，它必须反思自己的起源，才能与真理保持一致。

② 霍克海默在英文写作中区分了首字母大写的 Enlightenment 和小写的 enlightenment，我们将前者作为特指，译为"启蒙运动"，将后者作为泛指，译为"启蒙"，以示区别。而在德语写作中，由于德语名词开头均需大写，这种区分便无法在语法上直观表现出来。——译注

限于小部分精英,而是在法国中产阶级中拥有广泛的基础。然而,启蒙理念是从百科全书派的哲学著作中得到它的经典表述的。我们可以引述伏尔泰的两句话来刻画这一运动:"哲学家啊,"他感叹道,"通过对物理学的经验进行细致观察,再加上专业和工业,你就找到了真正的哲学。"①第二句话出自同一部著作:"迷信点燃了整个世界的战火;哲学熄灭了它们。"②启蒙运动的推进——如此典型的西方文明特征——表达了这样一种信念:科学的进步最终将消除偶像崇拜。确实,这一预言是有充分理由的。

人类自古以来一直被数不胜数的恐惧所困扰。在文字尚未形成的文化中,世界被视为是由邪恶力量所构成的,人们则通过安抚行为和巫术来控制这些力量。从这种宇宙构想中解放出来的过程,是人类文化史的主导性母题。科学的每一次征服都将进攻更深入地推向了恐惧之域中。科学赋予人类力量,使其能够掌控过去似乎完全被神秘力量所控制的事物。对自然这一不可预测的压倒性存在的敬畏,已被对抽象公式的信任所取代。

自然的面貌就这样发生了变化。在万物有灵论之前的时代里,自然呈现为可怕且凌驾一切的实体"曼纳"(Mana);随后,它披上了诸多精灵与神祇的面具,这些精灵与神祇的特点是模糊不清、难以定义。在人类史诗(例如荷马史诗)那里,众神开始有了清晰的轮廓;而在古典哲学中,例如在柏拉图那里,众神被转化为

---

① Voltaire, *Dictionnaire philosophique*, *Oeuvres complètes*, ed. Louis Molland [Paris, 1877-1885], 20: 599.

② 同上书,20: 452。

永恒的概念和理念；或在恩培多克勒那里，被转化为万物的元素。最终，神话——这一人与自然关系的勉强过得去的表达——消失了，取而代之的是力学与物理学。自然失去了所有作为有生命力的独立存在的遗迹，失去了它自己的价值。它变成了死寂的物质——不过是东西一堆。

然而，几个世纪以来，神话在各种思想和行为领域中幸存了下来。偶像崇拜存于任何对有限实体的绝对献身中，无论这个实体是什么——一个人、一片土地、自然或传统。于是，在浪漫爱情中，被爱的个体被神圣化；生与死皆取决于被崇拜者的青睐或冷淡。对祖先的崇敬和对不朽的渴望就是神话反应的例证。如果没有任何神话的残余，对死者的虔诚或任何仪式皆沦为生者彼此表演的空洞把戏。这种崇敬体现出一种已然不再存在的态度。

就法国启蒙运动而言，它试图攻击所有形式的神话，即使这些神话已经融入当时最强大的制度中。然而，他们在某些方面有意或无意地妥协了。其中就包括被认为对国民共同体的运作至关重要的一系列原则，即伦理真理，有时也包括宗教真理。根据伟大的启蒙思想家的说法，此类基本的道德法则铭刻在人类的心灵之中。正如伏尔泰所说：

362

> 事实证明，自然会独自向我们灌输有用的观念，这些观念先于我们的所有反思……道德也是如此……上帝赐予我们普遍理性的原则，正如他赐予鸟类羽毛或赐予熊类皮毛一样；而且这一原则是如此坚定不衰，尽管有与之对抗的激情，尽管有想要将其淹没在血泊中的暴

君,尽管有想要通过迷信摧毁它的骗子,它依然存在。①

这一理性原则表现为正义与怜悯的情感,而这些情感在伏尔泰看来是社会的基础。

伏尔泰并未意识到这一学说与他的其他哲学教导之间的矛盾。一个人不可能在拥抱洛克的知识理论的同时,又在涉及伦理真理时与莱布尼茨站在一边;一个人不可能对神祇和恶魔的敬畏展开长期攻击,同时仍对普遍道德的范畴和原则保持崇敬。然而,这正是包括洛克本人在内的现代社会哲学奠基者们试图遵循的道路。显然,这与启蒙思想本身的内在逻辑背道而驰。科学理性与"天赋观念"或任何要求尊重、被视作永恒真理的自然法则或原则无法和谐相处,它将柏拉图的理念连根拔起,其效力丝毫不亚于对荷马诸神的颠覆。

根据现代思维,普遍概念可以在理论中扮演角色,前提是它们能够帮助我们预测和影响事件的进展。若真理到底还是存在的话,这就是这些概念参与真理的方式。除此之外,科学并不知晓这个词的任何其他含义。这也是现代"科学哲学"的裁断——如果允许我们粗略地谈论,而不必假装达到我们所欣赏的这种哲学的表述精确性的话。过去两三个世纪以来,许多思想家试图将科学思想与某种哲学伦理以及特定社会范畴的正当性相调和,但这一事实不应蒙骗我们,使我们忽视这两种不同的努力之间的分歧。按照伏尔泰的定义,哲学是"对物理学的经验进行细致观察,再加上专业和工业",而这种哲学与作为"自然法"学说或作为

---

① Voltaire, *Dictionnaire philosophique*, *Oeuvres complètes*, 11: 22-23.

"直观""天赋观念"等概念的哲学之间,两者只能被人为地扭合在一起。第一种哲学概念的内在倾向是将第二种哲学概念作为一种神话(如今被说成是形而上学)加以攻击和摧毁。

自 16 和 17 世纪以来,形而上学一直是代表性思想家的一种尝试,他们力图从理性中推导出过去来自启示的那些东西:人类生活的意义和永恒准则。他们试图通过直观或辩证的洞察力来整合理论与实践。哲学理性主义后来越是在唯名论和经验主义认识论面前败下阵来,相关转变过程(从第一种向第二种哲学概念的转变、从各个体系的认识论部分向社会基本概念的转变)的弱点就越是昭然若揭。就宗教而言,启蒙运动的后辈与宗教协定休战。对信仰的需求太过迫切了。工业社会将宗教和科学分别放在铬制文件柜的两个不同抽屉里。然而,形而上学在这场办公室大整理中却被扔进了壁橱。

这一过程不仅仅是智识上的。到目前为止,我们所勾勒的仅仅是这个时代经济和社会发展的一个侧面:对社会生活进行精简苔彤(streamlining),以便在这场无情的争斗中赢得对自然和人的控制权。我们可以用这种方式描述人类向工业主义和大众文化时代的转变。其后果不容小觑,工业进步所体现的智识启蒙并不仅仅影响那些与道德和实践问题直接相关的概念,如人、灵魂、自由、正义和人性。它还关乎所有哲学基本概念的意义,尤其是关于概念、观念、判断和理性的看法。所有这些语词在日常语言和学术著作中被广泛使用,无论使用它们的人是否属于"科学哲学"流派。但是,没有任何学说能够在跟上现代技术和工业的发展的同时,为这些具有文化决定意义的概念提供足够的哲学基础,抑或能够激发起人们曾经给予它们的崇敬。如今这

363

些原则在演讲、论文乃至在人心中获得了尊重,但这不应让我们高估它们的坚固性。它们不仅在科学思维中受到侵蚀,在公众心灵中也同样如此。伏尔泰认为形而上学只适合"有教养者"(honnêtes gens),①它对鞋匠和女佣而言太过高尚,②因此他希望为他们保留宗教。而如今我们看到,宗教仅以中立失效的形式为社会所保留,而形而上学的理性甚至在他所谓的"下等人"(canaille)中也声名狼藉。

在看似高歌猛进的启蒙运动面前,所有具有决定性意义的理念的哲学实质正逐渐消失,这恰恰是理性自身毁灭趋势的一个例证。在此区分个体理性与社会生活中的理性是毫无意义的,因为在两者之中,人们都感受到了这样的后果,且这类后果本就是通过诸种历史力量之间持续且微妙的相互作用而产生的。一旦我们的文化受到严峻考验,我们就会意识到这一破坏性进程严重到了什么程度。

个体的概念——在基督教社会的历史中,它源于永恒灵魂的理念的世俗化——分享了所有形而上学范畴的命运。这些范畴曾经指涉的实体如今在人们心中仅仅以一种幽暗模糊的形象存在着,即使他们对这些名称的含义无感,却仍然会有所回应。然而,当这些范畴与现代科学的概念框架正相对照时,它们便显得完全是非理性的。现代科学家在其特定研究领域之外的语境使用这些范畴时,可能会对它们表现出某种敬意,但这并不能改变这样一个事实:科学的内在逻辑本身倾向于一种真理观念,它与

① Voltaire, *Dictionnaire philosophique*, *Oeuvres complètes*, 39: 167.
② 同上书,46: 112。

承认灵魂和个体等实体的做法是截然对立的。

为了在科学启蒙面前维持对社会运作必不可少的道德和宗教原则,实证主义企图在一种新的多元主义中寻求庇护,这暴露了社会所面临的危机。多元主义是"双重真理"学说的简化版复兴——从阿威罗伊派①到弗朗西斯·培根(从宗教观念向资产阶级个体观念转变的过程中),这一学说曾扮演了伟大的角色。而如今,在资产阶级个体主义的衰落中,这一学说被再次拿出来试验。起初,人们呼唤双重真理是为了让科学将个体从教条式的意识形态中解放出来。而今天,哲学则试图阻止科学过于激烈地将社会从这些教条的世俗化形式中(例如个体灵魂的绝对价值等)解放出来。但是,当科学界的杰出代表急切地保证科学甚至连个体主义概念框架(不管是世俗的还是神学的)都没有触及时,我们注意到了一种良心不安和绝望的迹象。那些古老而智慧的民族,曾在一夜之间抛弃了其崇高的人文文化,仿佛甩掉了一层死皮那般,而科学本身则被奉为神明,并被应用到杀人工厂的每一处细节中去,这段历史对我们来说太过鲜活了。多元主义是一层面纱,在这层面纱背后,西方世界的信仰与具有约束作用的真理的理念相分离,正褪失其色。

就个体而言,意识形态的衰退显然反映了其经济和社会基础的萎缩。个体的兴衰浮沉与中产阶级的财产的命运密切交织在

---

① 阿威罗伊派(Averroist)指的是受到阿拉伯哲学家阿威罗伊(Averroes, 1126—1198)影响的思想流派。阿威罗伊主张"双重真理"(double truth)理论,认为宗教信仰与理性真理可以并存,即同一事物可以有两种不同的解释。——译注

一起。构成自我的所谓先验因素：记忆和预见、概念思维、所有经验在同一个意识中的整合（意识从而认识到自身在过去和未来都是相同的），所有这些因素都因独立生产者和商人的经济状况而一度得到了极大的增强。家族所传承的事业迫使他以超越其眼前需求甚至其生命跨度的方式进行思考，他将自己视为一个自主的主体，不仅关乎自己的福祉，而且家庭、共同体和国家的繁荣皆取决于他。没有任何机构会告诉他应该生产什么、应该在哪里生产以及应该买卖些什么。他必须依靠自己那带有远见卓识的计算能力，独自做出计划。

在我们这个时代，这些操作越来越多地被集体机构所接管。一方面，以前几个世纪中从未有机会发展出哪怕是最基本的个体性的社会阶层，如今正被转变为各种小型经济主体。他们发展出这样的一个自我，尽管有大量信息铺天盖地地涌入，但它所意识到的物质利益未能超出自身的生命跨度。只要繁荣在和平与战争中持续，他们就可以依靠自己的一技之长。这同样适用于他们的孩子。另一方面，独立的企业家被董事或经理所取代，他们依据客观的经济和政治利益行事，必须服从于强大的团体和集体。因此，处于社会两极的人们的心灵结构愈发相似。今天的趋势是与日俱增的调整和顺应，是扮演协会、公司、工会和团队的良好成员。随着社会承担起许多原本在人类内部运作的协调职能（它曾伴随着内在的冲突），人类似乎越来越能够以萎缩了的自我处世，且不再需要那种一度界定了个体的高度发达的内心生活，这就是为什么个体概念本身已变成一种浪漫主义。尽管官方意识形态仍宣扬个体，但它似乎已经屈从于现代启蒙所反映的社会趋势。

有人可能会问，我们关于近代西方历史中理性自身消解的论点是否过于片面。不是有很多哲学思潮和其他公共思潮与我们提到的总体发展相矛盾吗？尽管显然有一些方向相反的重要趋势试图支托那些摇摇欲坠的范畴，但大多数企图对旧形而上学教义进行"人工呼吸"的哲学和宗教尝试，却违背其初衷，事实上加剧了它们所希望复兴的概念的实用化和崩解。与任何假定的永恒实体或原则的直接或天真的接触，无论它们属于异教的还是正统的哲学，都已经被技术发展所打断。由于被用于现代大众操纵的目的，那些陈年教条仿佛失去了最后一丝真正的生命火花，没有任何智识上的回头路可走。大众越是强烈地感受到那些试图复苏的概念在今天的社会现实中没有实在的基础，他们就越可能仅仅通过集体催眠来接纳这些概念，而一旦接受，便会以狂热而非理性之姿来拥护这些概念。神话曾一度代表了人性所达到的发展水平，如今却被社会进程甩在了身后。然而，想要逆转历史进程的政治派别常常对这些神话加以利用。如果这些派别获胜，那么大众就必须拥抱他们各自的意识形态，尽管这些意识形态与人类在工业生活中的经验和技能格格不入。大众必须强迫自己去相信这些意识形态，于是，真理被意图所取代，朴素的信仰被喧嚣的效忠声所湮没。这正是历史上我们多次见证过的现象，这种现象最近在德国及其他法西斯国家尤为明显。

366

　　当新兴的人造信仰取代过时的哲学被灌输到公众心灵中去时，情况也是类似的。只要这些信仰不是由国家强制推行的，它们就会扮演"心灵疗法"和时尚的角色。然而，当它们成为任何威权政府操控工具的一部分时，它们就转变为命令，甚至比那些要求卑躬屈膝的外部行为的命令更加没有人性，因为它们剥夺了人本身的良知,使人沦为现代社会潮流的纯粹执行者。这些人造信仰的每一次变化,无论内容多么琐碎,只要是由一小撮当权者颁布的,都会伴随清洗,带来人类、智识潜力以及艺术作品的毁灭。

但是,如果旧神话的复兴和新神话的发明都无法遏制启蒙运动的进程,难道我们不因此陷入悲观的态度,陷入绝望心境和虚无主义之中?对这一关键性的反对意见的回答非常简单,但如今却很少被听到,这也是为何萨特式的生存主义版本看起来相当具有革命性,因为它已经采纳了这种态度。缺少预先规定的出路绝不是反对某种思想路线的理由。无论结果令人欣慰还是沮丧,坚持遵循某一主题的内在逻辑是真正的理论思考的首要条件。就我们今天的处境而言,在任何思考之中似乎都存在某种贷款,某项自身强加的义务,要求得出令人欢欣愉悦的结论,而满足这一义务的强迫性努力正是使积极的结论变得不可能的原因之一。让理性摆脱被指责为虚无主义的恐惧,可能是使其痊愈的步骤之一。这种隐秘的恐惧可能正是伏尔泰不能认识到两种哲学概念之间相互对抗的根源所在,这种无能与启蒙运动的理念本身背道而驰。人们或许会将理性在它自己的概念领域中的自身毁灭倾向定义为对形而上学概念的实证主义式消解,这种消解直抵理性概念本身。那么,哲学的任务就是坚持进行智识上的努力,直到充分认识到这种消解在文化的各个分支之间以及文化与社会现实之间所产生的矛盾,而不是试图用任何虚假的乐观主义或和谐主义学说来缝补我们文明大厦的裂缝。我们不应像启蒙运动的许多著名批评者那样沉浸在浪漫主义之中,而应鼓励启蒙运动即便在面对最具悖论性的后果时也要毅然继续前行。不然的话,社会最珍视的诸多理想在智识上的衰退将会在公众心灵的潜流中混乱地发生，历史的进程将被不清不楚地经验为不可避免的命运。这种经验将会提供一种新的、危险的神话，潜伏在官方意识形态的表面保证的背后。理性的希望在于从自己对绝望的恐惧中解放出来。

论理性的概念[①]

Zum Begriff der Vernunft

① 本文是霍克海默于 1951 年 11 月 20 日在法兰克福大学校长交接仪式上发表的演讲,可以作为《理性之蚀》一书的精简论述和重要补充。译自 "Zum Begriff der Vernunft", Max Horkheimer, *Gesammelte Schriften*, Bd. 7, Hrsg. Gunzelin Schmid Noerr, Frankfurt∕M: Fischer, 1985, S. 24‒37。——译注

在欧洲社会的发展过程中,两种理性概念彼此分离开来。第 22
一种理性是自柏拉图以来所有伟大的哲学体系所固有的,在这些
体系中,哲学将自身把握为世界理性本质的反映,仿佛是事物永
恒本质的语言或回声。人类感知真理的过程就是真理自身显现
的过程,而这类感知真理的能力则包含了所有的思维运作。随着
逻辑学本身的形成,随着主体的独立化以及主体与作为纯粹材料
的世界的疏远,与那种涵盖一切、同时存在于客体和主体中的理
性(Vernunft)相对立,一种形式化的、不受约束的、自身确定的理
性(ratio)出现了。它拒绝把自己与存在混为一谈,而是将存在视
作纯粹的自然,把它放逐到一个特有的、自身不受其支配的领域。
我们接下来将审视上述两种理性概念,尤其是自主的、排他的理性,
随后便可以探讨它们的结合以及它们所隐含的社会后果。

语言的主流用法将理性主要理解为上面所提到的后一种意
义上的工具。理性越来越被理解为那些可以证明自己有用的事
物。理性的人有能力认识到哪些是对自己有用的人。使这一力
量成为可能的是分类、总结、归纳和演绎的能力,而这些能力与具
体内容之间并无关联。在日常生活中,甚至不只是日常生活中,
理性被视为思维机制的一种抽象的、形式的功能。其运作规则是
形式的和推理的逻辑法则:同一律、矛盾律、排中律、三段论。这
些法则不受变化着的经验的影响,被视为思维的形式,犹如思维 23
的骨架。这种理性概念的主导地位是与资产阶级社会密不可分

的,这一点在当代社会中尤为突出,它不关心问题本身,即客观上的理性,而只考虑对思考者、对主体而言什么是理性的,因此可以用"主观理性"(Subjekt Vernünftige)这一概念称呼它。它首先涉及目的与手段之间的关系,涉及程序方法与目标的契合度,而这些目标或多或少已被接受,且在一般意义上不必被置于理性的证明之下。如果主观理性确实对目标有所关注,那么它只是为了检验这些目标在主观意义上是否是理性的。这里所谓的"理性",意味着这些目标有助于主体的利益,促进其经济和生命层面的自身持存,哪怕这里并不关涉到孤立个体的利益,至少也是它所认同的群体的利益。或者,目标被纳入理性的考量,是为了检验其实现的可能性和所选择手段的契合性。主张将理性概念限制于后一种用途的,首推马克斯·韦伯的学说。在他看来,一个目标不能声称自己在理性上优于其他目标,权力既可以是理性的,又可以是非理性的,正义亦是如此。那些独裁者提供了将理性和效用等同起来的例子,伏尔泰早已用他敏锐的目光预见到这一点。他们对内部潜在的反对者说:"如果你们不参与进来,你们就完了!"对外边那些未来的追随者则这样说:"我们比你们更强大。"这就是在说:"要理性!"追求一种纯粹理性且与获得任何利益或优势无关的目标,这种想法对于主观理性概念而言是陌生的,即使它超越了个人私利的立场,纳入了更广泛的联系,例如自己的家庭或其他群体。相应地,那些不以自利算计为出发点,而是出于其他动机行事的人,那些不会迅速察觉自身优势的人,以及那些有着不同生活节奏的人,他们不仅会被视为与众不同的,而且会被视为非理性的和愚蠢的。他们并不明白,谈论真正的理性、谈论理性的实现及相关内容,只不过是为了领导和谋骗同类的一种惯常做法,是一种与其他手段无异的纯粹的权力手段。无论他们年龄多大,他们都没有真正长大。

尽管今天主观理性对许多人来说似乎是理所当然的,但这一概念并非始终占据主导地位。与之相对立的是这样一种观点:理性不仅仅存在于个体的意识中,理性与非理性的问题同样适用于客观存在,也可以适用于单个人之间的关系、社会阶级之间的关系,甚至适用于社会制度,乃至人类之外的自然界。每当我们谈论哲学被特别强调的意义时,无论是在柏拉图与亚里士多德那里,还是在经院哲学和德国观念论的伟大体系中,我们总是面对着一种有关客观理性的构想。它关联于存在的整体,这一整体包含了诸个体及其目标,但并不与个体完全重合。理性的标准是行动、整个人生乃至一个民族的奋发与这个整体之间的和谐一致。应该用客观结构来衡量生存,而不仅仅依据局部的利益。哲学传统中的这种观念并没有谴责主观理性,而更多将其理解为普遍理性的一个有限表达。这种思路将重点更多地放在普遍理性身上,也就是说,从个体的角度看,强调的是目标而非手段。这种思维方式指向了这样一个理念:人类此在及其自身持存,与哲学以理性的方式所把握到的客观秩序之间的和解。柏拉图的《理想国》,托马斯及其对立者斯宾诺莎的秩序(Ordo),以及黑格尔的体系,只是这种欧洲观念的几个著名例子。

所有这些都基于这样一种信念:对存在者之本质的洞察与有价值的以及为我们指引方向的事物之间是不可分割的。我们越深入探究什么是真的,就越能确切地知道该做些什么。美德的规则源于对何物存在的认知,美德与知识从根本上来说是一体的。这不仅适用于有关世界秩序的哲学构想,同样也适用于我们的日

25　　常生活经验。就像一个会游泳的路人在看到一个溺水的孩子时（我想这是法兰克福心理学家格尔布①曾用过的例子）会被自然而然地引导着去做出行动一样,一个国家或社区中公开的紧急状态同样也会促使人们在无须特定指导的情况下主动行事,即使相关负责人没有做出论断,它也会一方面发出雄辩的语言感召,另一方面则显露道德的或审美层面的美感,以激发对爱的感受。根据那些哲学体系,世界同样在宏大的层面上以自己的方式言说着,而哲学家只是充当其唇舌,使它的声音得以传达。这就是所谓的客观理性,它将主观理性包纳其内。

　　在伟大的作品中,这两个层面自始至终是并存的;即使在休谟——这位感觉论者和怀疑论者——的哲学中,客观性和权威性的想法也通过他的口吻语调而一直在场,因为他持续宣称对自然之物的谦逊是智者的最终答复。尽管如此,他的成就仍然属于那些在主观理性概念独立化进程中发挥重要作用的贡献之一。这构成了传统意义上的启蒙的一个方面,是韦伯所描绘的世界去神秘化和祛魅过程的哲学表达。自德国观念论最后一次调和主观理性与客观理性的伟大尝试之后,所有主张客观理性概念的权利的尝试,甚至包括舍勒的尝试,都显得矫揉造作且陈腐过时。

　　如果今天必须以一种极为激进的方式谈论理性的危机,那么这一危机要么是因为思想已经无法把握客观理性的理念,而没有客观理性,主观理性也变得摇摆不定、无所依凭;要么是因为思想

① 阿德赫马·格尔布（Adhémar Gelb, 1887—1936）,德国心理学家,格式塔心理学派的一员,研究视觉和感知问题,在大脑损伤对认知功能的影响方面做出了重要贡献。——译注

开始将这一理念本身否定为一种欺骗，否定为神话的一部分。这一发展的致命之处在于它最终消解了任何一个概念的客观内容。在流行的精神中，无论它的所有持有者是否充分意识到这一点，所有基本概念都被剥夺其实质，变成了形式上的空壳，其内容取决于任意，且自身不再具备任何理性的正当性。理性历经千年所开展的启蒙进程——与神话体系和迷信的斗争——最终转向了那些仍然被视为"自然的"，即属于主观理性的概念，如自由、和平、终极意义上的人类平等、人类生命的神圣性、正义，甚至转向了主体和理性本身的概念。进步可以说是在自身倒退。在中世纪的世界图景解体之后，哲学曾尝试以自身的力量建立起一个有约束力的整体，让人们无须相信任何不可证实之事，就可以确定自己的方向，人类也可以在这个整体中合理地提出怀疑。将哲学还原为主观理性仿佛就是对这一尝试的一种检验。唯一能够宣称自己仍然适用"理性的"这一谓词的，是那些精巧的公式，它们以最简洁的方式预测了可能发生的现象，以最灵活的方式将手段与主观目的相适配，将思想打造为纯粹的工具；尽管这些成功伟大非凡，可它们终究只是理性中的一个孤立的要素。精神主张它能够以理性、理性的洞察和某种意义为基础来构建人类生活，但似乎正是经由理性本身，这类主张才走向了荒谬（ad absurdum）。在各类极权体制中，主观理性（也就是应用性手段相对于目的的合理关系）不仅服务于各种非人道的目标，还服务于各种疯狂荒唐的目标；个体主体那不受约束的独立性膨胀到了强大的主权国家之中，最终膨胀到世界范围内的权力集团，随之而来的是，甚至在爱好和平的国家中，生产毁灭性武器的重要性都在与日俱增——所有这些都表明，"自身持存"的理性概念正面临着转变为

26

"自身毁灭"的理性概念的危险。

如果说启蒙向实证主义的转变最终导致理性概念本身也被作为某类神话的最后窝身之所而横加扫除，那么，这就不仅仅适用于从柏拉图那里传承而来的、作为灵魂官能的古老理性概念，早在休谟那里这一概念就已遭摒弃。这一过程也不单单涉及康德关于"源始统觉"(统一的自我)的理论，康德认为整个哲学都应依赖于此。这个已渐失其实的柏拉图主义学说的余像，早已被实证主义的认识论视为站不住脚的形而上学而予以拒斥。这一过程极其真实，恩斯特·马赫的论断"自我是无法拯救的"①就揭示了现实的趋势。

在理性的功能化过程中，贯穿近代历史的一个进程得以完成。在主观判断面前寻求辩护的诉求植根于理性本身，任何试图从外部抑制这一诉求的努力都注定徒劳无益。那些针对"纯粹识见"的斗争(黑格尔曾在我们的意义上称之为主观的形式理性[ratio])，那每一次倒退的尝试，都暴露了他在《精神现象学》中的说法："感染已经发生。但这场斗争来得太迟了，任何用药都只会加重病情，因为病情已经深入精神性生命的膏肓，深入那个具有概念形态的意识，深入意识的纯粹本质自身……各种具体的病理表现都可以被捂住，各种表面症状也可以被掩饰。这种情况对于病情一方来说是非常有利的，因为它并没有无谓地挥霍自己的力量……而现在……它悄然地逐一穿过那些高贵的部分，并且很快彻底地控制了无意识的神像的全部内脏和全部关节，然后，'在一个美好的早晨，它用肘臂推了一下同伴，稀里！哗啦！神像倒在

---

① 霍克海默在《理性与自身持存》这篇文章中也引用了这句话，见本书第 162 页。——译注

地上' [狄德罗:《拉摩的侄儿》,歌德译,1805]。"①但如果黑格尔在这里想到的是法国大革命——这个词确实让人联想到狄德罗的这段话——那么自那时以来,历史的领域就已经遍布无数粉碎殆尽的概念偶像,而无数新的概念偶像又不断再生。造成这一现象的最重要的原因之一,是文化被划分为不同部门领域所带来的茫然无措。凭借它对区分度与纯洁性的意识,主观理性早在 13 世纪的阿威罗伊主义影响下,就已经在索邦大学的两大院系中将神学知识与世俗知识之间的分离巩固了下来,而这一分离成为现代社会本质的一部分。一个抽屉里是宗教,另一个抽屉里是艺术,第三个抽屉里是哲学,第四个抽屉里则是脱离了这一切、以数学化了的物理学为模板的科学(这是主观理性的本真领地),理论上的分离由此开始,而分离则使人类失去了指引。正因如此,在信马由缰的去神话过程中,回弹已酝酿成熟。即便是在主观理性概念与人性有着最紧密联系的情况下(比如 16 世纪的法国),尽管主观理性以人性的名义提出了宽容和宗教和解等理念,它在面对统治阶级的利益时,依然见风使舵。相较于布鲁诺②或斯宾诺

① Hegel, *Sämtl. Werke*, ed. Glöckner, *Phänomenologie des Geistes*, Stuttgart 1927, S. 418f.

[中译参见黑格尔:《精神现象学》,先刚译,北京:人民出版社,2013,第 336 页。——译注]

② 焦尔达诺·布鲁诺(Giordano Bruno, 1548—1600),意大利文艺复兴时期的哲学家、数学家、占星家以及宗教思想家。布鲁诺主张无限宇宙与多种世界理论,摒弃传统的地心学说,在哥白尼日心说的基础之上,他提出宇宙是无限的,是由无数像太阳系所包括的那样的世界组成的,其主要著作有《论无限宇宙和世界》《诺亚方舟》等,1600 年被判火刑而死。——译注

莎的客观体系规划,它的身段更加灵活。单个的文化领域和价值领域与科学和实践之间的分居与中立化,虽本身有理有据且无可辩驳,却也为糟糕的事物铺平了道路。"市长和蒙田永远是两回事,两者之间的区别何止云泥。"("*Le Maire et Montaigne ont toujours été deux, d'une séparation bien claire.*")①以职务示人者和有自己名字的人是严格分开的,蒙田引用了昆图斯·库尔提乌斯的话:"他们那么陶醉于自己的好运,竟至忘了自己的本性。"("*Tantum se fortunae permittunt, etiam ut naturam dediscant.*")②人们不应如此投身于事务,以至于忘却了自己的本性。但当蒙田及后来的孟德斯鸠所说的"本性"与理性结合在一起,并被抽空了内容,形式化为科学理性时,这种本性又究竟是什么呢? 它无法抵御现实的压力,正因如此,它不仅在 20 世纪的神话中,甚至早在蒙田的高尚思想中就有将自己交付给非理性的危险。今天的新实证主义哲学(所

---

① 蒙田曾在 1581—1585 年期间担任法国波尔多市的市长。这一引文更完整的前后文为:"**市长和蒙田永远是两回事,两者之间的区别何止云泥**。要成为律师或财政官员,就别低估此类职务中存在的欺诈行为。一个老实人可以不是他职业中存在的道德败坏或蠢行的责任者,但他也不会因此而拒绝从事他的职业:那是他家乡的习俗,而且也有利可图。必须照大家对社会的认识适应社会,而且利用社会。"中译参见《蒙田随笔全集(下)》,潘丽珍等译,南京:译林出版社,1996,第 274 页。——译注

② 这句话的中译参见《蒙田随笔全集(第三卷)》,马振聘译,上海:上海书店出版社,2009,第 218 页。昆图斯·库尔提乌斯(Quintus Curtius),公元 1 世纪的罗马历史学家,以其著作《亚历山大大帝史》(*Historiarum Alexandri Magni*)而闻名。库尔提乌斯的写作风格结合了历史与文学,他的作品既有学术性又富有叙事性。——译注

谓的逻辑经验主义)试图驱逐一切可能的意义、所有实质性的理念,将其视为由传统语言所导致的偶像,尽管它的荒谬性显而易见,但这种对意义的消除,却是理性概念本身在追求清楚明白的认识的发展过程中不可抗拒的固有结果。在主观理性的危机中,问题关乎其本质,而不是单纯的滥用或无知。尽管实证主义的陈词滥调和同语反复在尚未屈服于大众社会的强制及其运作形式的意识看来显得如此乏味无趣,但它仍是主观理性发展到极致的体现。

　　主观的、形式化的、工具性的理性所承认的唯一标准,就是实证主义语言所谓的操作性价值,也就是它在支配人类和自然中的作用。概念不再表达事物本身的性质,而仅仅是为那些能够熟练运用它们的人组织知识材料。它们被视为众多单个事物的纯粹缩写,被视为一种虚构的工具,以便更好地将事物抓住。任何超出了纯粹工具意义的概念使用均被裁定为仍受迷信的束缚。反对概念偶像的斗争在人类历史中具有不可或缺的意义,因为它们就像黄金和象牙所制成的偶像一样,一度要求献祭——人们只需想想女巫巫术和种族妄想即可。如今,这场斗争仿佛已经通过推论而取得了胜利。概念不再通过艰苦的理论和政治工作得以具体克服,而是以抽象和概括性的方式,好像经由哲学的法令一般,顺应了时代精神,被宣布为纯粹的符号。它们被视为节省劳力的巧计,仿佛思维本身已然沦为工业流程的水准,成为生产的一部分。各种理念越是沉沦于自动化和工具化、越是丧失自身的意义,它们同时也就越是变得好像一台机器一样,在物化面前败下阵来。阿芬那留斯和奥斯特瓦尔德的"思维

29

经济原则"①不仅体现在认识论中,还体现在那些令人惊叹的机器上,这些机器有时在某些复杂的数学运算中甚至超越了人类的能力。黑格尔在计算中看到了——其实莱布尼茨早已预见——整个逻辑都被机械化的危险,这是逻辑科学乃至哲学可能发生的最糟糕的事情。与此同时,这一过程导致了对任何无法转化为计算、无法臣服于普遍控制的精神冲动的禁忌。曾经以人性的名义反对陈腐的权威信仰的合理要求,即摒弃那些无法证实的关于人和自然的看法,如今已彻底转变为对任何意义的压制。

语言在现代社会的全能生产装置中沦为一种单纯的用具。任何一个词,如果它不是作为流程的具体方法,作为动员他人的手段,作为指令、提醒或宣传而得到理解,而是希望被理解为有着自己独特含义的东西,理解为存在的映现,理解为源于自身的冲动,那么它就会被视为神话,没有什么意义。人们已经以实证主义和实用主义所诠释的方式来体悟语言。当一个人说出某句话时,重要的不是语词的自身含义,也不是它们本身所意谓的东西,而是那个人想要达到的目的。单纯的言谈、姿态和表情,如果不带有任何动机,就会被视为废话。正因为人们总是只与他人发生关系,只想着要和他人一起实现些什么,仅仅在意语言的效果,而不在乎语词本身,所以每个人才在这个再也无法独处的世界里,

① 理查德·阿芬那留斯和威廉·奥斯特瓦尔德(Wilhelm Ostwald, 1853—1932)是 19 世纪末和 20 世纪初德国的两位重要哲学家和科学家。他们都提出了"思维经济原则"(Prinzip der Denkökonomie),强调在思维过程中应尽量节省认知资源,尽量简化理论和概念,科学应该是对现象的简洁有效的描述。——译注

如此孤立封闭、孤独寂寥。交流和联系的途径越是占据着生活，人们越是彼此靠近；说的话越多，或者不如这样讲，人们越是由他人代为发言，他们就变得越是沉默。

语言的意义被它在物化世界中的功能或效果所取代，这一点怎么强调都不为过。那些曾经属于理性或被理性认可的概念虽然仍在流通，但已被磨损、失效，不再具备任何具有约束力的合理证明。它们之所以得以继续存在，完全依赖于某种传承，而当代人可以根据个人品位将它们称为令人崇敬的抑或粗率慵散的。对于在启蒙了的世界中日益盛行的意识类型来说，只有一种权威——那种以事实和数字阐明一切的科学。可是像"正义和自由本身比不公和压迫要来得更好"这样的命题，无法在这种科学的范畴中得到验证。根据科学认识论批判的裁断，没有任何理由认为某种特定的生活方式、哲学或宗教比其他的更好、更高或更真。一旦理性放弃了对目的的省思，不再将目的作为衡量自身的标准，那么，无论一个经济或政治系统多么残酷和专制，只要它运作有效，理性就再也无法说它是非理性的了；而众所周知的是，不是所有残酷和专制的系统都像那个宣称将存续千年的系统那样短命①。当"人类尊严"之类的概念一度激励人民行动起来时，这些

31

---

① 这里霍克海默所提到的"短命系统"是指仅存在了十几年的德国纳粹政权。德国在 1938 年占领苏台德地区后，希特勒声称神圣罗马帝国已然"重生"，他将纳粹德国视为继承了"第一帝国"（神圣罗马帝国）和"第二帝国"（普鲁士王国）的"第三帝国"，开始幻想自己的德意志帝国延续千年。除"第三帝国"这个称谓外，希特勒和纳粹党的支持者也称纳粹德国为"千年帝国"（Tausendjähriges Reich）。——译注

概念没有向传统寻求庇护,也没有援引与科学理性相分离的价值领域,而是将自身解释为客观的真理。然而,一旦某种传统或价值别无他物可援引,必须诉诸自身(也就是诉诸这种与具有约束力的认知相分离的抽象性质),或者诉诸传统,那么它就已经失去了力量。

在 17 世纪,那些无所畏惧地反对专制迷信的斗士高举旗帜,将世界祛魅。如今,这场胜利已然变得久远,但祛魅了的世界仍在文化上秘密地依赖于其神话遗产的残余,而形而上学哲学同样早就是其中的一分子。在隐秘的地底深处,那股力量一息尚存,不过它对此并不自知,否则无论何种幸福都会在主观性的分割技艺面前烟消云散。在当下时代的晚期阶段(in der späten Gegenwart),是什么让生活依然值得一过?维系着的是曾经每一份快乐、每一份对事物的爱所内寓其中的温暖:幸福本身具有古老的特征,而消除这种特征则带来了不幸和灵魂的空虚。在对花园的喜爱中,依然回荡着顶礼膜拜的元素,这种元素源于当花园仍属于神灵时人们心向神灵而对花园进行的悉心照料。一旦那些线索被切断,尽管可能会留下欢愉和幸福的残影,但它们的内在生命已被熄灭,这些残影也终不过是镜花水月。我们不能把一朵花或房间氛围所产生的愉悦归因于所谓的有着自身本质的"审美本能":这只是没了主意的哲学家的托词罢了。人类的审美感受力在偶像崇拜中有其前史:对事物的美好或神圣维度的信仰必然走在对美的愉悦之前。这一点对"人类尊严"这等如此重要的范畴也同样适用。如果没有曾经在统治者和神灵面前所感受到的那种战栗,今天应当浮现在所有人类面庞上的对万物的敬重将无法真正被经验到,它将沦为空洞的陈词。在对邻人生命的尊重中,既回荡着对《新约》的热爱，也隐隐散发着对《旧约》神裁的畏惧，正是这些神裁曾使"十诫"得到保障。与那些尚未完全被遗忘的经验以及那些深埋于心的认知（这种认知虽不符合统计学标准，却仍然保有对真理的诉求）之间的地下联系，为这类塑造了我们文明的理念赋予了生命和合法性。这种经验包括那些人类自己引发的神话事件；同时也包括了反对将尊严局限于个别人身上的斗争，包括了对不义与不平等的反抗，包括了历史上面对僵滞和桎梏时的揭竿而起。如果没有集体无意识中的这些沉积之物，借用黑格尔的话来说，这些概念就会沦为苍白的说教。

　　为了防止这种情况发生，仅仅怀揣虔诚的愿望是不够的。如果理念能够影响人类，世界将会变得更加美好，但这一事实本身并不能赋予理念任何真理，而没有真理，它们可能会像今天那些广受推崇的灵丹妙药一样赢得众多追随者，但它们将始终无法真正抓住人心。拥护者的追崇本身就是主观实用考量的产物，一旦其他理想能够带来更好的前景，它就会有所转变。作为主观理性的纯粹信息手段，自由和人性等概念所坚持的客观性会陷入它们试图保护的同一种相对性之中。对于无法被理性证明的永恒价值的呼吁并不能摆脱这一困境。即使是像晚期舍勒那样采取"中间道路"也无济于事。他将主观理性和统治性的思维安置于技术和经济领域之中，然后呼吁通过与它们相分离的教化知识和救赎知识进行矫正。这就导致了一种多元主义，这种多元主义只有在它拒绝对自身思想进行反思、拒绝对如此这般的哲学进行哲学省思时，才能够勉强维持其存在。文化，也就是经济之外的领域，面临着被当作节庆部门的危险，仿佛在文化中并不需要严格的概念劳作及其批判性和变革性的社会功能。文化的分裂与中立化并

33

不能抵御主观理性的毁灭性影响。要克服主观理性与客观理性之间的对立，并不能二者择一，亦不能通过外部方式来缓和对立或将理念实体化，而是要沉浸到矛盾的事物本身中去。

理性概念在今天已经陷入危机，它不再是历史发展的基质，而是其要素之一。只要理性仍坚持其超然的、孤立的特性（自笛卡尔以来这种特性在现时代的系统中就已经显而易见地表现出来了），那么关于理性的所有判断都将是错误的。事实上，理性的主观化，乃至哲学思想本身，都是作为纯粹局部的、受有限性所限制的反映，从人类生活的整体进程中发展而来的，应对它们进行批判。思想一旦脱离于生存的物质因素，便被美化为形而上学的原则，进而被解释为历史进程的基础，然而精神和思想实际上正是依赖于这个历史进程的。但理性只有在与历史进程的关系中才有其意义和自身的存在。事实上，理性过去有必要从对象化的环节中脱离出来，使自己独立，以挣脱自然的盲目强制，并以我们今天甚至感到恐惧的程度来支配自然。然而，理性并未意识到这一分离既是必要的，又是虚幻的。它将神话体系、迷信与一切无法还原为受限的主观精神的事物混为一谈。灾祸并非源于理性的实现，而是源于它为自己黄袍加身，这引发了自身毁灭。主观理性曾傲慢地——这种傲慢寓居于一切蒙蔽之中——拒绝承认自己的独立存在并非源于自身，而是很大程度上源于劳动分工以及人类与自然的对抗过程。理性越是刻意否认这一点，就越是要向自己和他人强烈宣称自己乃绝对的存在。然而，它最后也不得不遵循自己那审视和怀疑的原则，将自己作为"隐秘的性质"（qualitas occulta）放逐到幽灵的国度。理性由此成为尼采所理解的虚无主义的一个元素。唯有当理性将自身以及它的每一个脚步

34

都把握为个体、社会阶级、民族与大陆之间历史对抗的一个因素，它才能与那个既对立于它又包容着它的总体性建立联系。将自己孤立起来的后果总是被反复证明是非理性的。这一联系被正在解放自己的主体的狂妄自大所遗忘，却仍然以一种未经反思的天真形式，保留在那无法被纯粹的目的-手段功能所穷尽的客观理性的学说当中。主观的、形式化的理性认为万物皆为手段，它是那种仅仅与他人和自然处于对立状态的人类的理性。没有经过分裂的过程，和解就无处发生。但对分裂的扬弃不仅仅是一个理论的过程。只有当人与人之间的关系以及人与自然之间的关系形成不同于支配和孤立化的形态时，主观理性和客观理性之间的分裂才能重新融为一个统一体。为此，需要对社会整体进行改造，需要历史活动。面对今天客观真理与功能性思维的分裂，理性的概念正濒临消失，而只有创造这样的社会条件，在其中，一个人不会成为另一个人的手段，这一概念才会真正得以实现。

对于那些从理论角度思考的人来说，对于所有具有社会辨别能力的人来说，今天的世界已经传达出了明确的语言。与社会学相结合的哲学思想的使命，就是倾听这种语言，并不懈地将它表述出来。而哲学思想越是专注于精确的表达并克制自己不去提出什么建议，它就越是能够经由学习者和行动者在实践中产生效果。从科学对存在之物的忠实投入之中，人们将理解究竟需要做些什么，而不必再去谈论什么目标，这些目标将蕴含在名副其实的理论的每一个脚步中，因为所有认知都隐藏着一种批判性的、推动现实的因素。只有当认知扭曲为"良方"和宣传时，这种因素才会消失不见。然而，只要它对自身的元素保持忠诚，它就不会沦为纯粹的手段，而能够成为历史的力量。这就是为什么从柏拉

35

图开始,哲学就不能与政治分割开来。尽管世界形势强加给我们所有这些悲观情绪,但即使在今天,我们仍然有理由确信它们之间的紧密联系,甚至确信它们之间的统一。

有关批判理论的笔记

Notizen zur Kritischen Theorie

哲学的愚蠢①　　　　　　　　　　197

显而易见，口头表达出来的甚或是书面的哲学，无论其本身多么深刻或诙谐，听起来都有点愚蠢。就连尼采也未能免俗。他所认为的哲学体系中的那些可疑之处，仍在他自己的思想中挥之不去。箴言的精练、行为的优雅，并不妨碍他表现得如此不羁，他谈论上帝，谈论世界，谈论他的痛苦。俗世之人专注于高尔夫球，很少谈论生意，哲学不过是提供（给人们生活）的一种评注，它已经成为中产阶级诠释世界的方式，最终会像占星术一样，降落到民间节日的摊位之上。当谈到真理，只有沉默才不会失态，每句话都是啰唆的控诉，总是不合时宜。

对待坏之难②　　　　　　　　　　190

诚然，英语哲学是肤浅的，因为它把人简单地视为奋力向前、

---

① ［1949-1952］"Albernheit der Philosophie"，译自 Max Horkheimer, *Gesammelte Schriften*, Bd. 6, Hrsg. Alfred Schmidt, Frankfurt/M: Fischer, 1991, S. 197。——译注

② ［1949-1952］"Schwierigkeit mit dem Schlechten"，译自 Max Horkheimer, *Gesammelte Schriften*, Bd. 6, Hrsg. Alfred Schmidt, Frankfurt/M: Fischer, 1991, S. 190-191。——译注

利他主义的人,或者从正确的意义上说,自我中心主义的人。但另一方面,如果人们强调坏的东西的积极性,甚至仅仅是其中的人性的深度,就会径直走向荒谬。所有的言谈都是表达、忏悔、见证,但人却不能向坏的东西**认罪**(bekennen)。事实是,我们的信仰在每个阶段都必然带有尚未明朗的因素,带有偶像崇拜的特征。当我们的言说意识到自身的虚荣,而尚未抛下信仰所达及的那种天真,换句话说,当我们的言说在坚持相信真理的无条件性的情况下,认识到自身天然的无力而又不变得犬儒时,它便始终承认坏的东西的必然性。所谓"坏的东西也有好的一面",要么如基督教所说的"坏的东西是为了好的东西**服务**"那样是一种隐喻。可惜的是,这种说法并不正确。要么,它导致了诺斯替①式的二元论,要求我们止步于未解决的矛盾,并仍然承蒙祝福。

批判理论②

他们总是问:现在应该做什么?他们将哲学作为一个教派来

① 诺斯替主义(Gnostizismus)是一种古代宗教和哲学思想体系,起源于公元1—2世纪,主要在地中海东部地区传播。它通常强调二元对立,特别是精神与物质、光明与黑暗、知识与无知之间的对立,认为物质世界是邪恶的,精神世界才真正美好和神圣。诺斯替主义者认为,通过获取诺斯或神秘知识,灵魂可以摆脱物质世界的束缚,重返原初的神圣状态。——译注

② [1956-1958] "Kritische Theorie",译自 Max Horkheimer, *Gesammelte Schriften*, Bd. 6, Hrsg. Alfred Schmidt, Frankfurt/M: Fischer, 1991, S. 253。——译注

要求。他们心急如焚,希望得到实用的指引。尽管哲学以概念的形式表现世界,但它与艺术相共鸣的地方在于,它无意卷入世界,而是根据内在必然性为世界举起一面镜子。诚然,相较于艺术,它与实践的关系更加密切,它并非用图像而是以文字的方式言说,然而它绝非一种命令。它与感叹号相去甚远。它接替了神学,却没有找到可以指明的新天堂,甚至连尘世的天堂也没有。当然,在内心深处,它无法将天堂抛诸脑后,这就是为什么它总是被问及通往那里的道路。人们仿佛尚未发现,并没有一个可以被指明方位的天堂。

关于批判理论①

犹太教禁止描绘上帝,康德反对误入智性世界,两者都包含了对绝对者的承认,而绝对者是不可能被规定的。批判理论也是如此,因为它宣称,坏的东西,首先是社会领域的坏的东西,继而也是单个人的领域中的坏的东西,即道德领域的坏的东西,是可以描述的,但好的东西却不能描述。否定的概念,无论是相对的还是邪恶的,本身就包含着作为其对立面的积极的概念。在实践中,谴责一个行为是坏的,至少就指出了更好的行为的方向。坚持这两种判断在真理上的差异是基于许多因素的,其中最重要的因素之一是与历史的关系,与一般的时间的关系。坏的东西就其

---

① [1966-1969] "Zur kritischen Theorie", 译自 Max Horkheimer, *Gesammelte Schriften*, Bd. 6, Hrsg. Alfred Schmidt, Frankfurt/M: Fischer, 1991, S. 419-420。——译注

420 本性而言生效于当下,好的东西则必须在每种情况下证明自己是好的,对这种证明的预料超出了做判断者的能力,指向了将假设绝对化——这类绝对化不包括对与其相关的形而上学的不可能性的判断。对社会的批判性分析指出了普遍存在的不义;而试图克服这种不义的努力一再导致更大的不义。将人折磨致死完全是一种暴行,而尽可能拯救他则是人类的责任。如果有人想把好的东西定义为废除坏的东西的尝试,那么它就是可以被规定的,这正是批判理论之言。但若反其道而行之,用好的东西来定义坏的东西,即使在道德上也是不可能的。

423 ## 批判理论的二律背反①

今天的批判理论起码要面向所谓的进步(技术进步),将进步对人类和社会的影响计算在内。批判理论谴责精神和灵魂的消解,非难合理性的胜利,而非简单地拒认它们。批判理论认识到,不义与野蛮是一致的,而公正则与技术进程密不可分,技术进程将人类发展成一个精巧复杂的动物物种,使精神退化到童年时期的模样。幻想、憧憬、爱和艺术的表现形式正在沦为幼稚状态,这一点不仅被自然科学所证明,而且也被当今的精神分析所证明。

---

① [1966-1969]"Antinomien der kritischen Theorie",译自 Max Horkheimer, *Gesammelte Schriften*, Bd. 6, Hrsg. Alfred Schmidt, Frankfurt/M: Fischer, 1991, S. 423。——译注

批判理论与信仰理念的区别①

我认为,不能再将"全能和万有②的存在"的概念当作教条,而应将其表达为一种将人类团结在一起的渴望,这样,骇人听闻的事件、历史上延续至今的不义就不会成为受害者的最终命运,这似乎走向了借助信仰理念的核心作用来改革性地解决问题的道路。这里的本质区别在于,信仰背负了太多难以接受的观念,比如"三位一体"的观念,它被一种几乎难以再被承认的强制力所维持,尽管如此,它还是再次成为教条。这样一来就出现了将自己理解为宗教的侵略倾向。③

424

————————————

① ［1966-1969］［"Differenz von kritischer Theorie und Glaubensidee"］,译自 Max Horkheimer, *Gesammelte Schriften*, Bd. 6, Hrsg. Alfred Schmidt, Frankfurt/M: Fischer, 1991, S. 423－424。题目为德文版全集原编者所拟。——译注

② "万有"一词,霍克海默著作全集对应的原文是 allgültig,即普遍有效的、全有的、万有的,但在全集出版前,当许多德文学者引用这段话的时候使用的是 allgütig,即仁慈的、全善的,霍克海默笔记的英译者也将此处译为 benevolent(仁慈的)。这两个德语词写法和发音几乎一样,在上下文中文意也都通顺,我们暂时无法判断霍克海默究竟用了哪个词,好在不同的判读并不会影响我们对这段话的整体理解。不过,在霍克海默其他的一些访谈和文章中,他更倾向于使用"全能的和全善的"(allmächtig und allgütig)这一组形容词。——译注

③ 霍克海默可能想说,人们将自己的宗教信仰或信念作为教条,感到自身确证,并试图以此为基础去侵略、攻击或排斥其他不同信仰或观点的人。——译注

下 编

战后批判理论

Nachkriegs-Kritische Theorie

作为文化批判的哲学①

Philosophie als Kulturkritik

① 本文是霍克海默于 1958 年在慕尼黑举行的首届国际文化批评家大会上发表的演讲。译自 " Philosophie als Kulturkritik ", Max Horkheimer, *Gesammelte Schriften*, Bd. 7, Hrsg. Gunzelin Schmid Noerr, Frankfurt/M: Fischer, 1985, S. 81-103。——译注

当下自然科学与人文科学之间的争论,可以理解为在面对吞 81
噬一切的技术力量(尤其是军备扩张)时,哲学学科担忧自己在资
源分配中失利。人文科学的利益表达方式暴露了这种尴尬。论
证总是需要借助"有用性"这张王牌,特别是当涉及向议会、权力
机构甚至资助者争取资金时。因此,代言人常常强调人文研究对
自然科学的预备性意义、它在思维训练中的价值以及对公民融入
国家共同体的贡献,最近又开始强调人文研究在所谓的工业和管
理的领导岗位培训中不可或缺的作用。人们列举了担任高级职
位所需的个人素质,并试图展示人在年轻时接触精神性的事务是
如何有助于培养这些能力。如果说在 19 世纪,通识教育对成功
的企业家而言在许多方面是理所当然的,它似乎并不完全以实用
为目的,那么现在,它却作为一种实现目的的手段被推荐给未来
的总经理乃至一般管理人员。① 人文科学以及作为其核心的哲
学,在每一个资产阶级时代都承担了一定的现实功能,如今这一
功能表现得更为露骨。在早期大学的神学的和世俗的学科分支
中,培养机敏的理解力和实用的想象力,提升对国家和国际局势
的宏观把握以及待人接物的艺术,这些功能已经潜在地扮演了一 82
定的角色。今天,许多哲学专业已步入了在自身领域之内无法再

① 例如,参见 Peter F. Drucker, *The Practice of Management*, New York
1954。

提供任何诱人职业前景的阶段。不过,它们在发达国家参与承担更为关键的社会教育工作,这为它们带来了新的可能性,当然,这一参与无疑也会对它们的意义和内容产生影响。在德国,哲学系仍然主要为高等教师的候选人提供培训,而这一学术职业尤其受到人文学科贬值的影响。这使得人文科学不得不凭借培养经济人才、参与内政外交的宣传工作以及对国家和经济活动有所助益而赢得生存基础。当然,这些功能是否能真正挽救它日益消失的实质,这一点仍无法预见。

哥伦比亚大学学识渊博的教务长雅克·巴尔尊试图用不同的方式支持哲学学科,来抵御自然科学和社会科学的冲击。他认为,诸哲学学科的效用并不像自然科学和社会科学那样在于传播主流知识,也不在于超越了它们自身的某种目的,而是在于它们直接满足了人们的需要。他说:"人文科学的效用是由人们对它的古老的、不可动摇的、不断扩大的愿望所证明和确立的。"①人们对历史、学习外语、参与学术活动感兴趣,而不仅仅是建设城市和管理社会事务,这是一个必须考虑在内的事实。他半开玩笑地辩护说:"那些助长了这类愚蠢行为的人文科学(他指的是语言课程和对历史著作的阅读),它们作为抗生素而完全没什么用,却无处不在,刺激着我们的眼睛、耳朵和精神,并堆积起它们所代表的荒谬之山。"因此,巴尔尊认为,哲学、历史、语言学、美学应当凭借自身的吸引力而存在。这意味着,它们本质上是消费品,与电影、电视、时装设计、香烟和社交旅游一样享有同等的权利——但在与

---

① Jacques Barzun, "Science versus Humanities", in: *Saturday Evening Post*, 3. Mai 1958.

这些流行商品进行竞争时,这种辩护几乎无法为人文科学的未来发展或抵御迫在眉睫的不幸提供有益的前景。

之所以需要为哲学辩解,是因为来自哲学思考的启发力量已大大减弱。自专制主义垮台以来,咄咄逼人的清楚和明晰,即清楚而明晰的感知(*clara et distincta perceptio*),已经丧失其锋芒。哲学家们不再像笛卡尔那样过着隐秘而不稳定的生活,也不再像伏尔泰那样生活在国家间的边界上。与世界意见不合曾经是哲学的本质特征,而在政治能量内化之后(主要限于德国,这种能量在哲学和音乐中找到了伟大的表达),哲学家们却与世界和平相处。叔本华和尼采,这些伟大哲学的继承者,在他们的一生中预见了思想者新的孤独。

不过,今天即将迎来终结的哲学,在它尚无须辩护之时,曾经扮演过社会生产性的角色。哲学意识到自己是被打断的欧洲精神进程的一部分,这一进程在许多方面受到外部条件的制约,但同时又遵循内在的逻辑;它体验到自己是一个脆弱、多义但又有内在联系的整体,属于文明的实体,与文明既成一体又有所相悖。与更古老的文化一样,欧洲各民族的真实历史充斥着狂热和残暴,充斥着个体和群体的无节制的自私,充斥着压迫和长期死板野蛮的司法制度,在这种司法制度中,被压迫者的那些未能受到恰当约束的本能怨恨自古以来就一直在寻求满足。20 世纪 30 年代中期,即希特勒统治时期,罗素在一篇文章中写道:"对于那些不喜欢法西斯主义、认为它缺乏宽容的人,我很乐意赞同,除非他们认为缺乏宽容背离了欧洲的传统。我们当中那些在政府的正统观念残酷迫害下感到窒息的人,在欧洲以往大多数时期中,生活

84

得不会比在现代德国好上多少。"①

　　尽管如此,在过去几个世纪中,关于真理的可能性和不可能性、关于人类及其命运、关于有限与无限的思考贯穿着现实,构成了欧洲思想的某种内在联系。当休谟在他的《人类理解研究》(*An Enquiry concerning Human Understanding*)中讨论如何通过联想将统一性引入个人意识时,他随即转向了讨论艺术作品的统一性。他本可以继续论述:就像自我和艺术作品一样,主导社会的精神也是由内在的纽带维系在一起的。反省精神的这种遍布裂缝的统一性是如何形成的,构成了德国哲学(而非英国哲学)的主题。德国哲学的回答是,统一性是通过理论努力以及与之相关的实践努力而建立起来的,这种努力旨在克服现实存在的、可经验的现实(这一现实依据所达到的认识阶段而显现出来)与一个符合理性的世界(在这个世界中,主体能够作为自主的精神重新找回自己)之间的矛盾——换句话说,这种统一性是通过现存事物与思想本身之间的不断变化的、生产性的矛盾而建立起来的。通过哲学和艺术,现实存在的事物自身显露出"是什么"与"应是什么"之间的巨大差距。人们在环境的强迫下所强加给自己的每一种秩序、每一种文化结构,甚至每一个单个的判断,无论有意还是无意,都无一例外地提出了关于正确性的要求,而没有任何一个概念、任何一种秩序能够对得起自己的要求。消除概念与它的要求之间的差异、现行秩序与永恒真理之间的差异,将为人类黑暗的

───────────

① Bertrand Russell, "In Praise of Idleness", London 1935.
　　[中译参见罗素:《悠闲颂》,李金波、蔡晓译,北京:中国工人出版社,1993,第107页。译文有所改动。——译注]

历史画上句号。"我们已然向充满意义的终点出发"这一欺骗性的假设既是绝对唯心主义的前提,也是其结果,并且这一假设还将它那秉持唯物主义的弟子引入歧途。唯心主义者在普鲁士国家身上看到了渴求已久的伦理王国,卢梭在瑞士的"州"(Kanton)制度那里碰上了它①,它作为第二自然冉冉升起;唯物主义者则在紧随其后的共产主义中与它相遇。然而,黑格尔的屈从,即将资产阶级革命视为通向更高境界的最后一次革命,已被证明是一个相对较轻的错误,无论国家在他的著作中所扮演的哲学角色是多么值得怀疑。

85

批判,或对差异的意识,过去一直是哲学思考的力量之所在,它将自己经验为现实的本质,同时又将自己经验为这种现实的对立面,并着手处理现实。概念从未与自身和解。即使数学、物理、化学、心理学和社会科学等实证科学与哲学相分离,此种分离也是哲学自身发展的结果,因为这一局面正是在追寻真理的过程中,与主流观念相矛盾而产生的。积极改变世界的趋势(它表现为各种力量的无限制增长,而各门科学的分离则是这种趋势的一个方面)自古以来就是欧洲思想的特质。然而,哲学的意义既没有最终消融于这些学科之中,也不像逻辑学和语义学那样作为一种辅助科学并入了这些学科之中——这是实证主义的妄想;哲学也并不构成一种专门的技艺,有自己为独特的主题("存在")所

---

① 卢梭认为,小规模的国家或州更适合实现真正的民主和公民美德。瑞士的州因其相对较小的规模和高度自治的特点,能够更有效地促使公民参与政治事务,并培养责任感与共同体意识。——译注

量身定做的程序——这是基础存在论的妄自尊大。① 两者都在分工中安顿下来,从而客观上否定了理念与实在的对立,而这种对立曾是自由思想所汲取的力量的源泉。只有在双方试图合为一体时,对立才得以存在;而当社会运作将双方整齐划一地分离开来时,对立便消失了。20 世纪的哲学宣称"质疑"一切,却在这样的保证下,远比过去那种有意识地追求辩护的哲学更加温顺,它顺从了一种整合,而放弃那种整合正是它能进行劳作的前提条件。

思想要能够反对现存的事物——无论是现存的思想,还是既定的自然和社会现实——并不能靠简单地消灭那些要求信仰和承认的东西来实现(除非它们完全是谎言),而是要将它们作为经过精神所渗透之物来公正地对待,将它们带入未来的意识形式的血肉之中。思想既厌恶抹杀和遗忘,也厌恶分类和堆积。纯粹陈述性、考据性和历史性的研究只是辅助性的工作,它们虽然有用且不可或缺,但正如尼采所说,实证主义意义上的学者们不过是科学的雇员罢了②。因此,学者们为科学服务,而科学却并不为他们服务。若他们所确立的内容要参与到精神生活中去,那么这些内容就必须被纳入不局限于特定专业领域的理论思考当中。

思想既具备变革的功能,同时又承担着保存的职责,这与社会自己的重塑性力量相似。为了向更恰当的形式前进,社会必须反复引导个体接受新的行为模式;人们会回想起工业革命期间在工厂工作的习惯。在人们的回望中,传统的生活轨迹是那样宽松

---

① 这里霍克海默批评的是海德格尔哲学。——译注

② Friedrich Nietzsche, *Gesammelte Werke*, Musarion-Ausgabe, München 1923, Bd. IX, S. 271.

无束,显现得如同那失落的家园一般,而这种老旧的生存形式却被新的存在方式取代了。在这里,与欠发达的技术相对应,这个解放过程——在今天的发达国家中,历史通过这一过程实际上批判了前工业社会的形式——在内外危机的阻碍或推动下进展缓慢。如今,前殖民地国家正在迅速实现转型,表现出毫无顾忌的激进。在这些地方,当地人在独裁者的统治下所承受的盘剥,丝毫不亚于 19 世纪的帝国主义者曾经强加给他们的。迟缓和缺乏适应如今不再被视为懒惰,而是被视为对"民族共同体"的背叛。早在希特勒时期,他们就已经试图全力以赴地赶上先进国家那不被任何封建残余所制约的工业运作模式。

国家社会主义试图抹去未受严格规范的生存方式的最后痕迹,而落后国家的极端民族主义如今则体现出了同样的冲动,即快速工业化、为人民生产消费品和奢侈品、扩充军备以及为统治建立漫天遍地的警察和宣传机器。个体的惰性和软弱被连根拔起,每个人都必须对自己进行强制性的纪律规训,如果做不到,就会被淘汰。面对世界强国前所未有的财富,本地民众感到自己的贫困是一种耻辱,而新的民族自豪感则由他们对自己悲惨境地的愤怒所转化而来,这同时也是将他们束缚在本土统治者脚下的枷锁。非洲和亚洲国家的精英和精明的领袖们从对创造属于自己的经济奇迹的不可抑制的意志中汲取了力量,而群众则跟随他们满怀激情地向前迈进。过去的一切被憎恨,被抽象地拒认,被野蛮地摧毁,发生的最多不过是:一段早已逝去的辉煌历史被随心所欲地修饰,成为民族复兴的宣传符号。在这样的过程中,真实的过去被抹除了,而不是得到了继承;这样的过程总是与对整个人类群体的灭绝联系在一起,而过渡时期有组织的恐怖所带来的厄运也一直渗透到新的社会形态之中，这种社会形态正依赖它而存在。在思想上，无中介的否定意味着遗忘和盲目，而在现实中，它意味着谋杀。

哲学既是保存性的，同时又是批判性的。作为否定的力量，它创造了不断发展的统一性，赋予个体的意识以个性。最初的哲学解释，即为自然确立普遍原则，就其客观意义而言，是对当时盛行的神祇信仰和神话的批判性回应，它们没有消灭旧有的事物，而是以概念性的方式与之对立。批判也是伟大的希腊哲学的特征。柏拉图分享了旧信仰中多样的独立形态，而亚里士多德则既继承又否定了柏拉图对世界的解释。古希腊的多神论、祭祀和占卜、民间信仰以及国家宗教，在整个希腊-罗马哲学中找到了对它们的否定性回应。苏格拉底因违反国家的宗教而遭受死刑，他的原则超越了古典时代。然而，较雅典公民那未经反思的肯定而言，在他对城邦法律的否认中，法律得到了更好的保留。罗马思想家不再像苏格拉底的直系门徒那样能够构建自己关于国家的学说——社会已经变得过于强大。他们受后苏格拉底学派的影响，退回对世界的内在反抗；他们关于快乐与不快的哲学是一种关于放弃的哲学。

与罗马思想家相反，教父们在很大程度上是启蒙者。作为伟大的古代哲学的继承者，他们大声疾呼，反对那个时代的迷信和占星术观念，特别是——奥古斯丁所为——反对狂热的基督教宗派主义。虽然他们的言辞冷酷无情，但他们却是宽容的——当然，这种宽容也有其问题，因为他们将非暴力的布道与暴力相调和，将爱的诫命与战争相调和，将以善报恶的教导与对军队、暴力司法和奴隶制的认可相调和。福音书中说，应该把属于恺撒的归还给恺撒，把属于上帝的归还给上帝，而奥古斯丁则坚定地扩大了这种对脱离尘世的否定。他在一封信中说道："那么好吧，让那些声称教会的教义与国家为敌的人给我们一支按照教会的教义和课程来训练的军队吧；他们应该让我们的臣民、丈夫、妻子、父母、儿子、主人、仆人、国王、法官，最终是纳税人和税吏，都按照基督教教义所规定的样式来塑造。这样他们才敢对我们说，这教义对国家有害；他们不应犹豫片刻，而是立即宣告，在任何遵守教义的地方，教会完全是国家的福祉。"① 教父们在很大程度上已经否定了福音书中那远离尘世的方面，并将它作为一个已然被超越的元素，使文明更具生产性。

　　以国家宗教来发挥影响，这样的基督教是否必然会消耗自身不弯不折的本质？还是会将这种本质保留下来，并不顾一切阻力将来自彼岸的教义应用于此岸，将远离现实的观念转化为现实有效的力量，将不可扬弃的二元论转化为温和的泛神论？这一问题超出了欧洲哲学的范围，后者已经将自身转向世界。由于基督教没有像一些宗派和亚洲宗教那样否认自己卷入了世界的灾难性进程，它——作为黑格尔辩证法的模型——绝不仅仅像波舒哀②那样只是将历史视为救赎历史，同时也将自己的任务理解为对世

89

---

① *Patrologiae* Tomus XXXIII（Migne），Epistola CXXXVIII，Caput II.

② 雅克-贝尼涅·波舒哀（Jacques-Bénigne Bossuet，1627—1704），17 世纪法国天主教主教，著名的神学家和雄辩家。他在历史观上主张"救赎历史"的观点，认为历史是上帝旨意的体现，所有历史事件都是神圣救赎计划的一部分。这一观念与基督教的历史理解密切相关，也影响了欧洲的政治和神学思想。——译注

界产生影响。但经院哲学最终也不得不遵循哲学表达矛盾的规律,根据维克多·库赞①的观点,它的发展始于信仰与知识、神学与哲学的统一,并通过理性论证来继续支撑启示,但后来则步入了两者相平行和联盟的阶段,最终以哲学的解放、神学与世俗知识这两个精神分支之间的分异以及对对立的强调而告终。

　　文艺复兴时期,哲学摆脱了神学的束缚,成为独立的思想,公开承认泛神论并与科学相结合。布鲁诺和瓦尼尼②被处以火刑,这标志着以威廉·奥卡姆的激进唯名论为开端的基督教内部斗争运动的终结。自然知识的神圣化在 16 世纪的怀疑论、阿格里帕③和蒙田的非系统分析中被否定;库萨④关于有学识的无知

---

　　① 维克多·库赞(Victor Cousin, 1792—1867),法国著名哲学家、教育家和政治家,被认为是 19 世纪法国精神哲学的创始人之一和法国"黑格尔主义先驱"。他在哲学上的主要贡献是提出了"折中主义"的哲学方法,试图从各种哲学学派中吸取有益的成分,以建立一个统一的体系。——译注

　　② 卢西利奥·瓦尼尼(Lucilio Vanini, 1585—1619),意大利哲学家、自然主义者和泛神论者,以其激进的宗教和哲学观点而闻名。由于对宗教权威的挑战,瓦尼尼被宗教裁判视为异端,最终被指控为无神论者并在法国图卢兹被判火刑。——译注

　　③ 亨利·科内利乌斯·阿格里帕(Heinrich Cornelius Agrippa, 1486—1535),德国哲学家、神秘学家、占星术士。阿格里帕的学说融合了神秘学、占星术和古代哲学思想,他的自然哲学主张自然界中的万象和秘密可以通过神秘的和神圣的知识来理解。——译注

　　④ 库萨的尼古拉(Nicholas of Cusa, 1401—1464),德国哲学家、神学家、法学家和天文学家。他主张"有学问的无知":人的认识都是通过已知和未知的比较而获得的,人的已知都是有限的,而上帝是绝对的无限。因此,人对上帝的认识,归根到底是一种无知。——译注

(*docta ignorantia*) 的学说已经预示了康德的不可知论,而与之决然对立的是 17 世纪随之而来的思想体系,它们以严格且毫无怀疑的知识和体系性而闻名。尽管这些体系带有教条主义和巴洛克的色彩,启蒙运动对自由的理性的信任却依然要归功于它们。

　　与许多自作聪明的外行观点一致,现代专家认为哲学史不过是一系列混沌杂陈,充斥着早已被克服的、以夸张的方式表达出来的谬误或站不住脚的信条,这种观点与欧洲思想的相对连贯性相矛盾。即使科学界对哲学不屑一顾,认为哲学史是一堆应被抛弃的谬论,但这一看法仍然比对“深度”(Tiefe) 的肤浅热情更为公正——哲学在欧洲历史上形成了一个在批判的基础上构建起来的、不断分化的相对统一体,尽管它在今天实际上无能为力,却曾经发挥过进步的作用。在近几个世纪中,哲学的批判形态远胜于其肯定形态,构成了一种创造性的历史要素。就像那些古代思想家和教父们与古老的异教进行了斗争那样,18 世纪的启蒙运动与受到专制主义保护又反过来捍卫它的狂热主义进行了斗争。在欧洲前资产阶级政权垮台后,新生活形态的反对者和支持者根据他们在世界上的位置,怀着热情和厌恶,将历史上任何一次推翻统治所必需的苦难归咎于哲学。施予哲学家的宽容和施予贵族和银行家的一样少,但造成法国大革命的恐怖的既不是伏尔泰,也不是卢梭,更不要说是达朗贝尔①和孔多塞了。如果当时能听取他们的意见,血腥审判本可以避免。对于专制主义、饥饿、酷

90

---

　　① 让·勒朗·达朗贝尔(Jean le Rond d'Alembert, 1717—1783),法国启蒙运动时期的重要思想家、数学家和物理学家。他是《百科全书》的主要编撰者之一,与狄德罗一起为法国启蒙思想的传播做出了巨大贡献。——译注

刑和火刑的拥护者而言,断头台作为他们统治工具的"年轻亲戚",给启蒙运动的文化批判以答案。直到波旁王朝复辟后,他们的追随者才证明了自己是知道如何比恐怖统治者更"慷慨"地组织恐怖的。

东方的哲学不过是护教学。马克思将从政治和法律自由到普遍的社会自由的发展作为他理论的主题:人们应该学会掌控经济动力,而不是受其支配。既不应允许内部的经济困难,也不应允许由此引发的外部灾难、民众运动和战争威胁到地球。他的目标是通过扩展自由、使自由具体化,来完成资产阶级的进程,使在最先进的资产阶级个体中发展出来的能力通过所有人自主参与社会生活而得到普及。然而,掌权者将他的工作编织为谎言,转变成服务于新的统治者及其豪华军队、核武器和人造卫星的人民的鸦片。政治经济学批判是启蒙运动和隶属于启蒙运动的理性批判的延续,但当对自由主义的否定(这一否定旨在最终完成这一事业)被转化为官方世界观时,它就丧失了对社会本身的批判功能——它作为暴力的宣传心理学,作为辩证法体系中一个被剥夺了唯心主义要素、被实体化和无休止重复的片段,替代了思想本身。马克思仍然是在对英国和欧洲说话,他对极权主义甚至比卢梭对"公共安全委员会"还要陌生。卢梭在根本上并非自由主义者,而马克思则关注整体自由中的个体自由。然而,在国家资本主义状态下,内外压力使得工业化进程比马克思所批判的早期自由主义的英国更为迅速,人们被迫更加残酷地劳动。那些在工业和文化上已经高度发达的国家,被卷入并拖回了暴风雨般的社会变革之中,正经历着一场可怕的文化倒退,这场倒退在外部威胁着整个欧洲,它在欧洲内部也已酝酿了数十年。威廉帝国①已经是一种倒退现象,而国家社会主义在其向西和向东的模棱两可中更是如此。西方在最初容忍和促进国家社会主义的过程中认识到,防御性的暴力在许多方面总是要被它所抵御的事物所同化。倒退是欧洲的文化趋势。

在经济向政治那支配一切的过渡中(这一过渡未能通过经验、协调与概念加以中介),今天的野蛮已经显露其踪。精神本质上是中介,但它在权力眼里,就像商讨过程那样过于烦琐、复杂且缓慢,缺乏足够的方向性。有思想的个人越来越成为权力和服从于权力的群众的眼中钉,这一点在法国已经显现出来。欧洲的政治已经改变了它的意义。在第一次世界大战之前,无论是资产者还是工人都形成了自己的政治信念;政党和派别对应于多元化的社会和分化了的个体,个体应当了解各种政治行动方式,并将它们与自身利益联系起来。

今天,即便是尚未得到充分理解的两党制仍然是一个值得维护的理念;实际上,欧洲大陆正趋向专制。利益顺理成章地集中在充分就业和眼前的担忧上。在大众社会中,政治在个体意识中失去了与全局性思考的关联,从而失去了其辨别功能。每个人只能要么属于某一派,要么异于此派。这为两个敌对的世界走向趋

92

---

① 威廉帝国指的是威廉二世统治时期(1888—1918)的德意志帝国。威廉二世的统治以强烈的军国主义、扩张主义和外交政策上的侵略性著称。这一时期,德国经历了快速的工业化和军事扩张,同时在国际事务中表现出更具侵略性的姿态,导致了欧洲紧张局势的加剧,并最终引发了第一次世界大战。——译注

同铺平了道路，希特勒的统治已然是这种趋同的前奏。独裁者们只把"精神"视为狡黠、视为工具、视为灌输，而世界在防御中接近了他们的文化水准。各国人民开始像昔日的企业家那样，在他们的统治之下相互竞争；权力成了衡量一切的标准。充满暴力的崛起正在发生，而在西方，思想的中性化预示着衰退的到来，欧洲国家在国际力量游戏中的衰落与个体的文化衰落密切相关。

今天，哲学所感受到的徒劳感并非源自西方之外，而是源于欧洲因自身受挫和精疲力竭而陷入的精神倒退。当然，这种倒退不仅仅是内因所致，它也受到外部的攻防威胁；与此同时，倒退也是由于遵循自身重力惯性、将自己设置为目的本身的工业进步所导致的。这种进步既意味着解放，也意味着灾祸。人们越是醉心于对自然日益增强的控制、对自然力量的利用以及将越来越多的人群纳入消费的增长中，他们关于什么是与众不同或什么是理想的谈论就变得越发空洞，言辞也普遍变得越发功能化。在职业生涯（它也结构化了个体的私人兴趣）与个人对善与美、对邻人之爱和自我牺牲的官方自白之间，那些有意识的甚至矛盾的联系，都已经断裂；而在残酷的生存斗争与任何可设想的意义（无论这种意义被称为彼岸的正义，还是世界中正确状态的实现）之间的巨大鸿沟，已经变得不可治愈。一直到世界大战之时，欧洲似乎还存在着另一种发展可能：人们设想物质进步最终将经由灾难，引导社会进入更高的阶段。然而，这几十年来，欧洲基本上已经听天由命。法西斯主义、经济繁荣和战争之间的联系，现在又紧张地重现为经济繁荣、重新武装和战前准备状态，而这一切已经无法仅从欧洲经济中推断出来，无论经济力量在其中表现得多么明显，没有一个欧洲国家还能独善其身，尽管在这个被操控的整体中仍然存在着显著的民族性,但它们已耗尽了自身的可能性,这也是导致精神解体和单个人的存在毫无意义的一个原因。各个元素开始独立运作,工业实践的进步导致了生活水平的提高,伴随而来的是所有不以支配为目的的理论(不仅仅是哲学)都逐渐被中性化;伴随着预期寿命的提高,全面战争出现了;伴随着人们通过公共舆论对政治家进行的控制(这在洗脑时代下是可疑的),是受欢迎的客观的犬儒主义,它曾经是绝对专制主义的当权者及其秘书所特有的。在政党和权力集团之间,只剩下自由的思想,而将其融入现实世界的可能性越来越渺茫,这导致它日渐干枯萎缩。

这一进程势不可挡,而启发性的批判哲学本身也起到了推波 94
助澜的作用。在西方和东方,那些没有明确的目的地路标的精神活动,往往被归入一个几乎没有时间和力量投入的领域,而从那里也无法找到真正的生活之路——它被要求出示身份证明。如果学生们不像巴尔尊所说的那样满足于将精神视为单纯的消费品,而是询问精神的后续意义,那么哲学家在回答时已不再像在经院哲学时代那样可以指向彼岸,也不再像在理性主义和启蒙运动的时代那样可以将自由的要求作为合法的命令。即便是道德和良知也在家庭的结构性变迁中失去了根基,现代社会直接而明确地发布指令。如今,教育缺乏曾经能够依赖的有力论据,为了满足经济和技术方面的需求,它在塑造个人成长的方面不得不受到削减。教育必须迅速推行,以便弟子们(如果还存在着所谓"弟子"的话)不会永远错失机会。机会是早早决定的,每个人都必须尽早学会适应现实。人类不再对内在混乱和不受束缚状态(其中包括不协调的肉体冲动,也包括无目的的精神冲动)进行克制,代替它的是单纯的压制,这种压制所反向形成的反感针对的则是那些能够提供更自由的冲动的人,针对的是那些以行动对必须放弃自己思想的做法发起质疑的个体和群体。[①] 每当有人拒绝对最近所发生的恐怖事件(这些事件在许多地方仍在持续和扩展)表现出毫无反应的、成问题的乐观主义时,麻木者的伤疤就会开始作痛,难以和解的敌意就会随之涌起。即使是那种有条件同时又坚定不移的康德式希望——它更接近于悲伤,而非以本体论的方式光耀"存在"——在许多个人身上仍然存在,也正受到不断推进的社会发展的威胁。

为了使道德情感作为形成自我的力量、作为自主生活的根本动机而被意识到,并在单个人身上延续,这种情感需要受保护的童年,需要能够进行差异化经验的能力,需要认同那些被暴力剥夺的幸福;也就是说,需要那些在完全工业化时期似乎失灵了的天赋,这些天赋本应属于所有社会阶层的人,包括最上层的人。在 19 世纪,源自 18 世纪涉及整体的进步理念仍然赋予资产阶级的劳动(甚至包括那些旨在提升自身地位的劳动)以意义。在 20 世纪,欧洲哲学的历史似乎走向尽头,就像法国(或许可以说是欧洲)作为世界的先锋的政治历史一样。将理念与现实之间不断变化着的对立创造性地表达出来,这曾经是思想之业,但此时此刻,这种变化着的对立已不再是世界进程的标志。当哲学不再具有实际功能时,它的根基几近枯萎,也就丧失了它的力量。对教育

---

① 在这里,霍克海默借助精神分析揭示了这样一种心理动力学机制:社会对人类自然冲动的压抑会反过来导致被压抑者对那些仍保留自由天性和具有批判性的自主意识的人的反感和仇视。——译注

的极其微薄的参与或对文化消费的贡献,与伟大哲学家的意识几乎无关,尽管他们的著作可能对经济发展做出了巨大贡献。自从在历史上脱离神学以来,哲学一直与欧洲民族国家的发展息息相关,但哲学能够作为历史力量积极地影响政治事务,这是一种幻想,除非它能够确认本已发生之事:民主在面对外部威胁时持续增长的威权化,或这种威胁本身的降临。

思想的无力尤其体现在语言的萎缩上。此前提到的言辞的无力,并非指词语的匮乏,而是指沟通变得如此繁忙庸碌,以至于使个人沉默。古典时代、封建时代和资产阶级时代的统治阶层个体,在与世界的互动中从过大的社会压力中解放出来,能够创造出富有表现力的内在世界,可这样的人从来就不多见。然而,如今欧洲文明的存续不仅取决于古旧意义上的文化,还取决于内在独立、能够进行精神抵抗并准备好自主地驾驭他们的共同生活的大众。寥寥几人足具文化修养已不再足够,既然大众在经济上取得了进步,他们就应该转变为独立思考和感受的主体。可相反的是,他们用放弃精神解放的代价来换取这种进步。若人们在政治上得到了解放,那么他们至少应该和古典城邦繁荣时期的公民一样成熟,否则,城邦中公开存在的奴隶制就会暗中蛰伏在个体和社会身上,成为会时不时配适特定政治形式的自然状态。与其说抽象或迷信的思想是促使厄运降临的因素,不如说思想的匮乏才是:人们无力去操心他们在无政治强制的情况下所创造出的社会,而只是目不转睛地盯着近在眼前的忧虑,随经济大潮漂来漂去。欧洲国家的人性状态越受威胁——不仅是因为国家社会主义的岁月,还有自那以来的历史发展(它们似乎在事后回溯时被合理化了)——当今艺术和哲学的那些否定导向的作品(它们于

96

边缘地带发挥影响）就越独自占据真理和人道的位置。但它们的力量微乎其微。在资产阶级时代，经济通过家庭和学校教育、国外历练以及允许在自营生意中犯错并从中吸取教训，不仅为资产者及其所属阶层提供了领导管理经济活动的基础，还在一定程度上赋予了他们在其他领域的远见和影响力。今天，经济本可以将这些资产阶级能力普及开来。由于社会结构，这些能力并未得到开展，而是被言听计从所取代，即使在曾经靠着自主和个体自由、宽容豁达和表达能力而如鱼得水的社会阶层中，相关的意识也在衰退，这正是当下社会的显著特征。

今天，大众并不比过去更愚昧，但由于他们生活变得更好，一切都取决于他们是否能够更明智、更人道、在精神上更加活跃。否则，权力必将重新回到极少数人手中，而那套古老的、令人不齿的有关统治形式循环往复的学说——民主之后必然会出现暴政——将再次生效：历史将重新沉沦为自然史。充分就业并不一定意味着进步，它有不可或缺的必要性，但却是用危险的手段换来的。认为所有人都能从经济繁荣中获益，即便是这样的观点也是错误的。即使是在高度工业化的国家，也仍然存在贫困，只不过这些贫困者不再像一百年前那样构成一个人们所需要的阶级，先进的知识分子曾通过撰写著作为这个阶级发声。那些在享受经济奇迹之后生活变差的人——被炒鱿鱼的雇员，以及无论是否因为自身过失而被排除在经济进程之外、陷入贫困的人——尽管享有社会政策，但所有那些生活在贫困中的人却不像充分就业的大众那样被社会所接纳，他们只能保持沉默。大众对超出自己狭隘利益之外的事物视而不见，这标志着社会的心理状态。出于对危机的政治后果的恐惧而被迫增加的消费，使得破坏性工具的精

神生产变得必要,令所有人都紧张不安。每个人都忙于自己的事
情,因此当统治者为了更平顺的秩序而一度将宪法置于岌岌可危
的境地时,他们的冷漠也就不足为奇了。最近的历史表明,在更
严格的国家治理下,个体法律保障的减少通常是由集体的力量感
和陌生人的苦难所弥补的。直接受到威胁的是知识分子、政治家
和理论家,而不是普通的"民族同胞"①。民族同胞们在国家复兴
中,至少在一开始得到了就业保障,他们很高兴自己并不惹人注
目。在紧急状态和战争中,党派之分最终被消除,因此被压抑的
力量开始显现。在地平线上出现了一个"民族共同体",在其中,
每个人的孤立和经济上的压力在短暂的一刻中得到了缓解,而报
复则被引导着指向内部和外部的指定敌人。那些早先由于贫穷
和困苦的境况而在大众心理上积势起来的动荡,一直到今天都未
被克服。它是冷漠的另一张侧脸。历史上的大规模运动,无论其
口号多么矛盾——十字军东征、法国大革命、1914 年德国的群情
狂热,更不用提各种新的民族主义——都证明了弗洛伊德的观
点,即在大多数人的灵魂中尚未爆发性地积蓄起毁灭的能量之
前,文明是不能够将自己传播开来的。当然,如果将历史上的恶
行都径直归咎于那些犯下或容忍它们的大众,未免过于简单。大
众总是被直接或间接地教促要以这样的方式行事。哲学和科学
思想是何其虚妄,它们竟然没有认识到自己也是许多人生命活力

---

① 民族同胞(Volksgenosse)这个词在历史上与纳粹德国的宣传有关,常
用来指属于同一民族共同体的成员,尤其是指符合种族标准的"德国同胞"。
在现代德语中,出于其历史背景,这个词较少使用,因为它带有明显的种族主
义和民族主义色彩。——译注

的表达,无论这些生命活力是多么的无力,无论人们是如何错误地将它们挂在嘴边。

语言的衰落已经被描绘得够多了,批评很容易陷入误解、盲目追随的狂热和混乱的抗议之中,认为应该指责那些过早自生自灭的年轻人,责备他们未能维持不再有生命力的欧洲文化。工业社会的进程不可逆转。语言被纳入经济和社会的技术运作中,被纳入职业活动以及那些与它们匹配得一丝不差的私人事务中;百货商场和其他销售场所形成了一种机制,这种机制自动完成了对被纳入经济之中的人的供应,同时向他们灌输自由选择的感觉;办公室、工厂和所谓的闲暇时间彼此交融在一起。人们虽然得到了解放,但个体却几乎没有起到什么作用,以至于语词即使是由某个特定的个人说出来,也无法帮助他表达自己,语词被充当工具、身份标志和武器来使用。

如今,人们的处境并不是由经常讨论的休闲产业的水平来刻画的——在电视屏幕上,究竟是一部侦探电影还是《弄臣》①更能产生增益,这一点并不确定,人们或许还需要更强有力的刺激。相反,这是由个人的缄默来刻画的。孩子们一言不发地盯着屏幕,通过屏幕体验世界;情侣们一言不发坐在电影院里;他们默默无言地完成了一长段舞蹈,就像做运动一样;他们不声不响地骑在带

———————————

① 《弄臣》(*Rigoletto*,又名《里戈莱托》)是意大利作曲家朱塞佩·威尔第(Giuseppe Verdi)创作的著名三幕歌剧,首次演出于 1851 年。它以法国剧作家维克多·雨果的戏剧《国王取乐》(*Le roi s'amuse*)为蓝本,讲述了宫廷弄臣里戈莱托试图保护女儿吉尔达,但最终因命运和阴谋导致悲剧性结局。——译注

有后座的摩托车上，当然也是相当喧闹地驰骋在大自然中。无论是在小酒馆还是在咖啡馆里，即使想交谈，也无法与音乐乐队或游戏机相抗衡；而那些漫无目的的谈话，如果不回避的话，最好也只是"小聊一下"（small talk），而不触及压抑的话题。无论语言多么先进，它发出声响的地方都是过去的旧巢。所有这一切并没有加重个体的负担，它只是表明，私人表达越来越趋于多余，而这种趋势在恶性循环（circulus vitiosus）中愈演愈烈。正如对人文科学的实用主义辩护所表达的那样，即使在今天，独立、审慎和抵抗的能力也是社会所必需的品质，但这只是一小部分条件较好的人所独有的品质。今天许多能够过上如同过去的资产者那样的物质生活的人，必须像他们一样为自己操心，但这种操心却几乎不再包含对他人甚至对整体的关怀。

人际关系中的文化，正如饮食中的文化一样，都意味着精炼了的自然。语言、图像、友谊、爱情，所有的习俗都是从对有条件的情境的关联中解脱出来的表达形式，这些形式曾经由上层人士保护和培育，又被下层人士所接纳。在每个阶段为了生存所必需的劳动之上，通过长期的实践所发展的东西凝结成了看似无条件的精神王国。这个王国从不受饥饿、恐惧和性所束缚的灵魂力量中汲取了生命，并且能够反过来赋予人们超越由各自的社会功能所塑造的东西之外的内容与规定。艺术是一项关注自身内容而非其所服务的对象的事业，并希望将自身的法则变为现实。哲学是一种思想，它不以统治为目的，甚至也不以新的发现为目的——谁如今还不够精明到能揭开和看透一切呢？哲学坚持为这个时代的经验寻找言词（Wort）而不是口号，正因为如此，它并不听命于时代。艺术、哲学以及社会交往形式都是完全理性的，它们构成了社会生活的灵魂，同时又与社会生活格格不入。发展了自身文化形式的那种力量，曾经由封建贵族传袭给了资产者，如今在前途无望的欧洲已奄奄一息。在任何地方，即使是在面对那些高尚者和崇高者的悲情演讲时，人们也会暗地里假定，每个人都把一切当作手段。经济匮乏时期比充分就业时期为无目的的活动留下了更多的空间，在企业里，工作时间的缩短通过将私人时间转变为留在企业里来进行弥补。即使是多余的商品，也能被更多的人所获得，但服务却变得越来越稀缺，越来越昂贵；个人的工作减少了，但在每个家庭中，却有越来越多的人必须工作。所谓的文化沦为一种教育产品，直接作为工具服务于个人，无论是为了必要的知名度，还是为了维护人际关系，最终是为了抵御个人和职业上的不幸。形式正在被掏空。尽管取得了种种进步，但许多人别无选择，只能把迅速过时的个人化的文化形式留给那些仍然拥有个人助理、能够在舒适的时段购物和拥有时间的人。在当前的社会形式下，在物质生活上不断改善的阶级并没有像资产阶级那样，遵循自己的理念来发展出一个属于自己的世界，这个世界包含了旧的世界的转变，并导致了现存事物的崩溃。甚至作为资产阶级文化最内在核心的交换原则也在经历着退化，资产阶级文化曾经根据这一原则作出自己的判断。奢侈品越来越由掌控整个社会的人根据他们的决定进行分配；高级雇员和科学家获得财富的方式，往往与忠诚的宫廷官员当年获得他的伯爵领地或总管租地的方式并无二致，这一情况如今已不少见。这是经济过程自身内在逻辑的合理后果，在技术达到顶峰的情况下，前资产阶级的专制主义元素会复现。然而，在落后的国家，国家资本主义，即在更高的历史阶段重复专制主义，直接标志着进步。在那里,国家资本主义沿袭了封建主义,只是这些地区可以省去欧洲必须经历的文化绕行,而欧洲正再次向这些地区靠近。

今天,把作为意识形态的理论与占主导地位的社会实践相提并论,以剥夺其绝对性主张,这是多余的。① 毕竟,在公共领域中的思想通常都会说明它对社会中的哪些人以及出于何种目的是有益的,这反映了由于资产阶级文化在其普及时代渐趋衰退而产生的状态。经由"消遣产业"(Zerstreuungsfabrikation)所筛选的内容与其说是真实的,不如说是令人平静的,或者相反,是令人兴奋紧张的,更不用说那些明显带有辩护意图的文化产品了,这些产品不得不顺应对偏离现实的制裁。

人们自己也承认,即使在没有受到迫害的地方,文化也在越来越大的程度上作为生产的辅助而存在。从个体到集体,从私人机构到国家机构,每一次行动,每一次人际交往,只要是自己的反思能力之所及,都与合理的目的直接建立了联系。几乎没有任何余地可以留给可能会惊扰单纯的实用主义的、不仅仅想要成为一种工具的中介性思想。精神之所以生病,乃是因为自大战以来,它不得不保持在没有实际影响的状态中;思想之所以萎缩,乃是因为无意于产生影响的它不再能够产生影响。批判,尤其是文化批判,面临着在更高层次上重建浪漫主义意识形态的危险,或者更准确地说,面临着勉为其难地取代那个在实践中已然被揭掉了的面纱的危险。文化批判必须小心谨慎,不要让它在对文化的控诉中偏离那些思想仍然可以触及的主题;那些因其太过公开直白而反倒无人察觉的权力差异,那些监狱和精神病院高墙背后的困

101

---

① 参见 Th. W. Adorno, *Prismen*, Frankfurt am Main 1955, S. 23 ff。

苦,以及特别是在政治表现得尤为高尚之时,那些政治背后的根本的、物质上的决定性因素。现实与理念之间、世界既定的组织方式与它可能的组织方式之间的紧张是如此显而易见,以至于用来描述这种紧张的语言只会强调自身的多余。人人都变得精明,然而一切仍然像以往一样晦涩不明。启蒙并没有缺席。新闻短片、广播和报纸——它们的记者或许算得上是当今最清醒的力量——无法改变任何事情,是的,它们还必须参与塑造今天人们头脑中对世界的模糊图景,尽管外表再怎么光鲜亮丽,这种模糊程度也与歌德时代的资产者相差无几。随着交往的增多,不透明性也随之增加,因为一切都与每个人相关,且每个人都将公共领域纳入自己的计算之中。即便在专制主义和受限制的选举权的情况下,至少,过去的人们(包括那些世代沿袭的君主和大臣们)的影响范围,仍与他们所能最终决定的事情保持理性的比例。今天,尽管各国人民都是自主的,但鉴于各个领域的高度专业化,他们不得不将所有决定交给专家、顾问和委员会,而无人能够评估这些人的资质。每个人唯一希望的就是事情不要变得更糟,对生命安全的追求作为唯一的人生意义,这使得一切变得愈发复杂,欧洲各国人民在政治行为中也因此受到诱导。近几十年来,面对自己在经济上的起起落落,面对不仅在技术上而且在意识形态上不断崛起的东方,欧洲大陆在心理、政治和文化上都受到了伤害,这些伤害至多可以被说出来,却无法得到治愈。命中注定,那无力的思想也将失去它的真理性。

这种衰落从大学的哲学分支中显现了出来。表达了这种衰落的,并不是流行的基础本体论(它在"元首"时代之后宣称自己是"存在"的权威发言人),也不是什么内容本身,而是整个领域的意义衰退。在欧洲,供人文科学研究所支配的能量和资源仍然处于短缺之中,这证实了这些研究的现时意义已微不足道。像巴尔尊这样的辩护来得太晚了,社会根据实践的庸俗唯物主义安排其支出和生活方式,这使那些反对唯物主义作为一种世界观的裁定不攻自破,而唯物主义曾经不仅仅是一句标语。在 18 世纪,当欧洲还拥有未来时,哲学及其内生性批判是有现实意义的;即便在 19 世纪,以否定的形式表达自己的乌托邦也不只是幻想;而到了 20 世纪中叶,世界精神似乎已转移到了其他民族,欧洲的思想在欧洲不再延续。然而,只要自由还一息尚存,就不可能听天由命。

103

有神论-无神论①

Theismus-Atheismus

① 本文最初作为霍克海默的一场广播讲座,于 1963 年 5 月 25 日由科隆
西德广播电台播出。译自" Theismus-Atheismus ", Max Horkheimer,
Gesammelte Schriften, Bd. 7, Hrsg. Gunzelin Schmid Noerr, Frankfurt/M:
Fischer, 1985, S. 173-186。——译注

在基督教的欧洲,以上帝之名犯下暴行成了一条主旋律。　173
古代社会在战争或对待奴隶时,常施以酷刑和杀戮,甚至最终将
屠杀奴隶视为一种娱乐消遣(如角斗场)。但在精神事务上,恺
撒们相对宽容。基督徒之所以被选作替罪羊,是因为他们当时
认识到了比帝国更高的存在,尚未将国家置于一切之上。然而,
自从无所顾忌的君士坦丁从现有的诸多关于神的教义中选中基
督教作为摇摇欲坠的世界帝国的黏合剂,并将其提升为国教之
后,欧洲便被笼罩在这套教义的阴影之下,而这套教义也一再遭
到背叛。如果创立者的言辞、他的遗愿和他的训示没有得到学
术化的解读,而是直接被信徒遵守,那么无论是中世纪团结一致
的基督教徒,还是近代分裂的基督教国家,都不会走上如今这条
光辉的发展道路。无论他们从《旧约》中学到了什么,战争的荣
耀绝不是其中之一。那条"恺撒的物当归给恺撒"①的诫命,在
异教时代可能会使基督徒陷入冲突,而如果他们言辞凿凿地拒
绝顺从,就有可能被送上十字架。然而,基督教的恺撒们却不会
发动征服战争,也不会设立法庭来审判那些冒犯他们的人。与

---

① 参见《新约·马太福音》(22:21)。原文是:"耶稣说:'这样,恺撒的
物当归给恺撒;神的物当归给神。'"——译注

佛教自阿育王统治①以来的传播几乎如出一辙，从尼西亚会议②开始，尤其是自奥古斯丁以来，基督教的胜利标志着与世俗圆滑的盟约，而这种圆滑恰恰是基督教的源初信条所要舍弃的；如果没有狂热主义的倾向，基督教的伟大崛起是不可想象的，而这种狂热恰好证明了对创立者为之殉难的信念所怀有的隐秘且无法平息的仇恨。

在一开始，在基督徒们自己还是被迫害者时，神性作为正义的担保者而出现。在彼岸将不再有压迫，最后之人将成为最先之人；殉道者和他们的追随者之所以信仰，不是因为对地狱的恐惧，而是因为对天堂的渴望。压迫，甚至饱受折磨的死亡，都是向至福的过渡，而那些看似无条件地现存着的事物只不过是失败与胜利的虚假瞬间。所有人都是神性的肖像，即使是最卑微的人——恰恰是那些最卑微的人——也是如此，被绑在刑柱、绞刑架和十字架上的人是基督教的象征。谁应当被视为"邻人"，并不是由现行的统治秩序来决定的；对于那些神性罪犯的追随者来说，他们

174

————————

① 阿育王（Ashoka，前 303—前 232）是古印度孔雀王朝一位著名的皇帝，他最为人知的事迹是对佛教的皈依。在早期，他通过征服扩展领土。在征服卡林加地区后，因看到战争的残酷和死亡，阿育王深感痛悔，转而推行佛教的和平与慈悲理念。他不仅自己皈依了佛教，还在整个印度推动佛教的传播。——译注

② 第一次尼西亚大公会议（Ecumenical Council of Nicaea）于公元 325 年召开，这次会议由罗马皇帝君士坦丁一世主持，是基督教历史上最早的普世大公会议，主要讨论了关于基督教教义，尤其是耶稣的神性问题。第一次尼西亚大公会议被认为出现了所谓的"君士坦丁转换"，即教会与政权开始联结在一起。——译注

离监狱和毒气室的距离,至少不会比到(世俗权力的)指挥部更远。即便是那些野蛮的统治者、杀伐果断的人、指挥官及其心腹,也因其"可怜的灵魂"而被纳入爱之中。最初,这个联盟关注的是具有灵性的贫穷之人,他们的生活并不以财富、统治、国家利益甚至声望为首要目标。在基督教纪元的最初几个世纪,外部崛起的各民族以及与他们相斗争所导致的内部日益增长的野蛮,动摇了元老院和民众的自信。在此背景下,对彼岸目标的宣扬为被奴役的群众及其迷惘的统治者的生活赋予了新的意义。第一批基督徒之所以能够在没有无意识的怨恨的情况下追随这一信仰,是因为他们除了确信天堂正向他们敞开外,对其他一切一无所知。随着教义愈发决然地迈向统治,它便愈加需要适应现存世界的自身持存要求,并在它对思想的相对化过程中,与世俗法则缔结盟约。这一盟约成功地维持了下来,黑暗开始变得有意义。人们越是有必要在此岸将恶纳入自己的计划中,地狱在他们对彼岸的思考中所占据的位置就越大。

自古以来,福音中诫命与权力之间的关系一直是由神学来调和的。鉴于创立者明确的言辞,这需要极大的智慧。神学的力量源于这样一个事实:如果要在地球上持久存在,就必须适应强者的规则和自然规律。基督教与统治之间的彼此相容,以及在恶的现实中为上层和下层人士建立一种令人满足的自身意识,这些都是神学不可或缺的成就。就像基督教的创立者抛弃了对自身生命的关切,付出了沉重的代价并惨遭杀害,所有真正追随他的人也分享了他的命运,终究无力地走向毁灭;如果后来的信徒没有与残暴的墨洛温和加洛林王朝、"十字军"的煽动者以及圣宗教法庭结盟,或没有找到某种最低限度的共存方式(modus vivendi),

175

那么他们将沦为愚蠢之辈。文明与它那高耸的大教堂、拉斐尔的圣母像以及波德莱尔的诗歌,都得益于那些恐怖及其追随者曾经的可怕行径。尼采的敏感程度不逊色于任何圣人,他曾说,所有美好的事物都沾有鲜血。如果伟大的人物都像晚年的克尔凯郭尔那样严肃对待基督教信仰(Christentum)与基督教社会(Christenheit)的对立,①那么基督教文化的纪念碑将不会存在。无论是支持或反对基督教的哲学著作,还是为人权而战的斗争(它在教宗约翰二十三世②身上找到了一位高尚的继承者),抑或那些拥有古老教堂的偏远村庄(象征着文明进步的流通网络已既野蛮又仁慈地允许它们暂时保留下来),如果没有经院神学精心的拼凑修补,它们都不可能获得自己的生命。教父、贝拉基派③和诺斯替派在反对行将瓦解的古代世界的迷信时,推动了启蒙和重建的进程。在此基础上,经院哲学发展出了中世纪的资产者赖以组织管

---

① 在克尔凯郭尔晚年的宗教作品中,他批判了当时的丹麦国教会,认为它代表的更多是 Christenheit,即一种形式化、制度化的基督教,而不是深刻的、个人的 Christentum。他主张真正的基督教是一种个人的、内心的信仰,而不是仅仅属于某个教会或宗教团体的外在表现。——译注

② 天主教会的教宗约翰二十三世(Johannes XXIII.)通过召开第二次梵蒂冈大公会议(1962—1965)而被广泛铭记。这一会议旨在让天主教会在现代世界中焕发新生,并对礼仪、教义、与非基督教宗教的关系等方面进行改革。——译注

③ 贝拉基派(Pelagianern)是早期基督教的一个教派,因其创始人贝拉基(Pelagius,约 360—420)而得名。贝拉基派主张人的自由意志和道德责任,强调人类在不依赖神恩的情况下能够选择善和行善。这个观点与奥古斯丁主义相对立,后者强调原罪和神恩在救赎中的重要性。——译注

理和建立城市的世界观。经院哲学的各种《大全》(*Summen*)中所展现的智慧、精确、知识和想象力的结合,可以与对《托拉》①的诠释相媲美,后者被认为是"塔木德"的精神产物,既受人钦佩又遭人诟病,它标志着神学文化的伟大时代。基督教统一体的解体最终未能维持其无所不包的体系,而这一体系曾为相对静态的社会提供了理想的支撑。

经院哲学承袭了古典哲学的遗产。永恒理念应该如同数字般向精神展开,构筑现实的精神结构。信徒们将经院智慧视为对启示的诠释,视为对现存之物、在时间中的和超越时间的事物以及过去和未来的认知。至高无上的主人和圣人居于顶端,天使和被祝福的人则居住在天空中,接着是精神的和世俗的显贵,是领主、市民和农奴。自然的阶梯一直延伸至无生命的黑暗之中,底下便是被诅咒者之所在。人们眼中的宇宙是神圣科学和世俗科学、神圣法律和世俗法律的结合体。尽管有预定和恩典,但个人在世上的行为在很大程度上决定了未来在其他区域的境遇,而且这种影响进一步延续,超出瞬间。不仅仅是显赫之人,每一个人的生命均有其意义。伴随着政治的分裂,人们对永恒概念、世俗与神圣知识的和谐以及理论与实践统一(这在经院学说之中有所体现,它美化了现存之物的延续)的信念也随之消逝。中世纪的秩序不仅因战争而动荡,同时也受到世界扩张、经济繁忙、民众疾

176

---

① 《托拉》(*Thora*)是犹太教的核心经典,通常指《摩西五经》,即《创世记》《出埃及记》《利未记》《民数记》和《申命记》。它是犹太教律法和教义的基础,包含了有关世界的创造、犹太民族的历史、宗教律法和道德规范等内容。——译注

苦、通货膨胀、新科学的兴起以及精神职业的滞后的影响,逐渐走向尾声。受教育者以怀疑主义和人文主义作为回应,而受到威胁的权力则以复兴宗教来应对。宗教改革家们承袭了唯名论者、库萨派和其他前辈,放弃了合理化基督教与世俗之盟的体系,其中蕴含着的对立太过昭然若揭了。他们承认这一对立,并将其作为自己教义的中心。新教徒在创立者的诫命与援引诫命的人类活动之间的调解,就在于坦承其不可能性。无论是关于上帝的意志还是事物的正确秩序,我们都无法说出什么普遍公认的内容,知识和科学指向了倏忽易逝的世界中那倏忽易逝的个别事物。路德憎恨经院哲学,厌恶关于永恒关系的理论和哲学体系,称其为"理性的娼妓"。他认为,人们无法用神学来证明个体或社会生活的合理性,并确定自己与神圣者协调一致,这是一种极端的傲慢和迷信。尽管他将基督徒推升至其他人之上,尤其是犹太人和土耳其人之上,但关于正确实践的最终判断却始终悬而未决。最终没有人知道什么是善行,教会与世俗的理事会一样,皆无从得知。反对神学思辨的判决早已预见了康德为形而上学所划的界限,使得知性在尘世的苦海、在经验研究和商业中,尤其是在现世的管理领域之中,被允许自由通行。在这个世界上,个体与国家的利益成为行动的标准,在永恒意志和现实条件之间寻求调和不过是假象。那些在农民因饥饿而奋起反抗时脚踏鲜血前进的军队,可能和不谙政事者与农民分享最后一块面包的牺牲行为一样具有基督精神,重要的是每个人都真诚地相信自己是在遵守上帝的旨意。宗教改革家开启了资产阶级自由的时代,仇恨和背信弃义这种"世俗的麻风病"源于上帝不可捉摸的旨意,直到史前时代终结,而"所有反对神圣之词的人都将成为街上的粪土"①。德国观念论哲学在歌颂伟大崛起的过程中超越了英国的自由主义经典,最终将个体间和国家间的无情竞争视为绝对精神的展开。上帝的道路是奇特的,他的教诲,即爱敌人的诫命,仍然适用。这究竟是意味着烧死异教徒和女巫、让儿童在学会阅读前就送去劳作、制造炸弹并予以祝福,还是意味着它们的对立面,均由每位信徒自己决定,而他们往往无从得知真正的神意。即使在福音书中很少提到,祖国的利益仍然成为一个不完全可靠的指引。在过去几个世纪中,更多的信徒为了祖国,而非为了被禁止的对敌人之爱,献出了生命。从费希特到黑格尔的绝对观念论也有力地参与了这一发展。在欧洲,对上帝的信仰已转变为对自己民族的信仰的一个因素,而"国家对错与否,我皆拥护"②的口号,甚至与此相关的对其他持有类似观点的宗教的宽容,皆回指最初的基督徒所背弃的那种古代文明。对上帝的特定信仰正在逐渐褪色。

神学能够适应新的科学与技术在过去几个世纪的胜利。在欧洲那些抵抗宗教改革的国家,特别是在法国和意大利那里,精神的和政治的斗争产生了一种使公民自由的意识得以蓬勃发展的生活形式,并因此为传统形式的基督教保留了一席之地。在这些地方,启蒙运动所表达的社会能量能够在政治现实中产生效

178

---

① Martin Luther, *Die Hauptschriften*. Hrsg. von H. v. Campenhausen. Berlin o. J., S.409.

② 霍克海默的引用是英文"Right or wrong, my country"。这句口号广泛流行于第一次世界大战期间的英语国家,彼时,国家主义成为时代情绪。——译注

果,而在德意志地区,这些能量则被抑制在主观领域,在浪漫主义诗歌、伟大的音乐以及观念论中得以体现。在这里,使人获得至福的依然是信仰和思想。尽管宗教的角色发生了变化,作为19世纪个体市民生活的一个元素,它仍然在两种教派中以相似的方式存活下来。在这方面,斗志旺盛的无神论功不可没。即便伟大的无神论者本人没有像布鲁诺和瓦尼尼那样成为真理的殉道者,但作为反题、作为极端的和纯粹的背离,无神论如此大张旗鼓地与福音精神的主张相对立,以至于它更有能力强化人们对宗教的兴趣,而非将其泯灭。作为他们中最杰出的人,伏尔泰慷慨地承认了有神论,然而他的作品与歌德的相关作品一样,对大众意识来说仍然是陌生的。更流行的无神论形式,即形而上学的唯物主义,若未能结合唯心主义辩证法,那么实际上便过于贫乏,无法构成一种乌托邦式-弥赛亚主义的历史理论,因此不足以对基督教构成严重威胁。只要管治尚未渗透一切——不仅包括国家力量与经济力量在商业和工业中的相互作用,还包括私人生活经营、所谓的自由时间和对孤独的应对——那么宣扬对上帝的爱和对上帝指引的信任总归还是一条更好的道路。与哲学唯物主义的概念相比,神学的绝对性提供了更有效的安慰、激励和警示,虽然前者对有神论的批判听起来足够铿锵有力。正如霍尔巴赫在其《自然的体系》（这部著作是18世纪唯物主义的圣经）中所言：“人往往是在无知、惶恐和灾难的深处,引出他们关于神的一些最初的概念的。”[1]由此可以看出,宗教教义“如果不是可疑的,也必

---

[1] Paul Thiry d'Holbach, *Système de la nature.* Bd. 3, Paris, l'an deuxième de la république, S. 167.

然是错误的,并且总是使人忧心忡忡。事实上,无论我们的眼光
投到地球的哪一部分上——在北方冰冻的寒带也好,在南方炎热
的热带也好,或是在气候最温和的一些地带也好,我们到处都会
看到人们战栗过,并且因恐惧和不幸而编造出一些民族的神,或
是敬奉人家从别处给他们带来的一些神"。正是"无知和恐惧创
造了诸神;正是想象、宗教狂热和欺诈,装扮了它们或改变了它们
的形象;正是软弱在崇拜它们;正是轻信在滋养它们;正是习惯在
尊重它们;正是暴虐,为了利用人的盲目,在维持它们"①。这是
对宗教起源的唯物主义分析,它用自然来取代被批判的神性。霍
尔巴赫在后面的文段中继续说道:"自然劝导道德败坏的人要为
自己的种种恶行、可耻的倾向和大逆不道的罪恶害臊;自然还给
他指出,这些最隐秘的不轨行为迟早必然要影响他自己的幸
福……自然对生活在社会里的人说,要爱那生养他的祖国,要忠
实为她服务,要在利益上同她结合而反对所有企图损害她的
人。"②在自然的名义下,启蒙思想家霍尔巴赫呼吁不仅要为祖国
而战,不仅要抵御外敌,还要反抗本国暴君。但什么是自然呢?
在自然之外别无他物,自然是一,同时也是万物。人类应该探索
自然的法则,崇拜其永恒不变的能量,将他的发现运用于自己的
幸福,并坦然接受自己无法知晓最后的、终极的、不可穿透的原因

[中译参见霍尔巴赫:《自然的体系(下卷)》,管士滨译,北京:商务印书
馆,1977,第11页。——译注]

① 参见《自然的体系(下卷)》,管士滨译,第171页。——译注
② Paul Thiry d'Holbach, *Système de la nature*. Bd. 5, S. 211。

[中译参见《自然的体系(下卷)》,管士滨译,第234页。——译注]

这一事实。他的整个存在都归属于自然。① 根据这种唯物主义，抽象的普遍性构成了正确行为的根据，但它的具体程度甚至还不如新教中隐藏的上帝②来得明确，而对此岸幸福的允诺也同样问题重重，正如那高度不确定的至福。自然主义与它所对抗的神学教条一样，几乎理所当然地将最恒久、最强大的事物等同于最高的、最值得爱戴的事物。出于对死亡的恐惧，人们转向被实体化的愿望形象，即一、永恒和不朽之物，视其为统治力量而臣服。古代唯物主义仍然倾向于将自然视为由原子组成的多元性；而自然拜物教与泛神论、本体论和神学一样，让伟大的统一性发声。然而，自然何言哉？就像近来被援引的"存在"一样，据说它通过教授们之口而得以被揭示出来。在每种情况下，上帝都被一个非人格化的概念所取代。通过让耶稣融入上帝的统一性中，经院哲学早已在某种程度上相对化了人类的生活和被杀害的耶稣的个体性。那个"存在自身"③，即神性的真实自体，其人性，因本质

---

① 参见 Paul Thiry d'Holbach, *Système de la nature*. Bd. 1, S. 23ff. u. S. 183 ff.

② 隐藏的上帝（*Deus absconditus*）这个概念源自基督教神学，特别是马丁·路德的思想，表示上帝在某些方面是不可知的或隐蔽的，超越人类的理解和感知。上帝的本质和意志并不总是对人类显现出来，而是隐藏在背后。因此，人类无法完全理解上帝的计划和意图，只有通过信仰才能接近上帝的奥秘。——译注

③ *ipsum esse* 这个拉丁语短语字面意思为"存在本身"或"本体存在"。在托马斯·阿奎那的经院哲学中，这个短语指的是"纯粹的存在"或"绝对存在"，即上帝的存在本质。阿奎那认为，上帝是 *ipsum esse subsistens*——自存的存在本身，即上帝不是某个具体的存在者，而是存在的根源和基础，是一切存在的本质。——译注

（Wesen）与定在（Dasein）的彻底贯通，因本质（Essenz）与实存（Existenz）的统一，每一丝差异都消失了，几乎无法与新柏拉图主义那流光四溢的存在区分开来。无论有神论还是无神论，一旦形成体系，都会将某种"本质性"（Wesenheit）置于最高处。关于自然能够言说、能够命令，或至少能够形成道德演绎原则的教条，是试图在不放弃对永恒准绳的古老渴望的情况下，与科学保持一致的一个有缺陷的尝试。然而，自然唯一能够教导的，只有丛林法则和自身持存，而不是什么自由和正义。自由资产阶级秩序始终依赖于合理的利益以外的东西。要唤醒这种东西，传统宗教及其制度总是比任何形式的无神论世界观更为有效。18世纪的法国唯物主义，尤其是所谓的自由思想者（Freidenkerturn），以及19世纪那苍白的单子论，都不过是昙花一现的威胁。

　　当下开始的变革——世界大战的时代、全球范围的民族觉醒和人口激增——可以与古代和中世纪的衰退做个比较。基督教，一般而言的有神论，受到的质疑远比启蒙时代（*Siècle des Lumières*）更加强烈。在19世纪相对广泛的社会阶层中，个人的进步取决于普遍教育、企业精神、责任感和远见，而在今天不断变化的经济中，其他的品质，例如灵活性、对信号的精确反应能力、专业娴熟和可靠性变得至关重要。伴随着这种品质以及产生了这种品质的家庭的地位的迅速下降，差异化地、自主地形成的关系对于生活的重要性也应声而落。然而，失去了社会功能的那些特质会成为阻碍，成为闭塞者和跟不上时代的人的特征。心理结构的变化是这一广泛过程的一个环节，在这个过程中，政治制度和宗教制度都被牵涉在内。民主，一方面像洛克和卢梭所设想的那样，另一方面，在法兰西第三共和国，甚至在德意志帝国时期，仍然作为

181

不同商业、工业和农业利益的独立实体之间的博弈机制而运作。工人与企业主之间的关系则构成了另一维度，并未被包含在议会之中。民主正在被掏空，代表的类型、他们与政党的关系、他们能否对辩论的问题做出自主判断，这些方面都发生了天翻地覆的变化。在重要的国家事务方面，尤其是外交政策乃至冲突的情境下，笨拙的民主机器迫切需要转变为强人的快速而运作有效的工具，神学必须进行适应社会机器的结构转型及其带来的家庭和个人的重组。更为关键的是，在其他国家，同样的社会机制也正在将宗教完全整合，并导致集体力量（本国或超国家集团的统治）作为唯一严肃的利益超越了个体自身持存的视野。国家社会主义就是一个典型的案例，它已经不再需要基督教，尽管双方相互妥协，它仍然将基督教视为一种危险。对民族主义的无神论来说，任何不完全隶属于他们的人都是敌人，无论他是有神论者还是无神论者。第三帝国，这一狂野的集体权力冲动，今天在全球范围内倾向于取代另一个王国的念想，试图追赶"地上之城"的目标——一个没有庇护所的世界。尽管"地上之城"以"上帝之城"①的名义在历史上犯下种种可怕罪行，但由于过去技术不够先进而始终未能实现这一目标。

发达国家中的两个教派②为应对威胁而采取的全面行动，丝毫不逊色于神学史上最具决定性的变革。1963 年 5 月的罗马既

① "地上之城"（ Civitas Terrena）和"上帝之城"（ Civitas Dei）这一对术语源自奥古斯丁的著作《上帝之城》，他将人类社会分为两个对立的城邦——"上帝之城"，代表追求上帝和永恒价值的人类社会；以及"地上之城"，代表关注权力、物质和尘世事务的世俗社会。——译注

② 即天主教与新教。——译注

进步又保守。① 新的意向旨在改善工人的生活,让他们在自由国家中分享财富,并使他们摆脱落后的独裁政权的残酷压迫。即使是从反宗教理论中派生出的社会运动,也不再受到带有仇恨的评判。正如教皇通谕《和平于世》所言:"只要这些运动符合有序理性的法则,并考虑到人类的正当需求,那么谁能否认,人们能够在其中找到某些好的和值得承认的东西?"②社会变革的不可避免已被认识并接受。在此,这种基于内在逻辑的对社会进步的理解,与尽可能多地拯救积极的公民品质并将其带入崭新境地的努力紧密相连,尽管这些品质可能会质疑快速适应统治者的做法。教会遵循传统(不过是以新的方式),试图亲自参与社会本身的塑造。相较于新教神学家们所得出的结论,它适应时代的努力仍然显得微不足道。在新教神学家那里,不仅任何与科学可能产生的冲突消失了(因为科学在其实证主义的形态下本就避免了这些冲突),而且与任何实质性道德准则的冲突也一并消失了。实际上,关于上帝作为一个人格乃至作为三位一体而存在的说法,已被视为纯粹的神话,更不用说什么彼岸了。英国圣公会主教约翰·罗宾逊在一本眼下于许多国家引起争议的通俗作品《忠于上帝》中宣称:"关于'上帝'以'他的儿子'的身份'造访'地球的整个想法,就像童话故事中的王子一样充满神话色彩。"③圣诞故事和与

183

---

① 1963 年 5 月正值罗马第二次梵蒂冈大公会议(Vatican II)期间。——译注

② Enzyklika Papst Johannes' XXIII., *Pacem in terris*, 11. April 1963. Recklinghausen 1963, S. 54.

③ John A. T. Robinson, *Honest to God*, London 1963, S. 67.

之相关的叙述所代表的某种"超自然主义图式"可以"完全合法地"作为神话而延活下来并占据一席之地,①其延活的理由仅仅是为了揭示生命的精神意义。虽然用的是更简单的形式,但罗宾逊仍说出了保罗·蒂利希②和其他哲学神学家的思想:圣经中的叙述是象征性的。罗宾逊说,当《新约》解释,上帝在基督里,道就是上帝,它无非是在说上帝是我们存在的最终"深度",是在有条件者中的无条件者。③ 所谓的超验者、上帝、爱,无论人们怎么称呼它,"并不在'外面',而是在一切有限关系中的'你'之中、之下、之内,作为最终深度、根据与意义所遭遇的"④。然而,当谈及最终深度时,倒不如说叔本华更为正确,他将其揭发为每个存在中自身持存的欲力、对生存与幸福的意志。无论主教的言辞多么真诚,人们都会认为它们是空话、是故作正经之词,在德语中,这自古以来就是陈词滥调。这些言辞天真地预设了那个应被反教条主义摧毁的、加了括弧的有神论。然而,真理作为一种具有突出意义的、超越人类错误的存在,无法简单地与有神论分离。否则,实证主义就会占据主导地位,而最新的神学在所有的矛盾中都将与其紧密关联。在实证主义看来,真理是运行计算,思想是器官,而意识逐渐变得多余,因为在集体中逐渐形成了注重目的的

184

---

① John A. T. Robinson, *Honest to God*, S. 67。

② 保罗·蒂利希(Paul Tillich, 1886—1965),德裔美籍神学家和哲学家,他以将基督教神学与存在主义哲学相结合而闻名。蒂利希的思想广泛涉及宗教、哲学和文化批判,他的代表作包括《系统神学》和《存在的勇气》。——译注

③ John A. T. Robinson, *Honest to God*, S. 76。

④ 同上书,S. 114。

(zweckmäßig)行为模式,而过去它曾经由意识来中介。没有上帝,拯救无条件的意义是徒劳的。在任何文化领域、艺术或宗教中,无论某种表达是多么独立、多么精细、多么必不可少,一旦放弃了有神论信仰,它也就必须同时放弃声称自己在客观上高于任何实用行为的主张。如果没有对神圣之物的援引,善行和对不义迫害的救赎就会失去其光辉,除非它们符合国界内外的集体的利益。当先进的新教神学家仍然允许绝望的人自称为基督徒时,他们实际上将某种教条置入括弧之内而将其保留,因为如果没有这个教条的效力,他们自己的言谈就会变得毫无意义。当上帝消亡,永恒的真理也随之消失。

新教神学的最后一次退却,试图在不受哲学困境影响的情况下拯救这样一个理念:个体生命具有独特的意义。关键在于,在世俗生活中要朝向超出世俗之物,而这个超出之物就是爱。爱之所以被保留为不可规定之物的规定,显然是对遗承之物的回忆。然而,正如新近著作中所表现的那样,作为抽象概念的爱仍然像它欲以取代的那个隐藏的上帝一样模糊不清。为了使这种爱在思想和行动中的结果不至于停留在纯粹的偶然上,有必要澄清其中作为原则所蕴含着的概念要素。当一个概念在它应经受考验的现实情境中作为理论而展开时,它的意义才会显现出来。关于基督教的爱,需要进一步阐明的是:今日在其视域下,世界呈现出何种面貌,它在社会中可以朝哪个方向发挥作用;不仅如此,还需要探讨基督教的爱为了表达自己,需要在多大程度上否定自己,更不用说它如何找到力量去贯彻自己。通过勾画出理论,它会反过来影响自己的原则,更切实地定义它、改变它。尽管希望没有人再忍饥挨饿或遭受不公的意志,本身就已经比那些对价值、永

185

恒的意义和真切的存在的空谈更加具体,但它仍然是抽象的。在政治经济学批判、马克思和恩格斯的理论、精神分析,以及那些被东西方列入黑名单的所谓虚无主义著作中(这些著作,如同创立者当年在诊断时代时发表的引发轰动的言论那样,激起了当权者的恼怒),关于更正确的现实的构想同样初具雏形,且丝毫不逊色于许多神学草案。无神论和有神论的对立不再具有当下意义。曾几何时,无神论是内在独立和非凡勇气的见证,在那些威权和半威权国家中,它仍然被视为令人憎恶的自由精神的象征。在今天构成普遍威胁的任何形式的极权统治下,开诚布公的有神论习惯于占据一个位置。无神论涵盖了极为多样的内容,而有神论的概念则足够明确,能将所有以有神论的名义憎恨他人的人标记为伪善者。如果这一永恒的正义被当作为眼下的不公辩解的借口,那么只要它不给关于"他者"(Andere)①的想法留下余地,它便与

---

① Andere 一词,对应的英译为 the other,在德语的日常用法中往往(用首字母小写的形式)表示"其他人(或物)、另一个东西、不同的东西",而在现当代哲学中则往往译为"他者",与"自我"相对。霍克海默所说的 Andere,有时想要表达的是对"我"或"我们"之外的他人的承认,有时想要表达在认知之外的、无法把握的异己性存在,有时想要表达的是一种与现实不同的其他情境或另外的可能性,而这个对 Andere 的渴望常常通过宗教的形式,特别是通过上帝这一完全异于自己的绝对者而得到表达。在这一点上霍克海默与列维纳斯、德里达之间有思想上的神交。霍克海默自认这一用法来自阿多诺(参见本书第406页),而在阿多诺那里,Andere 往往对立于主体、自我以及它们所蕴含着的同一性。我们统一将 Andere 译为"他者",这样既能突出霍克海默将这一在德语中司空见惯的词语进行术语征用的做法,又能将它置于当代西方他者哲学的谱系之下。——译注

眼下的不公一样糟糕。在欧洲历史上,无论是可怕的还是美好的事情,双方都有各自的暴君和殉道者。希望保留在这样的努力上:在将大众进行集团化管治的世界时期即将到来之际,仍能找到像基督教创立者所代表的那些历史受害者一样进行抵抗的人。

尽管今天各教派处于守势,但在它们逐渐衰落之际,有神论却获得了新的现实意义。这种现实性源于无神论自身的意义,只有那些曾将无神论当作贬义词使用的人,才会把它理解为宗教的纯粹对立面。那些在宗教尚手握权势时坦白自己无神论立场的人,往往比大多数教派的追随者和附和者更深刻地认同神学的诫命,认同对邻人和一切创造物的奉献。这种自我舍弃(Entäußerung),这种将自爱扬弃为对他者之爱的行为,源于欧洲的犹太-基督教理念,即在弥赛亚的教义中得到了表达的真理、爱与正义合而为一的理念。与过去的宗教批评家相比,今天,反思性思维更加清晰地认识到有神论传统与克服自私自利之间的必然联系。这里所说的"有神论"与 17、18 世纪同用一个名字的哲学思潮几乎毫无关系。这些思潮大多是试图以一种看似合理的方式将上帝的概念与新兴的自然科学调和在一起;对世界之外的他者的渴望、对现存关系的疏离,在这些思潮中是次要的,几乎没有发挥任何重要作用。这些概念的含义绝非不受历史影响,它们的变化也极其复杂。在一个国家社会主义和民族主义的共产主义都公开谴责基督教的时代,与伏尔泰截然相反,卢梭的学生罗伯斯庇尔早已采纳无神论,并像那些人一样将民族主义解释为宗教。今天的无神论确实是一种与日益强大的力量保持一致的态度,无论它是否口头上坦白信奉某种宗教,还是能够坦然地公开抛弃它。而那些抵制主流趋势的人,今天努力坚守的正是他们所隶属的文明一度赖以存在的精神基础。这个基础与其说像哲学有神论所设想的那样,是关于自然法则的神圣保证者的观念;不如说恰恰相反,是对世界之外某种"他者"的想法,在这种想法中,自然及其固定的规则——这些规则自古以来一直制造着灾厄——将不再具有效力。①

---

① 最后一段是霍克海默在法文译本中新增的(in: *Diagène*, Nr. 48, 1964, S. 38-53)。——原编者注

宗教与哲学[①]

Religion und Philosophie

————————

① 这篇文章最初是 1965 年霍克海默在叔本华协会举办的一场讲座的内容,1967 年又作为广播讲座在德语和罗曼什语瑞士广播电台播出。译自"Religion und Philosophie", Max Horkheimer, *Gesammelte Schriften*, Bd. 7, Hrsg. Gunzelin Schmid Noerr, Frankfurt╱M: Fischer, 1985, S. 187-196。——译注

今天谈论宗教与哲学之间的关系是无法绕开保罗·蒂利希 　187
的。他将两者统一在他的思想中,这一点几乎无人能比,他的去
世在精神生活中留下了深深的空白。当他在 1929 年接受法兰克
福大学哲学教席的邀请时,他同时还是一名基督徒和新教神学
家。与许多其他信徒、学者和普通教徒不同,他每时每刻都极为
严肃地对待"爱邻人"这一诫命。

如果他没有在激进的反基督教运动开始后立即离开德国,他
很可能早已遭遇不测。他预见了纳粹主义的崛起,并以正义社会
的想法与之相抗。他自认属于宗教社会主义,在"正确的社会整
体"的理念中,邻人之爱和对每个人权利的尊重都被保留其中。
政治若没有在其最高反思中保有神学,那么无论它多么精明,最
终都不过是生意。蒂利希觉察到,即使在马克思的著作中,神学
悬设——尽管总是无意识的——也起着决定性的作用,在逻辑上
无法与他的内容分离开来。

在当前时期,这些悬设正迅速地被褫夺,不仅在政治和科学
中早已沦为陈词滥调,而且即使在诸如先进艺术这样的领域中,
它们如今也作为被极端否定的对象而得到表达。哲学不应迎合
专业化的需求,成为本体论或新实证主义的附庸,而是应该对抗
顺从主义,大声疾呼宗教的衰落及其对西方文明的影响,无论这
一影响是多么的不可避免。

欧洲的思想及其决定性概念深深植根于神学之中。尽管进

步的神学家们或许对定义至高无上的存在有所顾忌,哪怕只是恰当地为它命名(在这一点上蒂利希与犹太教有相似之处),但"更高者"与"一"这些概念在语言上拥有着优先地位,它们一旦脱离宗教背景便会失去其意义。为什么上帝是一而不是多,是高而不是低,是在上而不是在下? 单数比复数更有意义吗? 在科学主导的生活中,当自然界中"更高者"总是回溯到它所源自的更为原始的事物,而非相反时,思想者如何将世界和宇宙理解为"一"和"最高者"的创造物? 尽管基督教思想的创立者极度反对顺从,更倾向于在卑微者和终末者中寻求善,但是在语言中,对应于昔日的贵族,"善"依然与"上方"和"第一"联系在一起。早在文艺复兴时期,随着新科学的兴起,"上面的天堂"这一观念便开始失去其意义。

和造物、上与下、一与多这些概念一样,有限与无限、身体与精神也被卷入危机之中。身体在死亡后归于尘土,归于它最终的来源之地,这是无可置疑的。然而,精神和灵魂的攀升及其永恒性却与我们对其脆弱和敏感的经验形成对照。微小的生理影响就能改变它们,不用说毒品,即使是酒精都能让自我无法自持,使其走向分裂和消散,最终解体。灵魂之物在生活中不断受到威胁,而在神经系统崩溃之后,它却仍要以个体性的形式存在——这一点显然与一切经验相悖,因为个体性、个人的独特性自古以来就始终带有稍纵即逝的痕迹。神学将无限者置于有限者之上,将永恒置于短暂之上,将灵魂置于身体之上,认为前者是更好的存在,而这种等级制与语言脱不了干系。

科学的进步,无论是内容上还是形式上,都把思想裁定为功能和工具。语词成了事实的符号,它本身也是无穷事实中的一个事实；在这无穷事实中，太阳、月亮、地球，以及它们所属的特定银河系，包括个体和万事都将消失得无影无踪。那些试图在永恒的意义上超越事实的东西，变成了站不住脚的幻觉，是自由思辨的领域，成了一种对应于人类早期发展阶段的早已过时了的世界阐释。科学与信仰之间作为不同行业的那种堕落的和平共处——科学用于前行，用于经济、政治和国防，简而言之，处理现实；信仰则用于安抚灵魂——意味着神学的放弃。胜者是慷慨的，科学家承认，我们的概念在方法论上是富有成果的虚构，是组织排序的机制，是在正确的时间和正确的地点用来准确预测事实的符号。科学是支配自然的工具，是制造自动装置和火箭的手段，是使得社会合理化的方式；至于"绝对真理"，无论它意味着什么，精确的研究都乐于将其留给有着各种戒律教规的神职人员和艺术家。只要哲学满足于逻辑上的辅助工作，或者作为一门所谓的精神科学，满足于哲学家和哲学主题的抽象历史研究，甚至是与诸如存在和存在者、本质和在场或永恒价值之类的词语打交道，它就仍然被保留为一门学术专业。

189

　　宗教也在劳动分工中沉沦。正如中小学和高校所做的那样，宗教被归类为当前知识领域中一门非必要的学科，这标志着宗教和那曾经以对世界和生命的宗教性理解为鲜明特征的文明一道衰落了。自文艺复兴以来，新兴科学及其思维方式的扩展越是与神学产生抵牾，哲学就越是要承担起这样的任务：通过与科学相关的合理性方法来支撑基督教教义，或至少支撑其悬设。上帝作为造物主、立法者和审判者的概念，尤其是对社会运行最为重要的准则，都应作为理性真理与科学相协调一致。无论启示思想是否受到威胁，它的悬设都是通过思想对自身的反思，作为永恒的准则而建立起来。在这一努力中,不同方向的哲学体系达成了一致。面对不断进步的世界知识,拯救欧洲文化的趋势导致了人文主义的起源和现代哲学的展开。而比起人文主义,现代哲学更加紧密地与这一思考相连:没有上帝,道德、灵魂不朽和社会生活必然会退化。无论笛卡尔、莱布尼兹以及康德如何重视严格的科学,构成他们思想的一个决定性动机是,通过将最高的宗教原则与理性概念同而为一而使前者得以合法化。相比之下,在那个时期的伟大人物中,生活在资产阶级的英国的休谟将道德回溯为合理性的、中立的博爱,将宗教回溯为习惯。

190

　　路德早已预见到理性主义尝试的徒劳无功,这就是为什么他像厌恶哲学本身一样厌恶伊拉斯谟①。"理性啊,你是个娼妓,我不会追随你。"②由于他坚决依赖非理性的原则——神恩,并且拒绝从理性中推导出正确的行为,在社会层面上,他别无选择,只能将国家、行政以及现存的当权者神圣化。他的学说是他自己拯救宗教的尝试。科学之外并非只有谬误和迷信,在所有无法通过经验和理性证明的观念中,基督教的观念应被视为信仰。除了正确与错误之外,还有第三种存在,即上帝之言。曾经的高级经院哲学并不认为神学知识和世俗知识之间存在矛盾,仅将极少数最高的基督教真理归于超自然的启示之光,而路德则将

---

　　① 德西德里乌斯·伊拉斯谟(Erasmus [Desiderius] von Rotterdam, 1469—1536),中世纪尼德兰著名的人文主义思想家和神学家。他坚信理性是人类与上帝赐予的智慧之间的桥梁,并认为理性应当在宗教和道德生活中发挥重要作用。——译注

　　② 引自 Hartmann Grisar, *Luther*, Freiburg 1912, III., S. 836。

圣经的世界观置于新兴科学观点的对立面,并不通过哲学进行
调和。地球、天堂、地狱、人类、灵魂与上帝之间的关系,并不比
希腊众神的国度或占星术与巫术更接近进步的知识,却仍然被
视为神圣的文本。这些文本包括被传统和制度所认可的叙述、命
题和诫命,这些内容被一条由经验和证据日益加深的鸿沟所分
隔,因为"宗教被不断发展的知性教化所压制"①。那些因家庭生
活变革而未能将宗教作为自身实质要素保存下来的年轻人,只不
过将宗教理解为一种存疑的传统,这使他们从根本上陷入了迷茫
之中。

　　叔本华的著作构成了拯救基督教核心内容的最后一次重 191
要哲学尝试,其中一个重要思想与蒂利希不谋而合。"如果从
本意上理解基督教的教义,那伏尔泰就是对的;而如果在寓言
的层面上理解,那基督教就是一个神圣的神话,一个用以向大
众传达真理的工具——缺少了这一工具,大众是不会理解这
些真理的。"②蒂利希所精细展开的象征主义(Symbolismus),早
已被叔本华预见。基督教"总体上是完全寓言性质的"③。叔本
华所称的"一切宗教所具有的缺点",正是蒂利希试图克服的,
即宗教"永远都不敢公开承认自己的寓言性质,而只是隐晦地

---

① Schopenhauer, *Handschriftlicher Nachlaß*, Hrsg. von Frauenstädt, 1864,
S. 429.

② Schopenhauer, *Parerga* 2, § 177.

　　[中译参见叔本华:《附录与补遗》(第二卷),韦启昌译,上海:上海人民
出版社,2020,第 423 页。——译注]

③ 同上。

这样做"。① 据蒂利希所说,人类"在他异化了的本性的条件下"②,按照有限的、受限制的境况来接收启示。圣经故事应被理解为比喻;若按字面意思来接受,它们在当今时代起码会被视为迷信。叔本华的形而上学与蒂利希坚定的信念相去甚远,它为此岸与彼岸、短暂与永恒、有条件者与无条件者之间的关系提供了一种明确的、有条理的理论。他以某种与科学相去不远的方式,将蒂利希和康德认为无法言说的东西说了出来。

康德曾令人信服地阐明,人类所认识的世界是他们的智性、感知和知性装置的产物,是一种以易逝的(vergänglich)功能为中介的现象。技术的成功,无论它们能将对自然的支配从地球上扩展到多少个其他天体,也不会触动有限真理与绝对真理之间的关系。对独立于主体之外的实在进行放纵的臆想,试图理解实在本身究竟是什么样的,对显然不是由人类的精神程序所构成的领域展开思辨,这些都不过是一种欺骗。无论人类意识多么希望有朝一日能够抵达无限的真理,它始终被封闭在它自己所依赖的宇宙形态中。世界本身,即主观条件下的他者,逃避思想的捕捉,认知仅涉及相对者。康德的学生叔本华拒斥了这种不可知论。蒂利希认为他在那未知的他者中隐约感知到了"超越上帝的上帝"(Gott über Gott),即更高和至高的存在,与令人毛骨悚然的现实仿佛形成了鲜明的对比,而叔本华则将世界中显现的绝对者揭示

192

---

① Schopenhauer, *Parerga* 2, § 177.

[中译参见叔本华:《附录与补遗》(第二卷),韦启昌译,第 423 页。——译注]

② [Tillich,] *The Future of Religions*, New York 1966, S. 81.

为永远盲目且永不熄灭的意志,一切最终都服务于它,归属于它。将意志作为自身实体来经验,并不是一种与对显现之物的认识或对另一个世界的思辨具有相同意义的客体化。在最深处赋予我灵魂的东西,既不是在空间中可感知的,也不是某种被杜撰、被敏锐推理出来或被构造而成的东西;相反,每个人都可以觉察到,他的思想、计划、行动,他对世界的印象和观念,无论这些是源于自己的省思,还是以其他方式获得的,最终都来自那种欲求,它将各种各样的生命表达完全支配为同一个东西,也就是意志。个人在反思自我时,会经验到这种意志(它类似于弗洛伊德所说的心理力量或力比多)是属于他的持久动力,是他有别于他者的内在本质。事实上,无论强度、盲目性和完整性有何不同,意志在每个人身上都是相同的:多样性是假象,一个人为了自我肯定而与他人对抗的行为是愚蠢的。"自在"(An-Sich)是一,斗争、压迫、统治以及血腥的世界历史从更深层次的角度来看毫无意义。康德的禁令——不要沉溺于智性世界当中——被打破了,统一性究竟是否像神学通常所说的那样比多样性更真实,还是说两者都只不过是知性的范畴工具,这样的疑虑被搁置一旁,以便能够对整个世界形成新的解释。

我们对叔本华思想总括性的回顾是相当简化的,请大家见谅,但这一回顾旨在清楚地表明,他的哲学对基督教信仰的救赎正是通过与之相悖的定理来实现的。那些崇拜世界的创造者,甚至是崇拜仁慈的创造者的信徒,其实已经被误导了,因为生物(包括人类)的命运早已揭穿了这一教义的虚妄,并且仅靠诸如"不可探知的神意"之类的借口才勉强摆脱了荒谬。更为理性的做法是,像佛教徒和印度教徒那样,崇拜一个"超越世界且在

193

某种意义上毁灭世界的存在"，而叔本华更愿意将基督教归入这些亚洲宗教之列。① 比起现存的一切，虚无会更好。基督教道德的正当性就是这种否定的结果。如果显象的领域，即可经验到的现实，不是积极的上帝力量的杰作，不是自身即善和永恒的存在的表达，而是在每一个有限之物中肯定自己的意志，它在多样性中扭曲地映射出来，但又在最深刻的层面上是同一个东西，那么每个人都有理由知道，他们与其他每一个人都是一体的，一体的不是他们的具体动机，而是他们在被驱使着进入妄想与内疚，进入喜悦与衰亡时的那种纷繁纠缠。基督教创始人的生命和命运成为典范，不再是基于诫命，而是基于对世界最深处的洞察。鉴于他的道德论证以及"这世界是卑劣可鄙的"这一论点，叔本华说，人们可以称他的学说为"真正的基督教哲学"。② 那些承认他的著作为真理的人，并不接受教义本身，但却认可福音的精神。

悲观主义哲学支持基督教的论点今天必须被谨慎地接受，它比理性主义者，甚至比在实践部分与理性主义者十分接近的批判主义者，无论如何都要更有道理一些。所谓道德诫命是理性的一部分，这一观点已经过时。绝对命令作为超经验的事实存在于每一个有思想的存在身上，这种学说是对传统之物的绝对化。康德试图从哲学上实现启蒙运动的远大梦想。伏尔泰

---

① 参见 Schopenhauer, *Nachlaß*, S. 430。

② Schopenhauer, *Parerga*, § 163.

[中译参见叔本华：《附录与补遗》（第二卷），韦启昌译，第364页。——译注]

"在心中上帝自行铭刻"①的信念有着悠久的历史,并延续到我们
时代的伟大文学作品之中。托尔斯泰在《复活》(*Auferstehung*)中
也曾提出过这个美好的信念,它将道德视为上帝书写在人心中的
意志,康德则以更科学的方式称之为实践理性,然而这一信念却
建立在过于仓促的归纳推理之上。虽然每个有教养的人在行动
时都会相信,在相同的情况下他人也一定会做出同样的反应,但
理性对于绝对命令来说是中立的。理性不仅会为道德行动提供
依据,同样也会支持那些其准则并不适合被普遍化的行动。绝对
命令是文明化了的心性特征,而绝非理性本身。道德从绝对命令
中引申出来,并不比从神圣立法中引申出来,更具有明证性。嫉
妒和贪婪与爱和自我奉献一样,离理性既远又近,并且它们在实
际效果方面毫不逊色。尽管康德的解决方案充满了天才性和真
诚,但它并不比神学的解决方案更为可行。基于"万物终归一体"
的观点来证明邻人之爱的合理性,比诉诸至高无上的存在更能经
受住批判性的省思。当然,叔本华那打破陈规的解决方案无疑也
包含了宿命论,这在某种意义上意味着听天由命。叔本华的思想
与宗教改革的密切关系一点也不比康德和伏尔泰少,以至于它彻
底否定了自由意志,因而也否定了责任,尤其是并不赋予行动自
由以价值。"我想您相信命运;对我来说,这是我最喜欢的教义。
这个世界上的所有事务在我看来就像是一个个被彼此推动的
球体。"②

194

---

① 参见 Voltaire, *Œuvres Complètes*, Paris 1877, Bd. 10, S. 130 以及其他
一些段落。

② Voltaire, *Œuvres Complètes*, Bd. 45, S. 98.

如前所述，西方文明本身与基督教神学的世界图景须臾无法脱离，尽管它不断在抵制这种图景。无论向年轻人传达什么样的道德冲动，就算它们不受教派影响，与有意识的无神论并行不悖，但如果不再有超越性的指引，它们就会走向其反面，变成一种单纯的品味和心血来潮。道德承诺，就像爱情承诺一样，在今天显得有些落伍。因此，尽管哲学的援助似乎比以往任何时候都更为必要，但它却由于道德在社会中的重要性的减弱而日益变得多余。如今，对个体生活细节的管治越是成规建制，个体自己的决断就越是被转化为对各种信号的精确反应，私人紧凑工作的任务和目标就越是受到全方位的机制及由之引发的专业化所规定（而这些机制和专业化又是由压倒性的社会和政治格局所支配的），个人独特发展的回旋空间就越是狭窄。与他人的关系，本来在职务上就已经由庞大的企业所预先规定，而在职务之外，这种关系则同任何其他非义务性的活动一样，被限定在所谓的闲暇时间之内。在市民阶级中曾紧密联系在一起的工作和兴趣，现在变成了两个分离的领域。宗教在当今似乎仍有存在的必要，因为它通过教堂和社区将人们聚集在一起，使他们能在闲暇时间还算愉快地参与进来，进而消除孤独感。信仰宗教教义仍能为许多人提供安慰和支持，且不会有太大的风险。神职人员及其组织为社会提供的许多服务本可以转移到世俗机构中去，在他们仍然履行的职能中，严格意义上的神学往往已退居其次。随着在经验现实之外寻找他者的思想逐渐褪色，语言也受到了影响，科学和行政管理适合更加精确的沟通方式。如果没有民族主义，那似乎早就可以向更适用的系统过渡了，更何况个人处境的变化——薄薄的墙壁和监听设备当然与之相对应——不利于有区分的表达。

　　历史的进程,包括文化领域的解体,并没有消除统治。在封建主义、专制主义和资产阶级的社会形态中,面对公然的不义,宗教仍然可以被用来指向一个即将到来和充满希望的彼岸世界,然而,这些社会形态正在转变为这样的结构,这种结构不能再被视为由两个阶级组成的系统,当然也不能再被视为向自由王国的过渡。如果说历史唯物主义的奠基人对危机加剧的诊断曾大体上被证明是正确的,那么他们的理论如今在总体上已经被现实所超越。在西方国家的工人眼中,《共产党宣言》和政治经济学批判的残余只是一种逐渐消失的传统,类似于市民阶级中的那些教派的命运。将现存之物相对化,无论是如基督教那样将其作为有限之物,还是如马克思所说将其作为人类的史前史,在被管治的世界中都只是作为一种浪漫主义的症状而出现。似乎可以肯定的是,如果不发生灾难,高度工业化国家将向一个彻底组织化的自动化社会过渡,走向弥赛亚时间或其世俗化形式的反面。与技术水平相适配的反应系统将成为人类本性的一部分。如果个体不能可靠地发挥作用,那是不正常的,而非不道德的;它需要医学治疗和修复。完美的社会化是通过全面的行政管理来实现的,如果有必要,还可以通过早已应时而变的独裁来实现。未被满足的渴望、内心支撑的缺位以及与此相关的对共同体的需求,首先为蛊惑人心之术提供了舞台。不再有无条件的目标,而那些一旦实现便会转化为手段的现实目的,尽管有其合理性,但自身却毫无意义,以至于相当一部分年轻人通过对

196

披头士、Provos① 和偶发艺术②的认同来抗议任何对日常生活的颂扬。哲学仍然能为消逝之物提供的服务,在于将这一过程及其后果表达出来。这个努力是悖论性的,因为传统的句法和词语本身依赖于它们试图表达的意义而存在,而这些意义如今已然丧失。

---

① Provos 是 20 世纪 60 年代至 70 年代初在荷兰兴起的一个激进青年运动。这个运动主张社会变革,批判当时的主流社会和政治体制,具有无政府主义的特征。它以形式多样的抗议行动、街头戏剧和幽默手法,以及对当时政治和社会现象的讽刺而闻名。——译注

② 偶发艺术(Happenings),一种艺术表现形式,起源于 20 世纪 60 年代的前卫艺术运动。它通常指那些不拘形式、即兴创作、参与性强的艺术事件或表演,旨在打破传统艺术界限,并引发观众的直接体验和反应。——译注

论怀疑①

Über den Zweifel

我无法简单地谈论各式各样的怀疑,以及它们在逻辑、心理 213
和事实方面的细微差别。诸如科学中的假设、实验前后及其过程
中所存在的不确定性、决断或行动后的不确定性,包括记忆障碍、
各种思想上的摇摆不定,都属于怀疑的范畴。在此我将自己限制
在有关神学的危机的话题上,也就是宗教在历史条件下所面临的
威胁。

自古以来,"怀疑"这个概念一直在思想史上塑造一种具有决
定意义的哲学倾向,即怀疑主义。关于"何物存在"和"何物应该
存在"的确凿知识或毋庸置疑的真理,被怀疑主义者视为思想的
懒惰和天真。在欧洲,怀疑论的思维方式以及对怀疑的认可从未
完全消失。在中世纪,怀疑受到了限制。至少对普通人来说,灵
魂、上帝、救赎等范畴渗透到了日常经验中,神学理念成为理所当
然的事情,这不仅是由教会与统治的结合所带来的,而且也是因
为自承谦卑的自然知识与基督教教义之间所具有的兼容性模糊
了两者的有效性差异。任何人如果不把全能上帝对世界的创造
看作和人类搭建建筑物那样确凿无疑,不把天堂看作永恒安宁的
居所,不把福音和启示本身视为绝对真理,那么他不仅是罪人,而
且是愚者。只有在学者们那里,哲学上的怀疑论才被认为是一种
值得尊敬的(尽管是错误的)立场。

圣奥古斯丁与后来的许多经院哲学家一样,对怀疑主义的学
说进行了深入研究。这一学说认为"在人类的观点中没有什么是

214   确定的,即使偶然被接纳为真理的东西亦是如此"①。奥古斯丁
说:"即便他们怀疑自己的生命,也不可能不知道一些东西……他
们认为以动摇不定的方式接受自己的存在可以避免谬误,然而他
们同时也通过这一谬误确证了自己存在的事实性:因为不存在的
人不可能犯错。"②由此可见,奥古斯丁早已预见了被视为现代哲
学开端的笛卡尔学说的一部分,即怀疑本身证明了自我的存在。

　　中世纪之后,宗教改革者路德继承奥古斯丁,试图挽救自文
艺复兴以来那由宗教所规定,却受知识进步所威胁的世界观。改
革者们宣称,圣经文本是一个确定且亘古不变的领域,具有特殊
的有效性,不受那些正在彻底革新生活和思想的新兴自然研究的
挑战。不仅自然科学彻底改变了旧有的圣经世界观,而且至少在
当时,许多知识分子已经将其纳入了有意义的行为的规定之中。
宗教改革对信仰的把握,尤其是将信仰理解为与猜想截然不同乃
至对立的东西,是对经院哲学特定教义——也就是超自然之光
(Lumen Supranaturale)的学说——的扩展和普及,这一学说认为这
种源自神恩的真理超越了人类的认知能力。在托马斯·阿奎那
的时代,超自然之光被视为诸如三位一体和"圣母无染原罪"③等

————————————

①　*Enchiridion* [*ad Laurentium sive de fide, spe et caritate liber unus*], Bibi. d.
Kirchenväter, Bd. VIII, S. 412.

②　同上书, S. 413。

③　圣母无染原罪(Unbefleckten Empfängnis),天主教教义中指的是圣母
玛利亚在其母亲圣安妮怀孕时,因上帝的特殊恩宠,未受原罪污染。根据这
一教义,玛利亚从她受孕之初就被保佑免于原罪,以便成为耶稣基督的母亲。
这一教义在1854年由教皇庇护九世正式宣布为天主教的教义,但在此之前,
它已经在中世纪的神学讨论中占有重要地位。——译注

少数教义的源泉。到了 13 世纪末,在邓斯·司各脱那里,无从验证的神学命题的数量已成倍增加。最终,新教将整本圣经教义解释为一个超越了自然知识的精神领域。宗教从一套日常生活的行为准则(它以大多看似自然的教义为基础),转变为一种特殊的、因恩典而得的信仰。

宗教改革之后,现代哲学,尤其是理性主义哲学,成为欧洲大陆试图在科学成就的压力下保留宗教基本概念的第二次世界历史性的尝试。上帝的观念以及由此而产生的崇拜、服从,简言之——道德,已经是与生俱来的理性,因此不受怀疑所影响,这些理念是如此具有明证性,毫不亚于逻辑学的基本定律,而没有逻辑学的基本定律,就不可能有思想,更遑论科学。通过这些理论,笛卡尔、莱布尼茨和其他理性主义者试图将宗教(尤其是其概念基础)与科学协调起来,至少在某种程度上缓和两者的冲突。康德解释说,道德义务,也就是"绝对命令",是实践理性所内蕴的,而上帝的存在是从中推导出的一个必要悬设。他的理论虽然很巧妙,但并不十分可信,因为道德在逻辑上源自神学,在历史上更是如此。尽管一个文明化了的、合宜于社会的人道行为实际上可能要追溯到教育及由此产生的心理因素——然而,如果没有神圣诫命的有效性作为前提,博爱、诚实、责任感在逻辑上就无法比仇恨更加理正词直,对苦难者的帮助也无法比压迫他人来得更好。无论如何,康德始终忠于他的理论努力,以符合资产阶级时代的方式证明上帝的观念。只有当道德和个人的人道决断因为无所不包的社会管治而变得无关紧要时,神学才会失去其实践上的必要性。

宗教改革和现代哲学在很大程度上都归功于在宗教被认为

是不可或缺的情况下所产生的怀疑,归功于世俗科学知识与启示之间与日俱增的对立意识。如今,两者间的距离愈发遥远,学术哲学在很大程度上屈服了,它看似最先进的方向——新实证主义——已经作为一门特殊学科毫无保留地加入了科学的行列,它变得与其他专业别无二致,尽管其实用性值得怀疑。

科学不断扩展着它的众多特殊领域、专业、子专业和"子子专业"(Unterunterfächern),服务于技术、工业、行政管理,尤其是军备。它为社会和个人的生活提供手段,而它本身就是一种手段,与物质劳动一样属于工作日的一部分。其他领域,包括戏剧、旅行、体育、阅读、对有趣研究成果的报道等,与科学分离开来,构成了闲暇时间的一部分。尽管有些人仍然把宗教当回事,但它也越来越多地融入了休闲活动。许多节日仍然有它的宗教名称,并根据各国的教派来庆祝。继有关机构近些年来卓有成效的研究之后,针对圣诞节进行深入的舆论调查或临床访谈可能会得出令人吃惊的结果。要说今天仍有人真诚地相信,甚或在真正意义上质疑伯利恒之事①,我认为这几乎是不可能的;那些图像和雕像被制作出来并得到观看,但不论是它们所描绘的历史准确性,还有它们所见证的真相,都只扮演着相当微不足道的角色。无数的受益者、商业利益、对自己童年的回忆,尤其是闲暇时间,都比虔诚更为有效。

在所谓的发达国家,社会的进步已经到了如此地步,不仅所谓的神圣真理已经褪色,就连对它的怀疑本身——用年轻人的话

---

① 根据《新约》的记载,耶稣在伯利恒(Bethlehem)的马槽里出生,这一天被庆祝为圣诞节。"伯利恒之事"即指耶稣的诞生。——译注

说——也变得浪漫起来。这种态度所援引论据的可信度不亚于宗教和哲学传统，我只能略微提及当下最为显而易见的一点，那就是对地球的历史的反思。

据推测，人类已经存在了四万到五万年。对于外行人来说，这样的时间段显得极为漫长；但根据科学研究，地球只有在四五十亿年后才会因气候原因而不适宜人类居住。如果人类种群不会因为由自然或自身造成的灾难而消失，那么至少还有数十亿年可期。如果人类能够继续发展，那么对于那些遥远的后代来说，迄今为止所走过的路程可能就像今天成年人回忆自己婴儿时期最初几个月的懵懂岁月一样，那时他们能够咿呀学语，但还不会说话。今天，稍微有点了解的人也知道圣经叙事与自然史、历史、生物学和物理学现实之间的张力。对空间、时间维度的粗略认识——相对于天文学上可测定的宇宙，我们整个银河系（包括作为较小元素的太阳、还有更微小的行星与地球，以及地球上覆盖着的"霉菌"①和微生物）是如此微不足道，这种日益普及的知识使得坚持传统宗教观念——诸如人类与整个宇宙的造物主肖似，所有这些微生物都有不朽的灵魂，永恒的存在关心每一个微生物以及它们的集体单位、国家、部落和其他群体——变得越来越困难。不只是最终准备妥协的天主教，还有信仰《圣经》的宗教改革，以及关于逻辑理念和神学理念甚至绝对精神具有共同起源的哲学学说，整个实定的体系，被越来越多的圈子看作不过是幻觉罢了。

技术和对自然与日俱增的支配必然带来精神上的幻灭，带来

217

---

① 参见 Schopenhauer, *Die Welt als Wille und Vorstellung*, Anfang von Teil 2。

社会、政治和精神上的动荡,这影响到人们的意识以及他们的一般心理实基。宗教信仰的衰退构成了家庭、教育以及从童年到青年乃至所谓的成年阶段的速度和方式发生变化的一个方面。对原始欲力进行塑造和升华的方式,和为个人兴趣所规定的方向和内容一样,都受到了这一过程的影响。随着宗教的衰退,其他文化动机也被当作意识形态和权威而饱受质疑,只有那些肯定了实际目的的动机才会被承认。对绝对和对他者的渴望(它与深刻的怀疑步调一致)连同宗教和追求真理的理念(这种理念即使在无神论的殉道者中也依然存在,并没有被实证主义的正确性概念所溶解)一起熄灭了。正如基督教和许多运动的历史所证明的那样,自古以来,压抑对自身宗教、民族主义或其他知识的怀疑总会导致狂热主义的产生。这同样适用于那些叛逆的青年,他们宣布放弃一切所谓的浪漫主义和所有的超越性,转而投入了实证主义的怀抱,却忽视了因此而丢掉的东西。他们可以觉察到自己为放弃怀疑而付出的代价,而这丝毫不必减轻对许多过时且确实值得疑虑的制度的否定。

即便是那些进步的和反对顺从的思想与行动所依赖的信念,即便它们展现了勇气,若未将焦虑和质疑留存于心,它们也依然缺乏真理。在我看来,基督教创立者耶稣作为真理的神学象征,在弥留之际根据犹太诗篇表达了对自己与天父合一的怀疑——"我的神,我的神,为什么离弃我"①,这绝非巧合。有多少人不是

---

① 原文是"*Eli, Eli lama asabthani*"。耶稣的相关片段出自《新约·马太福音》(27:46),而耶稣所援引的犹太诗篇则出自《旧约·诗篇》(22:1)。——译注

在自己的死亡中,而是在自己的恶行中,援引耶稣或其他教义,臆想自己的事业具有完全的确定性。有意识的怀疑本可以使他们转身成人。

西方文化正处于一场危机之中,其严重程度远超过去的转型时期,这是一个琐碎平庸的论断。要精确地界定这一状况,需要细致入微的思索。在此,恕我冒昧地简要刻画一些被广泛讨论的要素,在我看来,它们在理论上和实践上都十分重要:神学的贫困、马克思主义观念的失效,以及对未来可能发生之事的一些浅见。

无论如何定义"文化"这一概念,它都不完全等同于艺术和科学,也不完全包含在风俗习惯之中。个人的思维、感觉和行为方式,只要不是纯粹由生理或物质目的所决定的,就属于文化这一概念。内心生活,无论是有意识的还是无意识的,很大程度上是精神传统的产物。不同起源的宗教理念在语言的发展中起到了作用,尤其是在德语的发展中,它们不仅体现在每个人的冲动(Regungen)中,也体现在这种冲动的表达方式之中,无论是对无神论者还是信徒,皆是如此。

219

然而,宗教本身已不再是个人生活的决定性因素。诸如神的全能、创造世界、原罪、灵魂死后永存、永恒正义等观念,曾经在几个世纪里对大多数欧洲人来说和三维世界及其中的事物一样真实。鉴于科学的进步和传播,这些观念至少自宗教改革以来就被归入信仰这一特殊领域。如今,在我看来,它们通常只是出于习惯、顺从和作为节日的由来而被承认。

历史上宗教与科学之间的转折点与当下的区别是不言而喻的。想想文艺复兴和巴洛克时期那些开辟了新世界图景的先驱们,如教士哥白尼、伽利略和开普勒,他们不仅是出于恐惧而接受启示。甚至艾萨克·牛顿,这位万有引力定律的发现者,在其晚年,也就是 18 世纪,对神学问题的兴趣也不亚于自然科学研究。在他看来,真理并不只局限于科学,他承认除了通过仪器观测和数学赋序之外,还存在着其他的认知形式——他并不是实证主义者。

为了把握宗教在当代的命运,除了对物理学、天文学和医学的机构所取得的一系列压倒性的成功进行思考之外,还需要进一步反思。关键在于科学所推动的技术进步以及随之而来的社会生活变革,这使得对彼岸世界以及永恒中的惩罚与奖赏的展望变得可有可无。犯罪率的上升和年轻人中日益加剧的骚乱——这是歌德仍然希望保护的年轻人的"野性"(1828 年 5 月 12 日与埃克曼的谈话)——正是向更紧绷的秩序过渡的征兆。社会因素在越来越大的程度上规定着生活,操纵经由大众传媒、休闲活动和行政管理变得完美无缺,它使个体的行为相互趋同,取代了宗教及其所建立的道德对行为的调节。如果通往全面秩序的进程没有被灾难打断或倒退,那么它就会导致人们习惯于对各种信号做出准确的反应,将所要求的行为作为一种物种性的本能融入人类的实在之中,宗教将变得多余。

不仅仅是宗教,其他文化领域的发展也在很大程度上归功于它们的社会功能。随着它们因历史而变得可有可无(这早在当今的各种反叛之前就已表达出来,例如在现代艺术的进程中),年轻的活动家们开始宣称,所有纯粹科学之外的理念都只不过是不确定的自由,剩下的则被视为浪漫主义。

这种态度在 19 世纪的资产阶级社会中已被表述出来。"所有的教育",格奥尔格·海尔维格大约在 1840 年说道,"都应该只将培养自由的人作为自己的目标,或更确切地说,既然人们在落入德国教授之手之前都是自由的,那么就应该维护和发展他们与生俱来的自由,赋予其内容和充实度。"①

马克思和恩格斯也将自由解释为与那个时代相契合的唯一的目标,历史唯物主义由此奠基。根据历史唯物主义,社会的每一种秩序都由对自然的支配程度所规定。在建造金字塔时,人们必须在鞭子的驱使下搬运石块,因此需要奴隶制。工具越分化、越高效,就越不需要公然的奴役。正如马克思在《哲学的贫困》中所说:"手推磨产生的是封建主的社会,蒸汽磨产生的是工业资本家的社会。"②由于统治者总是捍卫其旧有的权力地位,向与更高生产力水平相适应的社会的过渡就需要通过革命来实现。马克思认为,资本主义将引发最后一次这样的颠覆,彻底克服阶级关系,技术水平将允许每个人享有平等的自由。日益尖锐的经济危机和工人日益恶化的悲惨境地将促使他们团结起来,为开创新局面而斗争,在经历了所有的贫困之后,人类的真正历史将由此开始。通过这些宣言,马克思对社会的分析,也就是他称之为科学

221

---

① Herwegh, *Werke*, Berlin o. J., II. Teil, S. 159.

[格奥尔格·海尔维格(Georg Herwegh, 1817—1875),德国著名的诗人和政治活动家,属于 19 世纪的激进民主主义者。因其对自由、民主和平等的热情倡导,被视为德国革命诗歌的代表人物。他的作品充满了对专制政权的批判和对民主理想的追求。——译注]

② 2. Kap., § 1.

[中译参见《马克思恩格斯文集》(第二卷),北京:人民出版社,2009,第602 页。——译注]

的政治经济学批判,成为一种新的反宗教的信条。

现在,人们对它的信任的动摇程度丝毫不亚于对有神论的信任,有神论曾赋予生命的不是现实的意义,而是超越的意义。不仅关于贫困加剧的预言被证明是错误的,而且整个学说(尤其是关于自由王国的预言)也都名誉受损。如果在高度工业化的西方国家中,对自然的支配已经发展到马克思所期望的程度,使得阶级区分失去其基础,那么,如前所述,合理的、无所不包的管治将会使人类自动化。对信号的反应、合理的行为将成为一种与生俱来的本能,自主的主体被证明是一个短暂的中间阶段,它只是向所追求的最终状态的过渡,是完全的权宜之计。教条的体系,无论是宗教的、唯心主义哲学的还是唯物主义的,在最深处都是相互关联的,它们已经被揭穿。年轻人已经有所察觉,单纯的对自由的呼喊(人们在内心私下里意识到了其抽象性)表达了绝望,这一绝望由对自身和他人生活意义丧失(这种意义被斥责为浪漫主义)的愤怒转化而来。

各个派别的神学家、社会主义者和进步知识分子都在为保留一些正在瓦解的理念而真诚努力。不同的教会都在尝试拉近距离,甚至与开明的马克思主义者进行对话。虽然存在一些分歧,但通过缓和对立,他们希望最终能够如此制定教义和礼拜,从而在成年人和青少年中保持一定程度的精神教育(它并非完全是虚幻的),而不仅仅是科学教育。尽管对这种努力表示理解,但我认为,这种努力实际上违背了自己的意愿,确证了那些他们想要拯救的教义和习惯的可疑性。科学带来的社会变革早已动摇了信仰,这种信仰在宗教改革时期就已经是一种妥协,它取代了过去的确定性。当今家庭重要性的改变影响着我们的整个思维和感觉方式。伴随着对世俗父亲崇敬的消退,对神圣父亲的崇敬也随之消失,而没有这种崇敬,宗教的基本范畴也难以维持。甚至在父亲讲述圣经故事时,声音的语调就已经暴露了它与现实的区别。我们不禁要问,如果不承担否定的一面,而代之以积极的一面,如果不承担不确定性之痛,而代之以确定性,那么宗教传统还能严肃地传承下去吗?

各教派之间的对话,以及它们与马克思主义者和任何其他世界观的代表之间的对话,都值得尊重。但我想问的是,这里是否还应包括另一条道路,即强调所有神学体系和概念在纯粹的实证的意义上已经不再站得住脚。包括犹太教在内的各种宗教都建立在永恒存在、全能和公正的思想基础之上。然而,人类的官能所能认识到的东西,包括人类自身,都是有限的。自我、自己的意识、所谓的灵魂,在生活中很容易颠三倒四、迷惑混乱、停顿中断,对此,我们自己就能做出判断;不幸事件、病入膏肓,甚至是对酒精和其他刺激物的享用都会造成这种情况。显而易见,无论是在今天还是在过去的历史中,地球上许多地方充斥着不公和恐怖,而那些不必承受不公和恐怖的幸运儿从它们身上获益,他们的幸福依赖于其他生灵的不幸,这就是所谓的"原罪"(Erbschuld)——有真正思考的人意识到了这一切,即使在幸福的时刻,他们的生活也饱含着悲伤。如果传统和宗教范畴,尤其是上帝的公正与仁慈,不是被当作教条和绝对真理播撒(因为这些教义无法证实,怀疑始终伴随着它们),而是作为那些能够真正感受到悲伤的人的渴望来传达,唯有如此,神学观念,至少其基础,才能以适当的形式得以保留。我无法在此讨论高等院校和基础学校为实现这种变革而必须采取哪些措施。将怀疑纳入宗教之中是拯救宗教的一个环节。

223

批判理论的昨天和今天^①

Kritische Theorie gestern und heute

① 本文是霍克海默 1969 年在威尼斯所做自由演讲的记录,略微删减,作者因时间原因未再审阅。译自"Kritische Theorie gestern und heute", Max Horkheimer, *Gesammelte Schriften*, Bd. 8, Hrsg. Gunzelin Schmid Noerr, Frankfurt／M: Fischer, 1985, S. 336-353。——译注

一

　　我原本希望能在这里见到我的朋友和同事阿多诺,但他在几　　336
周前意外去世了。你们可以想象,这一打击对我有多大。我写了
许多关于他的文章,接受了很多采访,现在我的心情比平时更加
沉重。因此,如果我所说的内容不太诙谐风趣,请各位原谅。

　　接下来我要说的私人话题对批判理论并非无关紧要。我们
俩都是资产阶级出身,并且是通过我们的父亲——商人,来了解
这个世界的。我们对自己的家庭有着深厚的爱,他的母亲是意大
利人,是一位世界闻名的艺术家,而参与抚养他长大的姨妈同样
是一位艺术家。对批判理论的开端有决定性影响的两位哲学家
是叔本华和马克思。

　　我们经历了第一次世界大战,之后的学习并不是为了谋求职
业发展,而是因为我们想以某种方式了解这个世界。我们之所以
能做到这一点,并最终踏上学术生涯,是因为我们有一位非常出
色的哲学老师——汉斯·科内利乌斯,他是画家彼得·科内利乌
斯这位歌德好友的曾孙。他是一位教授,但他已经像今天的学生
那样批判过大学和他的同事。是的,他是一位哲学教授,他告诉
我们,要想成为一名哲学家——这些都在批判理论中提到过——
就必须了解自然科学,还必须对艺术、音乐和作曲有所了解,他还　　337

亲自为我上作曲课。只有这样,在他的帮助下,我们才能形成一种与当今习以为常的哲学概念截然不同的理解,即哲学不是一门专业,不像其他学科那样是一门学科。

社会研究所大约五十年前在法兰克福成立,因为一位非常富有的人想要设立一个基金会,而我们与他的儿子是朋友。我们建议它应该是一个独立于国家的"私人"机构,人们可以聚集在一起,研究在当下历史瞬间对社会具有重要意义的东西。几年后,第一任所长中风去世,我成了这个研究所的所长。研究所出版的第一批重要著作之一是名为《权威与家庭》的文集,至今仍具有现实意义。权威意识产生于家庭,而大家都知道,这种权威意识后来如何被所谓"元首"(Führern),被希特勒、墨索里尼所滥用。

由于我们在20世纪20年代就已经清楚地觉察到国家社会主义所带来的危险,我们及时离开了德国;首先去了瑞士,然后到了美国,去了哥伦比亚大学。我们即使在美国也讲德语,并用德语发行了一本杂志①,因为我们说过,在国家社会主义时期,当时所谓的德国文化并不在德国,而是在我们这里得以保存,我们一直在悉心维护它。

但是现在,批判理论是如何产生的?首先,我想为你们澄清传统理论和批判理论的区别。什么是传统理论?什么是科学意义上的理论?请允许我给科学下一个非常简化的定义:科学是对我们意识中事实的整理,这最终使我们能够在正确的空间和时间中预期到正确的结果。这甚至适用于精神学科:如果历史学家声

---

① 即《社会研究杂志》。——译注

称某件事情具有科学性,那么之后人们必须能够在档案中找到证实。

在这个意义上,正确性是科学的目标;但是——这就是批判理论的第一个动机——科学自身并不知道为什么它恰恰朝这个方向整理事实,为什么集中于某些对象而不是其他对象。科学缺乏自身反思,不知道是什么社会原因驱使它偏向一边,比如偏向月球,而不是偏向人类的福祉。要做到这一点,科学必须对自身以及产生了科学的社会进行批判。尽管我并不想说,今天被优先考虑的事情是不必要的——也许我们生活的国家有必要生产工具,以便在面对敌对国家时占据优势,以便与敌对国家竞争——但至少人们应该意识到这些动机和背景。当批判理论在 20 世纪 20 年代出现时,它以对一个更好的社会的思考为出发点;它对社会持批判态度,同样也对科学持批判态度。我所说的关于科学的内容不仅适用于科学,也同样适用于个人。个人会产生各种各样的想法,但究竟是什么促使他产生这些想法,为什么他恰好想到这些而非其他,为什么他热衷于这些事物而不是热衷于其他,他自己是无法给出答复的,正如科学无法解释其选择研究方向的动机一样。

想一想,今天人类心理学的发展是多么微不足道。弗洛伊德创造了精神分析,但直到今天,这门科学还未达到更高的水平。在大学里,人们迄今没有真正关注过这些问题,因为人们认为他们还有其他更紧迫的科学任务。

我们最初的批判理论广泛记录在《社会研究杂志》上,它一开始就非常具有批判性,尤其是反对统治的社会,因为正如我所说,这个社会催生了法西斯主义的恐怖,它制造了大量不必要的贫困。而我们寄希望于未来某个时刻,这个社会将会为所有人的福祉而重新组织起来,这一点在今天已经有实现的可能。我们曾坚信不疑,一个主要因素在人类关系和他们的思想中占据了事实的位置,即存在着统治者和被统治者,这一点在国家社会主义时期表现得尤为明显。这就是为什么我们当时寄希望于革命,因为经过一场革命之后,德国的情况肯定不会比国家社会主义时期更加糟糕。如果能像马克思所设想的那样,通过被统治者的革命来实现"正确的社会",那么思想也将成为一种更正确的思想,因为它将不再依赖于阶级之间有意识的和无意识的相互斗争。然而,我们清楚地觉察到——这在当时和今天的批判理论中都是一个决定性的要素——这种正确的社会是无法事先确定的。人们可以说当下的社会有什么不好,但人们不能说什么是好的,人们只能致力于让糟糕的东西最终消失。

在早期的批判理论中有两个基本见解:第一,法西斯主义和国家社会主义使社会变得比以前更加不公正,无数人不必要地遭受着可怕的痛苦,于是我们寄希望于革命,因为当时我们不敢想象战争。第二,只有一个更好的社会才能为真正的思想创造条件,因为只有在一个正确的社会中,人们的思想才不会受到糟糕社会中各种强制因素的规定。

现在我必须为你们描述,当时的批判理论是如何演变为今天的批判理论的。第一个原因是,我们和马克思在许多方面有不同的认识。我这里只提少数几个:第一点,马克思曾断言,革命将是日益恶化的经济危机与所有资本主义国家工人阶级逐步加深的贫困化相结合的结果,这将最终使无产阶级结束这种状况,并建立一个公正的社会。我们开始对这一学说有不同看法,因为当今工人阶级的状况普遍比马克思时代要好得多。许多工人从单纯的体力劳动者变成了拥有更高社会地位和更好生活水平的雇员。此外,与工人相比,雇员的数量也在不断增加。第二点,很明显,严重的经济危机变得更加罕见了。经济政策的干预可以在很大程度上预防危机的发生。第三点,马克思对正确社会的最终期望很可能同样是值得商榷的,因为——这对于批判理论来说是很重要的一句话——自由和公正既相互关联,也相互对立;越是公正,自由就越少。如果要实现公正,就必须禁止人们做许多事情,特别是防止他们凌驾于他人之上。但是,自由越多,那些发挥自己力量并比他人聪明的人,就越有可能最终压迫他人,而公正则会随之减少。

我们一开始看到的那条社会发展的最终道路和我们今天对它的评判是完全不同的。我们开始相信,社会将发展成为一个被完全管治的世界。一切都将被规制,一切!一旦人们支配了自然,一旦每个人都有足够的食物,一旦没有人需要活得比别人差或比别人好,因为每个人都可以过上美好而适意的生活,那么一个人是部长而另一个人只是秘书就不再重要了,一切最终都将是一样的。届时,无论是国家的行政、交通的规制,还是消耗的调控,一切都可以自动调节。这是人类发展的一种内在趋势,尽管这种趋势可能会被灾难打断。这些灾难可能是具有恐怖性质的,希特勒就是这方面的征兆。他在一定程度上试图过于迅速地实现一统化(Vereinheitlichung),并消灭所有未能融入这种一统化的人。这类灾难也可能由于竞争引发,这种竞争从个人扩展到国家,最终扩展到各个集团,导致战争,而这些战争会完全逆转整个发展过程。想一想氢弹以及所有其他已经存在的东西,例如用细

341

菌污染整个国家的炸弹。

这就是为什么我们较新的批判理论不再赞成革命,因为在国家社会主义垮台之后,西方国家的革命会导致新的恐怖主义,导致新的可怕境况。相反,重要的是在不阻碍进步的前提下维护那些值得肯定的东西,如单个人的自主性、个人的重要性、其差异化的心理以及文化中的某些要素。在面对那些不可避免的和我们无法阻止的事情时,我们应尽力将我们不想失去的东西带入其中,那就是个人的自主性。

年轻人有理由抗议大学中需要改革的一系列方面。但如果我的老师科内利乌斯没有那么多权力,他就无法帮助我们,如果他无法忽视许多规矩,他就必须适应并执行一个规定好了的程序,那么我们在思想上就走不了多远——教授的权力有好有坏。学生们有理由要求关注大学的革新,因为它在很大程度上影响着年轻一代,影响着学校和许多其他的方面。大学的革新是必要的,但不能仅仅通过削减教授的自由来实现。

我想抓住另一个我们必须弄清楚的问题,这也是批判理论的关注所在。就像个人的权威逐渐消失一样,另一些完全不同的事情也面临同样的情况,而你们现在可能根本没有想到它,你们也不会预料到我要谈论它:那就是神学和宗教在我们社会中的命运。今天,神学和宗教发现自己不仅陷入了危机,而且在许多国家几乎被消灭殆尽。现在,人们正试图通过与科学达成一种人为的和平来维持宗教。关于这一点,我想对你们说几句话,这是我在其他地方表述过的。如今,各教派彼此之间做出各种让步,它们对科学也一让再让,人们感觉到他们一直坚信的东西并不那么严肃重大了。我写过如下文字:

　　各教派之间的对话,以及它们与马克思主义者和任何其他世界观的代表之间的对话,都值得尊重。但我想问的是,这里是否还应包括另一条道路,即强调所有神学体系和概念在纯粹的实证的意义上已经不再站得住脚。包括犹太教在内的各种宗教都建立在永恒存在、全能和公正的思想基础之上。然而,人类的官能所能认识到的东西,包括人类自身,都是有限的。自我、自己的意识、所谓的灵魂,在生活中很容易颠三倒四、迷惑混乱、停顿中断,对此,我们自己就能做出判断;不幸事件、病入膏肓,甚至是对酒精和其他刺激物的享用都会造成这种情况。显而易见,无论是在今天还是在过去的历史中,地球上许多地方充斥着不公和恐怖,而那些不必承受不公和恐怖的幸运儿从它们身上获益,他们的幸福依赖于其他生灵的不幸,这就是所谓的"原罪"——有真正思考的人意识到了这一切,即使在幸福的时刻,他们的生活也饱含着悲伤。如果传统和宗教范畴,尤其是上帝的公正与仁慈,不是被当作教条和绝对真理播撒(因为这些教义无法证实,怀疑始终伴随着它们),而是作为那些能够真正感受到悲伤的人的渴望来传达,唯有如此,神学观念,至少其基础,才能以适当的形式得以保留。我无法在此讨论高等院校和基础学校为实现这种变革而必须采取哪些措施。将怀疑纳入宗教之中是拯救宗

343

教的一个环节。①

"怀疑"必须被表达出来。各教派应继续存在,但不是作为教条,而是作为一种对渴望的表达。因为我们所有人都必须通过对这样一个渴望的共同追求而联结在一起:这个世界上发生的事情,无论是不公还是恐怖,都不是一切的终点,还有其他的东西存在,我们在宗教中确证了这一点。我们必须在认识到自己是有限的存在这一点上彼此联系,我们不能放弃宗教所发展出的无限性概念,但也不应将其变为教条,而是要承认,我们延续过去的某些传统就是为了保持这种渴望。

有两条宗教教义对今天的批判理论至关重要,尽管它们是以修改过的形式出现的。第一条教义被一位伟大的、无信仰的哲学家②称为有史以来最伟大的洞见,即原罪学说。如果我们能够幸福,那么每一刻的幸福都是以无数人与动物的痛苦为代价的;今天的文化是可怕的过去的结果。想想我们大陆的历史,想想十字军东征、宗教战争和革命的可怖。法国大革命确实带来了巨大的进步。但如果你们仔细看看在这一过程中发生在无辜者身上的事情,你们就会说,这种进步代价高昂。我们所有人都必须将我们的欢愉幸福与悲伤相结合,认识到我们共同承担着罪责。这是

---

① 参见 Max Horkheimer, *Sozialphilosophische Studien*. Hrsg. von Werner Brede. Frankfurt am Main 1972, S. 129f. ["Über den Zweifel", in: *Gesammelte Schriften*, Bd. 7, S. 222f.]

[参见本书第 313 页。——译注]

② 这位哲学家是亚瑟·叔本华。——译注

我想说的一点,也是我们思想的一个特征。另一条教义来自旧约:"你不可为自己雕刻偶像。"①我们理解为:"你不能说什么是绝对的善,也无法将其描述出来。"这又回到了我之前所说的:我们可以描述邪恶,但不能描述绝对正确的事物。那些生活在这种意识中的人与批判理论相亲近。

344

"元首",无论是希特勒还是其他什么人,把他们的国家视为最高存在,他们声称知道什么是绝对的好,而其他则是绝对的坏。我们必须对此提出批判,因为我们并不知道什么是绝对的好,这也绝不是我们自己的国家或其他任何国家所能规定的。

二

我将尽我所能,进一步发展我在第一次演讲中试图表达的想法。但我现在只能从批判理论中截取一些内容,而且这种截取是非常偶然的,恳请大家谅解。

上一次我谈到了神学问题,尤其是其中的悲伤。当我环视昨天和今天的世界时,我不禁想到,地球上每时每刻都有无数人在不同的地方遭受折磨,不得不在令人毛骨悚然的条件下、在焦虑和贫缺中生存。饥饿甚至不是最糟糕的,最糟糕的是对暴力的恐慌,而批判理论的责任之一就是要说出这一切。

让我再说一些触动我的事情:报纸和杂志、广播和电视在涉及国家领导人的交流时,总是习惯于强调他们之间的友好关系。他们在镜头前总是面带着微笑,甚至是那些与如今已成为部长的

---

① 参见《旧约·出埃及记》(20:4),乃摩西十诫之一。——译注

大屠杀凶手交谈的所谓"文明国家"的代表也是如此。你几乎读不到诸如"恶棍"或"屠夫"这样的字眼。然而，每个人都知道，许多国家的部长是通过囚禁无数无辜者或以可怕的方式杀害他们而上台的；这种情况至今仍在发生。

人们渴望事情不应在这种恐怖面前就此止步，渴望存在着一位"他者"，在这些无辜的牺牲者死后至少能使他们和解、施予他们善报，特别是当他们因为自己的信仰而赴死时。可这样的渴望并不会直接出现在我们中的每个人身上，这就是为什么我回忆起培育了这种渴望的神学。由于我提到我们必须以某种方式保留宗教，而这在启蒙的意义上会使在座各位感到稍许不满，所以我想借此来为这一想法做出辩解。

当我提到这种对恐怖主义国家代表的令人愤怒的友好态度时，是在谈论对当今社会的批判。这当然与国际局势有关，因为如果一个国家对这些杀人犯冷眼相待，而其他国家却对他们表示友好，情况只会变得更糟。我们必须清楚地认识到，可称为批判理论的哲学，其中最重要的理论之一就是，"进步"是以令人惊恐的、负面的事物为代价的。请你们此刻想一想，在第二次世界大战中与希特勒作战并解放了我们的那些国家，绝不会因为希特勒蹂躏和杀害人类而发动战争，而是出于政治性的权力冲突罢了。

让我谈一些更简单的问题。但在开始之前，我想说，也必须说一句话：如果文明国家不花大量的钱在军备上，我们早已处于那些极权力量的统治之下。当一个人进行批判时，他也应该知道，被批判者有时别无选择。现在我想探讨当下一个十分重要的问题，即阅读和写作的意义。在 18 世纪，阅读和写作有着令人惊异的意义。当人们阅读时,他们明白当时仍然盛行的封建秩序已不再是必要的了,每个人都有权利变得独立。通过阅读,他们为法国大革命和其他事件给世界所带来的革新和进步做出了贡献。今天,阅读和写作已不再那么有意义,因为有太多的报纸、杂志、书籍,再加上电视、广播和电影,人们对此感到习以为常,他们接受了这一切,以便获得信息并将自己所知道的一切告诉他人。单个语词的意义因此大大降低。

我认识一些人,他们看到了这些并对此表示担忧。我们如今
生活在一个人们什么都读的时代,这样一来,当我们面对世界上发生的事情时,大多变得麻木不仁。德国和许多其他国家反叛了的学生们的抗议,针对的就是这些事情。因为他们同样读报纸,所以他们最终接受了报纸第一页或第二页上的内容,即政治新闻。例如,在德国,人们举行示威游行,反对隆重地接待伊朗国王。我经常对我的学生说,你们正在做的是一件惊人的事情!你们在示威游行,反对伊朗国王,而不是研究德国监狱里发生了什么,研究有什么不公正的现象,研究那些也许真的可以被改善的条件。你们不能废黜伊朗国王,倘若你们真的能废黜他,那么起码会有同样糟糕的事情取而代之。

我们必须将这些纳入我们的批判之中。当年,我们希望德国发生革命,因为国家社会主义正行其统治。如今,我们更关心我们自己生活的国家中的那些根本性的和具体的事物。在这里,我举一个例子,说明人类为进步付出的代价并不是在政治层面上的,而是在纯粹社会层面上的:我想到的是宗教在科学面前正在发生的事情,它不仅经历了所谓的传统理论(它声称自己是唯一正确的理论,并认为其他一切皆为臆测),而且经历了自

然科学。每个人都有必要自己思索以下问题，我只能对这种思索提供一些助力。对于宗教来说，地球是中心，上帝将他的根本注意力集中在地球上，是的，事实上，在基督教中，上帝派他的儿子来到人间救赎人类。而如果科学在它自己的意义上是正确的，那么地球就像叔本华所说的那样，是无限宇宙中一个非常渺小、微不足道的原子，表面布满了霉菌，住满了微生物。要认为其中一个微生物，即人类及其生命，具有永恒的意义，这对思考至少是一项极其巨大的挑战。但是，让我从批判哲学的角度来谈谈这个问题。

347　　科学撞上了边界，超出这些边界它便无法作出任何陈述。请想一想，在这个宇宙中，地球，尤其是人类，不过是一个可忽略不计的量（*quantité negligeable*），它首先是人类意识中的一个表象。地球是一个概念，一位伟大的哲学家①曾经解释说，如果把所有人的脑袋都打成肉酱，那么我们所表象出来的地球和宇宙将不复存在，因为后者是思维主体的一个表象。在我们所知道的事物中，总是隐藏着我们自己的智性功能。

　　批判理论的任务是表达那些通常未被表达出来的事物。因此，它必须指出进步的代价，指出进步所带来的危险，进步可能使自主主体和灵魂的理念烟消云散，因为它们相对于宇宙而言显得如此微不足道。到最后，如果没有灾难摧毁所有生命，我们就会看到一个完全被管治、自动化、高效运作的社会，在这个社会中，个体可以衣食无忧地生活，却不再有任何意义。届时，部长和普通交警之间的区别将微乎其微，因为无论你是在部门里按下按

---

① 这个伟大的哲学家是笛卡尔。——译注

钮，还是在十字路口控制红绿灯，一切都将取决于人们学习如何在特定情况下操作那些确保社会运作的自动化装置。我们确实希望世界一统化，我们确实希望第三世界不再忍饥挨饿，不再生活在温饱线上。但是，为了实现这一目标，我们必须付出建立一个被管治的世界的代价。

这对于我们来说，并不意味着——我在这里继续上次讲座结束时提到的主题：理论与实践——我们应该袖手旁观，简单地接受事物的进展。相反，我们应该保留曾经被称为自由主义的东西，也就是个体的独立性。虽然这种独立性曾经只限于相对较小的群体，但我们的目标是尽可能多地保留主体的自主性，强化一种在其中个人可以施展他的力量的社会状态。我们希望尽可能长久地保持个人的内在独立和内心满足，从而保持与他人团结的机会。

我在这里回到神学，是因为我不希望你们只是简单地接受我的理论——批判理论，而是要对其进行深入研究。神学曾经发挥过这样的作用：即使没有一支辐射全局、训练有素的警察部队，一个人也会敬重另一个人，至少在同一个社会里，他不会犯罪。对天堂和地狱的信仰曾具有巨大的社会功能，只要绝大多数人都是信徒，他们就不会做坏事，因为存在着更高的正义。如今，在这个过渡时期，宗教在令人震惊的范围内失去了这种功能，可以预见，它最终将被精密的社会机构所取代。所有的人类行为模式都要追溯到家庭和学校，但是，这两者在很大程度上已无法履行其职能。父亲的权威在下降，尤其是母亲的爱不再具有以前的意义。这与妇女解放有关，妇女解放使她们进入职场，这必然使得家庭和子女不再是她们的一切。在这里，我们看到了一个新的例子，

348

即每一个进步都必须付出代价。

家庭在教育领域的失灵给学校提出了新的任务,这也与培养教师的高等院校和大学有关。现在,让我谈谈与大学有关的几个批判理论要点。首先是专业化,专业化已经变得如此普遍,以至于对专业知识的了解反而减少了。加塞特曾说:

349

　　人类面临的最重要和最紧迫的事务之一,就是发现一种技术,使我们能够跟上当下科学进步的步伐。如果人类不能成功地找到掌控这种巨大增生的方法和途径,就会在这种增生下窒息而亡。除了生命的丛林之外,还有第二个丛林,它最初就旨在减少第一个丛林。如果科学的任务和责任是为生活带来秩序,那么今天就有必要为科学本身带来秩序。有必要将这种秩序组织起来,而且由于规范这种秩序并非易事,我们起码必须为其创造能够确保健康未来的可能性。因此,至少以完整的形式传承个别科学的特权是有必要的。(让我们想想哲学!)有必要再次巩固生命的力量,并使其与人类生活相协调,而这门科学正是为人类生活而创造的。否则——我想在此用一个众所周知且完全无根无据的口号作警告——科学将消失,且人类将对科学彻底失去兴趣。①

---

① José Ortega y Gasset, *Schuld und Schuldigkeit der Universität*, Munich 1952, p. 68. 原书为意大利文,霍克海默讲座中使用的是当时的德文译本,且可能带有即兴发挥。我们将加塞特中译本中有关这段话的翻译摘录如下:

这与专业化有很大的关系。在此,我想向大家重复一句话,它鲜
明地刻画了今天批判理论的特征,那就是社会已经超越了资产阶
级时代和自由主义阶段。但由于种种原因,大学作为一个整体还
没有踏入这个新阶段。未来将在德国高级中学任教的教师必须
懂希腊语、古希腊语,但他不需要对医学有任何了解,这是由医师
协会负责的;医生应该作为一个纯粹开药方的人、一个仿佛只有
自己懂得一切的人出现。可怜的高中生甚至到了最高年级都无
法得知癌症意味着什么。在学校里,完全不会涉及医学中最基本
的方法、对疾病的初步定义以及疾病之间的相互联系。医生们自

因此,当务之急是发明一种方法,以能够处理我们所拥有的知识的
积累的问题。人类对此再也不可能回避了。只有找到某种切实可
行的方法来解决知识急速积累和增长的问题,人类最终才不会沦为
知识的受害者。我们只会在错综复杂的生活中加入科学,目的是使
生活简单化。如果科学使生活变得有条理,那么,我们现在也应该
对科学进行改革,为了其自身健康永恒的发展,对它进行重组——
要知道对科学进行严格系统、标准化的控制和管理是不可能的。为
此,我们必须使科学富有生命力:我们必须使科学具有一种与人类
生活相符合的形式,因为科学的创造首先是依靠人类生活实现的,
而且也是为人类生活服务的,否则——由于把自己置于一种模糊不
清的乐观主义思想的阴影中对我们无益——科学将会停止发挥其
功能,人类也会对科学丧失兴趣。

参见加塞特:《大学的使命》,徐小洲、陈军译,杭州:浙江教育出版社,
2001,第93页。——译注

己也越来越成为专家，而他们当中能了解整个人的医生却越来越少。我记得医学院的一位院长在一次演讲中说：人们总是说，全科医生实际上已经不再是一个现实的职业，只剩下了专家。他解释说，我们当然需要全科医生，否则谁来把病人送到专家那里去呢？这就是他的职责。

正如我之前所说的，将来要成为高级中学老师的学生们，在德国必须学习希腊语，但除了他们以后要教的专业外，他们不需要了解任何例如有关教育学等方面的知识。而他所必需的心理学在大学里状况堪忧，这门专业远没有得到应有的重视，事实大致如此。

现在请允许我谈一个我认为特别重要的话题：煽动。大学教授了历史，但对我们生活的世界尤为重要的东西，即什么是煽动，以及煽动运作的方式，学生们却一无所知。从第一次十字军东征中的隐士彼得①到希特勒及其继任者的时代，煽动的技巧基本上没有什么变化。我给你们列举一些。蛊惑人心者把自己描述为英雄，同时也是生命持续性地受到威胁的烈士。他总是用最高级形容词，最重要的是，他不厌其烦地重复"我们"是好人，而其他人是坏人。其他人——其他民族的人或者本民族中反对他的人，甚至只是政党不同——总是错误的，只有他是对的。他口口声声说自己是普通人中的一员，但其实他是一个狡猾而聪明的人，故意

351

————————

① 隐士彼得（Peter the Hermit）是第一次十字军东征中的一位著名人物，他以激情四溢的演讲和煽动性的言辞著称。他在 11 世纪末号召基督徒前往耶路撒冷解救圣地，激发了大量信徒的参与，最后成为人民十字军（People's Crusade）的领导者之一。——译注

使用一整套伎俩。没有中间地带，只有对立。他总假装是受到攻击的一方，不得不捍卫自己："我们必须反击。"煽动宣传者总是不厌其烦地强调，他的对手及其所作所为是肮脏的，他们是令人作呕的害虫，必须予以根除。呼吁"当心"在他的言辞中扮演着重要角色，因为"我们"的对手正在策划一场针对"我们"的"阴谋"。对阴谋和神秘的威胁事件的暗示让他的追随者始终处于紧张之中，他沉溺于晦涩的影射。"我还可以告诉你更多"，但他并不说出来，这些只是常见的把戏。无论"我们"指的是德国人、希腊人还是俄国人，"我们"总是"善人"，其他人总是"恶人"。如果学校能够向学生展示什么是煽动，并将其与旨在追求真理的演说对立起来，那么学生们就能免受煽动的蛊惑。人们必须给学生举例，详细说明隐士彼得传下来的东西与当今煽动者的做法是如何惊人地相似。

　　所有这些情况在今天的反抗者中也部分适用，例如非常正当的黑人反抗。在一次与研究黑人反抗的美国学者的小组讨论中，我问了这样一个问题："你们是否也调查过，黑人一般更害怕谁，是黑人还是白人？"回答是"更害怕黑人"。这让我回想起大约八年前，我曾在电话中问哈莱姆区①的一位黑人朋友，我说我正在纽约这里做客，如果我们能见面就好了，我应该去找你吗？得到的回答是："看在上帝的份上，如果你来了，要么你就出不了门，要么我就不能再住在这里，因为我和一个白人做了朋友。"黑人积极分

352

────────────

　　① 哈莱姆（Harlem）是纽约市曼哈顿区的一个社区，位于曼哈顿的北部。这个地区在 20 世纪初期至中期成为非洲裔美国人文化的中心，以其丰富的音乐、文学和艺术传统闻名。——译注

子对其他黑人的恐惧比人们觉察到的要强烈得多。

现今有很多所谓的"反叛"，而这些反叛者常被称为"非顺从者"。我常常问："你们的情况怎么样呢，当你们中间有人持有完全不同的意见时，你们会怎么做？"通常的回答是："他必须顺从。"所有这些问题都属于对当前社会的批判性考察，而这种考察本身——如果各位允许我这么说的话——是非顺从的。

最后，请允许我回到理论与实践的关系上来。人们必须弄清楚，个人实际能够做些什么，或者一个团体、整个国家甚至多个国家的联盟能够做些什么。理论在这些情况下是截然不同的。一个人可以做很多事情，例如，作为所在院系的教授，他可以尝试以可信的方式提出自己的理念并为之斗争。写作已经不像以前那样重要了，他可以为我提到过的改革而奋斗，为心理学和社会学的传播而奋斗，这两门学科在德国大学中皆有衰落的趋势，因为它们被认为是危险的。个人可以尝试确保人们在学校中起码能够获悉基督教的变迁，或者能够获悉那些自称为马克思主义的政党在其历史中究竟如何对马克思的学说进行歪曲。所有这些事情都被严重忽略了，因此，仍能够举出许多例子，表明个人可以为自己的理念做出实际努力。然而，我们将不得不放弃与那些和煽动者走得很近的所谓积极分子的合作，因为他们不想在当今社会看到什么是值得保留并可能扩展的。概念和价值的含义也会发生变化，保守主义和革命精神之间的区别就是一个例子。在许多情况下（尽管不总是如此），真正的保守主义者比法西斯主义者更接近于真正的革命者，而真正的革命者比现在所谓的共产主义更接近于真正的保守主义者。我可以向各位举例说明，在德国有多少保守主义者有勇气站出来反对国家社会主义。

　　最后,请允许我谈谈悲观主义与乐观主义之间的区别。我确实对人类历史上的罪责持悲观想法,也对历史的走向持悲观想法,历史走向了被管治的世界,而一旦如此,我们称之为精神和想象力的东西将在很大程度上消退。我曾经写道:"思想的伟大而必要的意义就在于使自己变得多余。"但是,我与我已故的挚友阿多诺所共享的乐观主义是什么呢?那就是,尽管世界如此,人们仍必须努力去行动、去贯彻我们认为的真实和美好的事情。因此,我们的原则是:成为一个理论上的悲观主义者和实践上的乐观主义者!

对宗教自由化的评论①

Bemerkungen zur Liberalisierung der Religion

① 本文是霍克海默 1971 年在第五届萨尔茨堡"宗教的未来"人文主义讨论会上发表的演讲。译自"Bemerkungen zur Liberalisierung der Religion", Max Horkheimer, *Gesammelte Schriften*, Bd. 7, Hrsg. Gunzelin Schmid Noerr, Frankfurt/M：Fischer, 1985, S. 233-239。——译注

我想尝试将我在特定的文化和思想背景下形成的宗教观念，与我们今天所处的情境做一个对照。尽管大家都身处其中，这种情境的完整意义却没有得到很好的把握。

如果有人在一百年前，甚至只是五十年前就声称，欧洲的主流宗教可以在没有明确包含对上帝信仰的前提下继续存在，那么他只会招来人们的嘲笑或不以为然。然而，今天我们已发展到这样一种地步：个别主教甚至对全能上帝的传统信仰提出了质疑，但他们仍然被继续视为官方教会的代表和基督徒。在这种情况下，问题就产生了：宗教所剩下的实质是什么？根据一种广泛传播的现代观点，神性只在人们的共同体中，在人与人之间的相遇和往来中才得以展现出来。假设存在一个独立于这种人类形式之外、超越它并为它提供根据的上帝变得成问题了。显然，这样的上帝不再是所谓的"宗教"的必要组成部分。

在我看来，欧洲真正意义上的宗教（现在甚至在信仰共同体内部也已变得令人质疑）只有到了中世纪的经院哲学才开始存在。经院哲学将宗教视为独立的生活领域，并以合乎理智（verstandesmäßig）作为其地基，使不信教者不仅被视为罪人，还被认为是理性无法正常运作的愚人。人们认为不依赖于全能的造物主且不将其存在归于造物主之中的世界观念是毫无立足之地的，像这样的看法一直延续到19世纪，甚至今天在某些农村地区仍然有效。全能——尽管世上有许多苦难——且全善的存在因

233

234

此必须被视为宇宙的起源和终极。

然而,宗教未能将它对存在着全善上帝的信念转化为它所支配并塑造的历史的实践。它的代表们未能使全善上帝的假设变得可信,也没有本着神圣的造物主和缔造者的精神行事,而是屡屡犯下残忍卑劣的罪行,使宗教为邪恶的人类欲力服务,十字军东征和猎烧女巫便是可悲的例子。恰恰是借助已经建立起来的宗教力量,受不堪处境压迫的人们的不满情绪被转移到了无辜的受害者和侵略对象上,这种做法使宗教面临严峻挑战。

宗教代表人物和信徒的实践已经危及宗教,而在现代,科学又对宗教构成了精神威胁。这种自文艺复兴以来日益强大的威胁,通过伽利略、哥白尼、牛顿和开普勒的发现变得显而易见——他们的发现将地球从宇宙的中心转变为广袤银河中的一颗小球。宗教试图通过脱离知识领域(自经院哲学以来宗教一直与其紧密相连),并将自己迁移到第三类独立的领域,与科学已经确立的成果和尚需验证的假设并列,来规避这一威胁。尤其是路德和宗教改革家,他们极力强调信仰在所有知识形式面前的独立性。

然而,这类试图化解危局的解决方案却招致新的危局。世界与信仰在理论上分离之后,日常生活与宗教形式也随之分裂。此岸的生活、商业道德与人们对彼岸的关系之间出现了断裂,信仰成了个人生活中的一个抽屉。完整的人变得支离破碎,交由各个学科处理。在今日的现实生活中,这种将人割裂开来的趋势也在其他领域继续蔓延,例如,医学的各个细分学科不再提供关于人类整体的全面视角。这种专业化是文化衰落的一部分。

泛神论是克服上帝与世界之间分裂的另一种尝试,它将上帝与世界视为一体,其最重要的代表人物是现代早期的布鲁诺。泛神论对宗教和人类思想构成了挑战,这种挑战延续至今。随之而来的是这样一个问题:为什么必须假设**单一**上帝的存在在逻辑上优于**多**神灵存在? 社会学可以解释为什么在某种文化(例如希腊文化)中存在多神论,而在另一种文化中则存在一神论的基本倾向。社会学作为现代科学的一个分支,肩负着从个体和群体的生活条件中推导出他们在特定社会背景下的思想内容的特殊任务,甚至形而上学和神学观念也反映了一个社会的生存条件。在浸透着社会形态的世界观中,人类根据自己世界的状况来打量超越世界之物。一个拥有数目众多的主人与奴隶的社会更符合多神论世界图景,而一个高度集中和集权的社会则更符合一神论世界图景。统一性胜过多元性,原因在于现实,而非理论。

现代哲学也试图使科学与信仰之间达成和解,它的代表人物回应了人们希望将这两个领域协调在一起的需要。伟大的现代思想家们参与其中,为信仰的基础提供合理的论证。显然,他们在这个过程中往往未能保持其一贯的批判水准。例如,站在现代哲学的开端、作为人类思想史上最伟大的思想家之一的笛卡尔,试图从单个存在者的理念出发来推导上帝的存在,这与他通常认为只有经验事实才能提供确定知识的观点相悖。他的推理是,结果不能强于其原因,据此,上帝本身一定是我们关于"至高完善"的观念——上帝概念——的原因,这一论证并不具备太多说服力,在同一方向上的后继尝试也未能让人更加信服。这一论断同样既适用于对世界与未来持有乐观主义信仰的莱布尼茨,也适用于康德,他除了提出"所有我们所知的和所认识到的皆为显象"这一伟大的见解外,还发展了与笛卡尔类似的天真学说,即绝对命令的理论。绝对命令有两个版本。在其简单形式中,它要求我们

236

不要将他人作为纯粹的手段，而是始终同时将其作为目的来对待。在第二个版本中，它要求我们这样行动：我们的行动准则在任何时候都能够成为普遍立法的原则。"绝对命令是每个人与生俱来的原则"这一假设，虽然并没有由关于人类行动的历史确切地证实，却引导康德提出了对自由以及对担保这一自由的上帝的存在的悬设。尽管这些悬设及相关论证颇成问题，但它们契合了当时的社会需要，即为伦理与宗教提供科学论证。

237　　而另一些人则在他们对科学的依附中更进一步，将物质设定为绝对。如今，这种哲学上的唯物主义也已过时。人们——无论是坦承还是默许——只信任科学，并放弃对科学结果进行哲学上的提升与编整。宗教已成困局，以往通过科学调和信仰与知识的尝试，如今已被所谓的宗教"自由化"所替代。神学本身也在试图适应社会需要与时代观念，以免再向人们强加那些如今只会令人贻笑大方和匪夷所思的东西。年轻的犹太人认为留鬓角卷发和穿长袍是不可接受的，在这些习俗依然存在的地方，它们象征着宗教的过时。

　　有鉴于此，如果人们敢于展望宗教的未来，那么他们就会按照历史的内在逻辑，注意到个人意义衰退这一主要趋势。宗教赋予个人永恒的灵魂，而社会发展，尤其是经济发展却越来越忽视个人。对每个个体独特性的强调正在成为单纯的回忆。随着社会对个人的忽视，宗教和哲学在较高层次的教育机构和高校中的地位也随之下降。哲学不再是教学和关心的对象；在一个注重直接效益和实用的世界里，哲学只根据其有用性而被评判，它的价值也因此被埋没。

　　为了说明这一点，我可以讲述一个几年前在美国经历的小插曲：我与内华达州一家酒店的经理谈论我设想的项目——建立一个展示有史以来所有游戏的博物馆。起初，这位经理对我的提议非常感兴趣，并打算立刻付诸行动。然而，随着谈话的深入，他询问了我的职业。我回答说："教授。"他震惊得说不出话来，因为之前他还认为我是一个相当聪明的人。然后，他像几乎所有美国人一样问道："教授什么？"我回答道："哲学。"这下彻底完了。

最后，我想谈谈我自己关于宗教自由化的看法，也可以说是如何对宗教进行保存。前面提到的康德，以一种排除一切怀疑的方式让我们意识到，我们所谓的实在，所谓的可以通过科学研究的世界，是主观的、智力因素的产物。我们大脑的工作，正如叔本华继续发展康德学说时所说的那样，一直以来就是按照笛卡尔的表达方式，将意识中的事实进行整理，使它们以一种能够适应我们生活的巧妙方式组合在一起。正是由于我们的主观组织，世界才以客观实在的形式呈现给我们；它并非单纯的"自在"（Ansich），而是一种功能。如果情况确实如此，那么对这个世界诸显象的关联性的认识就不是对现实的最终揭示，也并非绝对存在。因为我们所有的概念都源于主观的组织，所以最终的真理无法转译（übersetzen）为人类的语言。既然宗教所要表达的最终真理无法进入人类的语言和概念世界，那么我们在谈论宗教时就只能承认我们所了解的现实并非最终的现实。我们无法确切地指出什么是绝对者，或者它究竟包括了什么。即使是那些教条的无神论者也违背了这一洞见，如果他们——叔本华就是如此——宣称"虚无"是从这世间悲苦中解脱出来的最终现实。这种形而上学与其他形而上学一样站不住脚，因为"虚无"这一概念并不比"上帝"或"精神"（Ethos）这些概念有更少主观性，我们所有的概念都

238

是主观的。尽管如此,或者正因为如此,我们可以说,环绕我们周遭的世界并不是最终的现实。真正的宗教自由化必须聚焦于这一洞见之上。与此相比,改变仪式和习俗的问题要次要得多。在我看来,要紧之事是重塑人类对上帝的理解。上帝作为一种实定的教条,作为分离的因素而起作用。与之相反,人们渴望,世界的现实及其所有的恐怖并非最终之物,这种渴望将所有不愿也不能接受世界的不义的人们合而为一,将他们绑在一起。上帝因此成为人类渴望和尊崇的对象,他不再是认知和占有的客体。

239

以这种方式理解的信仰是我们所说的人类文化不可或缺的一部分。我们必须努力促使所有那些不愿将过往的恐惧视为最终之物的人团结在一起,促使他们在同一种有意识的渴望中汇聚,这种渴望指向一个与纯粹显现出来的世界相对立的绝对者。宗教习俗可以继续存在,因为可以理解的是,怀揣着相同的渴望、同样深信现存世界有所不义的人们——按照马克思的说法,这种信念是各宗教所共享的——应该有共同的习俗,以便使他们的渴望得以延续。依我之见,这便是那些希望尽可能保留过往之美好的人的任务。他们并非抽象地反对技术进步,而是抵制被完美管治的世界对个体的否定。我对宗教的发展和自由化所做的微薄贡献,其精髓就在于提示了这种渴望。

神学在社会中的功能

——与保罗·诺恩采特的对话①

Die Funktion der Theologie in der Gesellschaft

[Gespräch mit Paul Neuenzeit]

① 这次采访是"西德广播"（WDR）的电台采访，于 1969 年 1 月 12 日播出。本文译自"Die Funktion der Theologie in der Gesellschaft［Gespräch mit Paul Neuenzeit］", Max Horkheimer, *Gesammelte Schriften*, Bd. 7, Hrsg. Gunzelin Schmid Noerr, Frankfurt/M：Fischer, 1985, S. 308 - 316。保罗·诺恩采特（Paul Neuenzeit, 1931—1999）, 德国神学家、宗教学者。——译注

诺恩采特(以下简称"诺"):从天主教方面看,最迟自梵蒂冈   308
第二届大公会议①以来,关于教会与世界对话的讨论就不绝于耳。
各种团体和出版物都在寻求这种对话,尤其是与马克思主义者的
对话。霍克海默教授,也许我可以先问问您,您是否认为自己是
一个无神论者?您作为一个社会学家是众所周知的。

霍克海默(以下简称"霍"):我想说的是,我不认为自己是无
神论者,因为那将意味着我对绝对者做出了某种声明,而这是我
没有能力回答的。属于我的哲学的一部分是,对于绝对的并非相
对的事物,不能做出任何陈述。这就是我不能声称自己是无神论
者的原因。

诺:让我们继续讨论我们思索的特定主题,即神学在教会和
社会中的功能,具体而言:我们今天的社会如何理解自己,是否仍
然认为自己是"基督教的"。或者换句话说:您能确定 20 世纪上
半叶和 1945 年之后社会与基督教之间关系的区别之所在吗?

———————

① 梵蒂冈第二届大公会议(Zweiten Vatikanischen Konzil),是天主教会
第 21 次大公会议,也是距今最近召开的一次大公会议,于 1962 年 10 月 11 日
由教宗若望二十三世召开,1965 年 12 月 8 日由次任教宗保罗六世结
束。——译注

霍:这很大程度上取决于我们讨论的群体,是社会群体、年龄群体还是宗教群体。总体看来,或许可以说,那些亲近科学的人在 20 世纪的头几十年表现得对宗教普遍漠不关心;而在 20 世纪下半叶,教会也把这个问题识别为迫在眉睫的问题,并在整个社会中对此展开讨论。有许多原因可以解释这种迫在眉睫,特别是国家社会主义的恐怖。

诺:或许我可以更具体地问,霍克海默教授,在 1945 年之前,您是否曾经被一位神学家邀请进行对话?

霍:据我所知,没有。对话是在第二次世界大战之后才开始的。今天的教会无疑需要与那些不持先天的反教会立场的人谈心论道,甚至马克思主义者与神学家之间的对话也是广为人知的。

诺:在科学领域,我们可以说,自从启蒙运动以来,自然科学和人文科学都逐渐从神学中解放出来了。那么这是否意味着,在当今的科学对话中,神学实际上已经不再有自己的声音了?

霍:我认为,神学在科学对话中确实"人微言轻",部分原因是科学正变得越来越专业化。想想今天的医学,由于在这个领域取得了重要的局部认识,人们越来越不去谈论作为一个整体的人。然而,另一方面,人们又有一种需求,即不让专业化将科学与一度使科学与神学联系在一起的范畴完全割裂开来。

诺:这样的论断是否可以同样地,或以类比的方式,全然适用于神学对我们当代整个资产阶级社会的影响？人们能否说,在我们当今的资产阶级日常生活中,神学或宗教的影响力已经减弱了？

霍:神学的有意识的影响,即人们知道他们的行为仍然保留了某种神学传统,确实是下降了。但我认为,诸如善与恶的概念,正直(Anständigkeit)的概念,以及一系列至少目前仍然有效的理念,仍然无法完全脱离神学。

诺:您说"无法完全脱离";但或许我们还应进一步问,正直的概念或正直的态度是否正因为它在基督教思想范畴之外可以以一种相对中立的方式得到思考和解决,所以今天变成了一个如此流行的符号？

霍:确凿无疑,但最初正直的人是指对邻人有积极关系的人,且这种关系不能完全脱离来自宗教的"爱邻人"的诚命。而今天——在我看来——社会必然朝着这样一种方向发展,即个人间的行为越来越少地由神学和道德原则决定,而越来越多地由社会看似不言自明的规制管控所决定。对神学来说,这是一个令人疑虑的过程。

310

诺:没有一种神学,无论是传统的基督教神学,还是世俗的或一般人类学意义上的神学,是为了它自身而存在的,相反,它们是为了人类而存在的。那么，神学应当是什么样子的，才能使我们今天的人寻得那些他在其他地方无法获得的答案？

霍：这是一个如此难回答的问题，以至于我只能从历史的角度来尝试作答。我认为，现代哲学，从笛卡尔开始——至少在欧洲大陆上——一直延续到黑格尔和许多后黑格尔哲学家，根本上都在——无论是有意识的还是无意识的——努力完成将科学与神学结合起来的任务。宗教和道德原则应当与科学相协调。即使是把我们生活的整个世界描述为显象的康德，也将上帝及其命令视为理性所必然导致的合理悬设。正因为如此，你的问题不是三言两语就能回答的。

诺：您从哲学的角度答复了我刚才询问的神学对于人的功能，这使回答变得更加困难。当然，重振哲学与神学之间的联系是当务之急。尽管如此，我还想进一步再问，究竟如何谈论上帝，谈论人类所关心的东西，谈论人类生存的意义，才能使这种谈话在今天的社会情境中仍然能够被理解？

311　　霍：我提到了康德，康德不将我们通过智性功能所能认知的世界视为一个绝对的世界，而视为一个相对的世界，视为显象的世界，并且解释说，在这一相对世界的对面，必然存在一个绝对的世界，即自在之物的世界。我认为，我们无法消除人类的行为和感受中的这样一种需求，那就是这个绝对的世界应该是积极的世界，这个绝对的世界应该促使那些标志着我们所知历史的不义、恐怖，以某种方式得到补偿，并且赢获其意义。从逻辑上讲，进一步思考这一想法并非不可能。

诺:那么,意义问题今天显然必须得到神学的特别关注,或许非神学的科学也应当在更大程度上对此做出努力。或许人们也可以反过来看:神学的任务可能就是审视自然科学和精神科学,甚至对它们进行批判的审问,以了解它们在多大程度上能够为人类提供关于其生存的意义问题的答案和帮助。

霍:我想先说一些与科学直接相关的话。当人们深思熟虑地行动时,他们会问自己行动的目的和后果。但是,在这些需要用知性、知识和科学来回答的问题中,还有另一种因素在起作用,这尤其是欧洲文化的一个特点,那就是行动还具有一种意义,这种意义不是相对的,我们并不能通过知性的力量直接看清它,但我们也不能简单地予以否认。因此,我认为不能简单地把神学所涉及之物与科学之间的关系搁置一旁。

诺:让我们再来看看这个问题域(Fragenkreis)的否定方面:在您看来,根据您的经验,神学要想找到人类意义问题还算恰当的答案,应该警惕哪些危险和畸变?

霍:在我看来,神学应该避免自认为能够本真地描述上帝的意图和判断,准确地说出上帝所认为的对与错——这基于康德关于绝对者的学说。

诺:所以您会说,在过去的几个世纪里,神学在很大程度上错误地把上帝客观化了。

霍：是的，我认为神学在断言上帝所做之事以及他所呈之貌上，特别是在断言他如何对待人类死后的状况时，走得太远了，从而在逻辑上与科学发生了不必要的冲突。但我想说的是，为什么神学即使在今天仍然具有现实意义。我想到"邻人之爱"这个概念。马克思主义教导我们，无产阶级的贫困使他们之间产生了一种关系，马克思称之为"团结"，在我看来，团结的概念与邻人之爱的概念高度相关。我可以想象，人与人之间的联系——这种联系的雏形已经存在——将通过认识到他们都是有限的存在而建立起来，而通过这种联系，所谓的先进国家和落后国家之间将建立起团结。在我大胆的梦想中，我认为这种团结有一天会展开为一种与神学相联系的态度，在这种态度中，人们会将同舟共济视作他们的根本任务，以确保没有人再忍饥挨饿，每个人都有一个体面的家园，甚至在缺吃少穿的国家也再无流行病肆虐。人们会尝试作为有限的存在来共同解决问题，让生存不仅更长久，而且更美好。是的，我甚至认为，这种团结最终甚至可能扩展到其他生物身上。这些想法至少与科学一样植根于神学，但对于这一目标的构想仍以科学与神学的精诚合作为前提。

诺：您谈到了团结和邻人之爱，团结最初是马克思主义的词语，而邻人之爱则是基督教的词语。如果今天的神学为这两者制定了新的符码，谈论"共人性神学"（Theologie der Mitmenschlichkeit①)并提出新的词语,您会同意吗? 旧有的词语必须不断地被使用,这样人们才能以新的方式听到它们。也许,当代共人性神学可以将基督教的爱邻人的主题与马克思主义的团结的主题结合起来。作为一个神学概念,共人性对政治现实有具体的意义吗?

霍:在过去几个世纪中,你所说的共人性体现在如今受到严重威胁的家庭结构之中。宗教、神学和家庭是深深相互关联的。人们只要想想,在神学中,绝对者,上帝,经常被称为父亲。现在,我们不需付出什么努力就能发觉,在发达国家,父亲的权威无处不在下降;父亲年纪越大,他的权威越小。这必然会影响神学中上帝是父亲的理念。这个概念已经不再像以前那样与同一个事物联系在一起了,我相信这个过程将相对快速地继续推进下去,不仅由于母亲的平等地位,而且由于一系列其他的社会变革,这些变革在很大程度上消解了家庭。此外,我们还可以说,共人性在历史上发挥了作用,例如,社区中的人们相互凝聚在一起。在现代史上,民主的概念在很大程度上与卢梭有关,这绝非巧合,卢梭可能将一个可管理的社区设想为民主单位。然而如今的民主——也许这与神学并非全然无关,尽管神学未必意图如此,却至少也对此有所教导——已然成为一种政府形式,甚至在一些非常大的国家中(想想美国吧)也规定着生活的方方面面。但是,如果我们现在问,卢梭意义上的民主在多大程度上具有政治决定意义,那么答案将是:由于政治决策往往并不直接影响一个民族的

---

① Mitmenschlichkeit,也译作"共同人性""人间共同性"。——译注

内部生活,而是涉及对外政策,且需要在无数情况下迅速做出决
策,因此它可能越来越不符合其原初的意义。事实上,我想说的
是,如果议员要在对外政治问题上采取立场,他就会陷入困境,因
为为了了解对正确决策起关键作用的所有因素,他必须与专家内
行一起研究这些问题,而在大多数情况下,仅因时间的缘故,他就
无法做到这一点。因此,在对外政治方面,真正意义上的民主失
去了它的重要性。在某种程度上,这已成为仍与神学有关的力量
的职责,它们必须防止民主作为一种生活方式被完全遗忘,并指
出,一个民族中的人们之间,最终是所有民族的人们之间,需要相
互理解。

诺:如果我对您理解正确的话,您主张将共人性的伦理用于
民主之上?

霍:完全如此。

诺:但是,如果基督教以共人性神学来对待世界,这听起来不
是非常狂妄吗?在您看来,基督教及其神学真的能为实现共人性
做出任何实际贡献吗?

霍:首先让我想到的是"回忆"(Erinnerung)这个概念。随着
职业生活日趋专业化,尤其是科学的专业化,我们有必要不断使
自己回忆起,重要的不仅是熟技灵巧,最后还有真理,还有康德业
已提出的问题:什么是真理?应该发生什么?我们应该做什么?
在这里,我可以对目前非常关注的一个问题,即高校和大学的现

状,发表一些评论。那里涉及科学,但事实上很少有学科在讨论规定科学进程的动机。这一进程是如何被规定的,仅仅是由求真意志所规定的吗? 绝对不是,它是由许多因素规定的,对这些因素的研究还不够,其中就包括我刚才谈到过的对外政治。在我看来,物理学、自然科学,甚至医学本身,在很大程度上都是由这样一个事实所规定的:各国必须相互防御,并为此制造必不可缺的工具。今天的科学在很大程度上是这种需要的奴仆。如果说科学今天为批判神学提供基础,那么神学也可以反过来对科学采取批判的态度,并呼吁人们注意科学的真正冲动。神学必须让我们回忆起,在求真意志中充满着对他者的愿望,这一愿望遥感到某些并非纯粹相对的东西,遥感到某些绝对的事物。尽管神学无法描述和规定"智性(世界)",但它起码可以说出科学必须真正注意却没有注意到的东西。这也是当今备受讨论的高校改革的一个方面。

315

诺:一种共人性神学或许可以搭建起一座桥梁,从团结这一马克思主义的社会性词语通向基督教的爱邻人诫命。

霍:您提到一个我认为是最重要的问题,即语言。今天的神学观念仍然是用一种术语来表达的,而这种术语不再能传达与早期条件相符的源始含义。您刚才所说的话证明,我们可以用一种新的但又同一的方式来表达这些观念。不仅神学家对此感兴趣,实际上所有严肃对待这一问题的人都会感兴趣。这种严肃性不仅抓住了对目的的思考,还抓住了正确的行动,而正确的行动包括共人性的观念,我相信这是不能用纯粹知性范围的和理性主义的东西来证明的。

诺:这最后让我们谈到了语言问题,这个现象既涉及神学,也
涉及自然科学,还尤其涉及哲学,神学有时是与世隔绝的,但从这
里可以架起一座诠释学的桥梁,通向科学世界的其他部分。

霍:完全正确,这更是因为不仅神学处于危险之中,科学也是
如此。例如,当我想到社会学时,我发现许多关于社会的洞见实
际上并没有以一种今天应有的方式有区别地表述出来,因为似乎
一切都取决于统计精确性所意味着的东西。还有另一种精确性,
即真正的语言的精准,但在我看来,科学眼下似乎对此关注甚少。
不过,这个问题我们还得再单独讨论。

对全然他者的渴望
——与赫尔穆特·贡尼的对话①

Die Sehnsucht nach dem ganz Anderen

[Gespräch mit Helmut Gumnior]

① 本文原为广播录音,于 1971 年 1 月 1 日在斯图亚特南德广播电台播出。译自"Die Sehnsucht nach dem ganz Anderen [Gespräch mit Helmut Gumnior]", Max Horkheimer, *Gesammelte Schriften*, Bd. 7, Hrsg. Gunzelin Schmid Noerr, Frankfurt/M: Fischer, 1985, S. 385-404。

赫尔穆特·贡尼(Helmut Gumnior, 1930—1987),德国学者和评论家,发表了一系列关于马克思主义哲学、文学批评以及分析法兰克福学派思想的著作,著有《霍克海默传》。

上帝是"全然他者"(ganz Andere)的说法由辩证神学家卡尔·巴特提出,意在表达上帝的不可知性、超越性和完全不同于人类世界的本质。——译注

　　贡尼(以下简称"贡")："在真正的自由态度中,无限的概念　
被保留下来,作为对世事终局和人类不可挽回的孤独的一种意
识,并且保护社会免于愚蠢的乐观主义,免于将自己的知识膨胀
成一种新宗教。"①这句话是 35 年前霍克海默在美国流亡期间写
的,当时他已客居纽约一年有余。在那时,他仍被视为马克思主
义者,是这样一种理论的奠基人,这种理论试图将社会活动把握
为生产过程,将哲学视为斗争而非脱离现实的思辨,并期望通过
革命期待一个完好的世界和社会的理性状态。

　　霍克海默先生,作为一个马克思主义者,一个革命者,您是如
何写出这样一句话的?

---

　　① ［ *Gedanke zur Religion*（1935）, in: *Kritische Theorie*, Bd. I, Frankfurt am
Main 1968, S. 376.］参见本书第 45 页。

　　［这句话中提到的对"孤独"（Verlassenheit）的意识,在本次访谈中高频
出现。Verlassenheit 有"孤独""无望""被遗弃""被抛弃的状态"等含义,它
表达了一种深刻的孤立感或无人支持、无人关怀的状态。与 Einsamkeit 这
个表达远离人群的社会性"孤独"的德语常用词相比,Verlassenheit 更多出现
在宗教和生存主义的语境中,用于描述人类在面对存在的荒谬或面对无
意义时的那种孤独感,或者在感知到没有更高力量或目的引导人生时的
无助感。我们在下文中将其按语境酌情翻译为"孤独"或"被遗弃（状
态）"。——译注］

霍克海默(以下简称"霍"):没错,我曾是马克思主义者,我曾是革命者。第一次世界大战后,我开始研究马克思,因为民族主义的危险已公然显现。我相信,只有通过革命,特别是马克思主义革命,才能消除国家社会主义。我当时的马克思主义和革命立场是对右翼极权主义统治的回应。然而,我当时就对马克思所要求的无产阶级的团结最终能否带来一个正确的社会有所怀疑。

马克思从无产阶级受到的压迫出发,要求无产者必须意识到这种状况。然后他们会发现,他们有一个共同的利益:彻底消除压迫。

386

不过,存在着一种团结——我在您引用的句子中试图阐明这一点——这种团结不仅仅是某个特定阶级的团结,而是将所有人联结在一起的团结。我所意谓的是这样一种团结,它是由于人类必然受苦、必须死亡以及必定是有限的存在而产生的。

在这方面,我们合而为一,我们都有一种源发性的人类兴趣,那就是创造一个世界,在这个世界上,所有人的生活都会更美好、更长久、获得更多改善以及更不受苦难所扰,而且——我还想补充一点,尽管我不完全相信这一点——我们应该有一种兴趣,那就是创造一个更有利于精神发展的世界。

贡:您提到了人的有限性。当时,您谈到了"无限"这一概念,它作为一种有关终极性(Endgültigkeit)的意识而存在。几年前,在一篇关于叔本华的文章中,您写道:"没有对真理的思考,也没有对它所保证的事物的思考,就不可能知道其对立面,即人类遭致遗弃,职是之故,真正的哲学是批判性的和悲观主义的,甚至没有悲伤,就不会有幸福。"①

这是否意味着,因为我们知道我们是有限的存在,我们必然死亡,所以我们也知道存在着无限之物,知道存在着上帝?

霍:不,这样说不对。我们无法证明上帝的存在。对我们的孤独和有限性的意识并不是上帝存在的证据,它只能产生出对存在着一个积极绝对者的**希望**。面对这个世界上的苦难和不义,要相信"全能和全善的上帝是存在的"这一信条,极其困难。明确地说,人类意识到自身的孤独感只能通过对上帝的思考实现,而不是通过对上帝存在的绝对确信。

明确地说,对人类被遗弃状态的认识只能通过对上帝的思考获得,但绝不是通过对上帝的绝对确信。

387

贡:那么,是什么样的上帝,使得人类在思考他时涌起孤独?

霍:对此我想说的是,我们无法对上帝做出任何陈述。这不仅仅是基于我作为犹太人的一个主张(您也许会这样猜测),而是批判理论的一个决定性的基本原则。我们无法描绘绝对者,当谈论绝对者时,除了说我们所生活的世界是一个相对的世界之外,我们实际上并不能再多说些什么。不过请允许我再说一些另外的东西。如果我们对上帝的存在有绝对的确信,那么我们对人类被遗弃状态的认识就是错的,我们实际上不可能有这

---

① "Die Aktualität Schopenhauers", Max Horkheimer, *Gesammelte Schriften*, Bd. 7, Hrsg. Gunzelin Schmid Noerr, Frankfurt/M: Fischer, 1985, S. 138.

种认识。

贡：您提到了犹太教。它与批判理论有什么关系？

霍：举个例子，虔诚的犹太人在要写下"上帝"这个词时会迟疑。他们会用一个省略符号来代替，因为对他们来说，上帝是"不可命名的"，甚至"上帝"无法在一个词中被描绘出来。

贡：但这种描绘上帝时的战战兢兢，不正是源于《圣经》中在西奈山向摩西传布的神圣诫命——你不可自己雕刻上帝之像？

霍：当然是这样。但我们难道不应该问为什么会有这样的诫命吗？除了犹太教，没有其他宗教有这样的规定。

我认为这个诫命存在的原因是，在犹太宗教中，上帝是什么样的并没有那么重要，重要的是人是什么样的。

我想到保罗·克洛岱尔和安德烈·纪德①之间的书信往来，克洛岱尔试图引导纪德信奉基督教。纪德在信中写道，他不可能相信基督教的教义，而克洛岱尔的回应大致是这么说的：那就别

---

① 保罗·克洛岱尔（Paul Claudel，1868—1955），法国著名诗人和剧作家，坚定的天主教信徒。他的作品和思想深受天主教教义的影响，常常探讨信仰、灵性和神圣的主题。

安德烈·纪德（André Gide，1869—1951），法国作家，1947 年诺贝尔文学奖得主，因其作品《窄门》《田园交响曲》等闻名。他对宗教持怀疑态度，尤其以对天主教信仰的质疑而著称。纪德的作品探讨了个人自由、道德、欲望和良知等主题。——译注

信吧,但请到教堂去,做所有规定的事情,然后一切都会好起来的。

犹太人也是这么想的,他们千百年来一直遵守所有的规定。一位拉比可能会说:不要跟我谈信仰,但要做规定的事情。

因此,犹太教比起新教更接近天主教,因为在天主教中,行动比信仰扮演着更为决定性的角色。"信仰"这个概念实际上是新教的发明,目的是避免科学和迷信成为非此即彼的选择。为了挽救宗教,人们找到了第三条道路,即信仰。

对于犹太教来说,这个问题从未存在过。那些规定决定了虔诚的犹太人的整个生活,这让犹太教得以凝聚在一起,因为无论犹太人走到哪里,他的信仰同胞都遵循着同一套诫命。

贡:如果我可以表述得更加尖锐的话,那就是说,决定性的因素是个人的态度和行为;是否存在上帝,相信还是不相信上帝,这不重要。

霍:从辩证的角度来看,这既重要又不重要。不重要是因为,正如我已经说过的那样,我们无法对上帝说些什么,而面对这个世界上千百年来肆虐着的苦难,基督宗教中关于全能和全善的上帝的教义难以服众。

重要是因为在所有真正的人类行为背后都有神学。想想我们——阿多诺和我——在《启蒙辩证法》中的写作。我们在那里说:任何政治,如果极度缺乏反思,未能于自身之中保留住神学,那么无论它多么精明,都将最终沦为生意。①

贡:这里的神学指的是什么?

霍:让我试着解释一下。从实证主义的立场来看,没有任何道德的政治可以被推导出来。从纯粹科学的角度来看,尽管存在着社会功能上的差异,但恨并不比爱要来得糟糕。如果我不会因仇恨而在社会生活中承受任何不利,就没有任何逻辑上令人信服的理由告诉我,我为什么不应去恨。

389

贡:所以,如果我没有理解错的话,实证主义者可以在乔治·奥威尔的意义上说:战争与和平一样好或一样坏,自由与奴役、压

---

① 在《启蒙辩证法》中找不到完全对应的话。霍克海默所提到的含义也许与下面这一文段有关:

　　在现在的社会里,原始的宗教情操、新兴教派以及各种革命的余绪,都在市场上叫卖,法西斯主义的领袖则在密室里出卖国家和民族的生命,而被收音机哄骗的群众则帮忙算钱,即使是揭发社会真相的言论,也只是为了要加入某个政治活动而已。在现在的社会,政治不只一个生意,甚至生意就是整个政治。这个社会对于犹太人落伍的叫卖嘴脸感到愤怒,把他们称为唯物论者,说他们锱铢必较,说他们会屈服于那些把生意奉为圭臬的狂热者。

中译参见霍克海默、阿多诺:《启蒙的辩证》,林宏涛译,台北:商周文化事业股份有限公司,2008,第217—218页。——译注

迫一样好或一样坏。①

霍:这完全正确,因为我们如何能够精确地证明,如果我乐在其中,为什么不应该去恨呢? 实证主义找不到一种超越人类的裁决机构来为助人为乐与贪得无厌、善良与残忍、贪婪与自我牺牲之间划定区别。逻辑也保持沉默,它不承认道德省思有任何优先地位。所有试图通过世俗的智慧而不是通过对彼岸世界的关注来为道德奠定基础的努力——即使是康德有时也未能抗拒这种偏好——都建立在和谐的幻觉之上。与道德有关的一切最终都要回到神学上来,所有的道德,至少在西方国家,都是以神学为基础的——无论人们如何努力去谨慎地把握神学。

贡:我想再重复一遍我的问题,霍克海默先生,神学在这里意味着什么呢?

霍:在这里,神学绝对不是指关于神性或上帝的科学。

神学在这里意味着这样一种意识:世界是显象,它不是绝对的真理,亦非最终存在。神学是——我刻意谨慎地表达——一种希望,希望世界上的这些不义不会永远持续,希望不义不会是最终的判词。

---

① 乔治·奥威尔在《1984》中描述的由"老大哥"铁腕统治的极权社会,其无处不在的宣传口号是"战争即和平,自由即奴役,无知即力量"。——译注

贡:神学是对希望的表达?

霍:我更愿意说,这是对渴望的表达,渴望凶手不会在无辜受害者面前凯旋。

贡:这具有原始基督教的意味。基督徒也希望正义,希望恶人受到惩罚,善人得偿喜悦。

霍:原始基督教和原始犹太教都具有这种观念,但它们有一个决定性的区别。基督教的殉道者更容易忍受所有可怕的折磨,因为他们相信自己的尘间定在只是通向他们个人将会分享的永恒幸福的一段短暂过渡——这一点尤为重要。

犹太教的殉道者则完全不同。他们起码不一定相信能为个人赢得什么,而是坚信自己会继续活在他的人民之中。犹太教的殉道者献出生命不是为了拯救自己,而是为了拯救民族。

在犹太教中,个人并不像在基督教中那样扮演着重要的角色。如果您读《旧约》——我首先想到的是《摩西五经》——您会发现"你"这个词既可以指单个人,也可以指整个民族,而这两种含义是人们无法明确区分开来的。

事实上,很有可能"爱邻如己"这个翻译并不完全正确,实际的翻译应该是这样的:"爱你的邻居,他和你一样。"我的一个女学生就是围绕这一主题写了她的博士论文。

贡:基督教必须打破与民族、与一个特定的民族的宗教纽带,以维护其作为所有人都能得偿救赎的宗教主张。毕竟,在原始基督教中,曾有过关于是否应该向其他民族布道传教的争论。

霍:没错。基督教也因此不得不做出一系列让步。

举个例子来说,希腊人和罗马人是多神论者,他们信仰许多神明。与此针锋相对,基督教宣称只有一位上帝,但他有三个位格,这一点无比重要。

我相信,基督教至少在其起源时,曾试图传播犹太教。因此,与其他民族的宗教思想达成某种妥协就显得尤为重要,其中之一就是将一神教与多神教结合起来的尝试。

贡:您不认为三位一体的教义,即一位上帝、三个位格,更多的是试图将犹太教的一神论与基督是上帝之子的观念结合起来吗?这对基督教非常重要,因为基督作为上帝的儿子,证明了这个世界上的善必须来自上帝。

391

霍:我会说,三位一体的教义也是将基督作为上帝之子纳入严格的犹太一神论的一种尝试。但我想更详细地讨论您的第二点评论。

您提到,善必须来自上帝。而无论是从正统的基督教还是正统的犹太教角度,我可以反驳这一点,善不仅仅来自上帝。因为基督徒和犹太人都相信,上帝按照自己的形象创造了人,因此人有自由意志。人行善是出于自己的自由意志,同样,人作恶也是出于自己的自由意志,而恶显然并非来自上帝。

犹太教和基督教这两种宗教中最伟大的教义是——我在此引用叔本华的话——原罪论。它规定了过去的历史,并且在今天仍然对思想者的世界产生规定。原罪论之所以可能成立,前提条件是上帝赋予了人类自由意志。

人类所做的第一件事就是在伊甸园犯下了这一重大罪行,在此基础上,人类的整个历史实际上都可以得到神学上的解释。

贡:您赞同叔本华的观点吗?

霍:在这一点上,我也是叔本华的追随者。我也相信,原罪学说是宗教中最重要的理论之一。

宗教曾经确实有一种社会功能,但今天它已丧失了这种功能。它曾经说过:如果你按照宗教的意义行善,那么你将得到奖赏,你的灵魂将进入至福之中;如果你作奸犯科,那么你将受到惩罚,等待你的将是地狱。叔本华当然否认了这一点,但他也说了一些类似的话。对他来说,那些作奸犯科者,那些以自己的生存意志否定他人意志、以他人的幸福为代价追求自己幸福的人,将以某种形式重新出生,而他们不会记得自己的前世。他必须亲身经历所有的苦难,直到像一个真正的殉道者一样,如此近在咫尺地感受他人的痛苦,就像这是自己的痛苦一样,直到他能够感受到同情和共乐。现在您可以理解为什么叔本华称原罪论为如此伟大的教义了。在叔本华看来,肯定自身,否定其他个体,实际上就是原罪。

贡:我想回到您让我吃惊的一个评论上来。您说宗教正在失去其社会功能。在我看来,宗教恰恰是在今天的技术时代中,正试图重新找到它的社会功能。我想到了新教和天主教方面的新神学,它们都旨在推动宗教自由化。

霍:在我看来,现代宗教的自由化正在导致宗教的终结。任何人,无论是有意识地还是半自觉地,都会相信神学的自由化正在迎合现行的政治。人们做出了让步,最后做出了妥协,与科学达成了协议。然而,科学能告诉我们的,最终不过地球只是一个微观原子,一个飘浮在无限宇宙中的小球,一个表面被霉菌覆盖的小球。

贡:在您看来,宗教是否应该回归诫命和禁令? 是否应该向善良的人许诺至福,向邪恶的人许诺地狱?

霍:不,宗教不能这样做。但它可以让人类意识到自己是有限的存在,必须经历痛苦和死亡;然而,在痛苦和死亡之上,还存在一种渴望,那就是这种尘间定在可能不是绝对的,可能不是最终存在。

不过,我所理解的宗教的社会功能,即我认为它已经丧失的那个功能,也许可以通过我多年前写下的东西来更清楚地表达出来。

长久以来,上帝的概念保留了这样一种观念,那就是除了自然和社会所表达的有效性标准之外,还存在着其他标准。对一个超验存在的承认从对尘世命运的不满中汲取了最强大的力量。如果正义与上帝同在,那么它在世界上并不以相同的程度而存在。世世代代的希冀、渴望和控诉都被记录在宗教当中。然而,随着基督教越来越多地将上帝的作为与此岸世界的事件协调一

393

致，宗教的这种意义发生了颠倒。天主教在某些方面已将上帝视为尘世秩序的缔造者，而新教则将世界进程直接归于全能的意志。这不仅使得每个尘世政权都因神圣正义的普照而容光焕发，还使这种正义本身沦落到了现实的腐朽境地。基督教在成为国家的盟友的同时，也失去了表达理想的文化功能。①

贡：这正是现代神学家今天所拒绝的。教会希望在社会中扮演批评机构的角色，至少有些神学家希望教会这样做。信徒们不应该在尘世的恶劣条件下再用一个超验的天堂来安慰自己，教会应该成为革命的承担者。②

霍：我丝毫不想贬斥这一想法。但您现在谈的是教会，而我谈的是宗教。如果人们不想放弃宗教，就无法使其世俗化。期待当前教会中的讨论能唤醒宗教，并使其如诞生之初那样生机勃勃，那是痴心妄想；因为善良意志、与劳苦大众团结一心以及对更美好的世界的追求，都已褪去了宗教的旧袍。③

贡：那么，宗教只剩下对无限的渴望了吗？

---

① 霍克海默这里直接引用了 1935 年写作的《对宗教的思考》一文的开头。见本书第 43 页。——译注

② 这里贡尼提到的激进主张源自同期逐渐兴起的拉丁美洲解放神学，解放神学要求教会从意识形态机构转变为社会批判机构，通过世俗的社会解放在大地上实现上帝的神性。——译注

③ "期待……旧袍"这句话同样直接引用了 1935 年写作的《对宗教的思考》一文。见本书第 44 页。——译注

霍：对完全正义的渴望。这种完全正义在历史上永远不可能彻底实现；即使一个更好的社会取代了当前的无序并得到了充分的展开，过去的贫苦也无法弥补，所萦绕着的匮乏自然也不会被消除。①

贡：我们之前谈到，一切真诚的人的行为背后都有神学的支撑，所有的道德都建立在对上帝的希望之上。但是，这种渴望足以使道德行动成为可能吗？我认为我们必须再回到我们的核心话题上。在为阿多诺 60 岁生日写的一篇文章中，您写道："没有上帝，拯救无条件的意义是徒劳的。"②这不就是说，道德行动必须能够指向上帝吗？

394

霍：不，因为我们不能引证上帝。我们不能宣称有一个全能的上帝在时刻提醒我们什么是善，什么是恶。

但我想先回到"渴望"这个话题。如果我提到我在 1933 年写就的一篇文章③，也许您会理解为什么我如此强调它。那时，我试图描绘一幅世界图景，而这幅图景至今几乎没有什么改变。

在全球范围内，巨大的经济权力集团之间的斗争正在展开，而在这个过程中，人类的美好品质正在萎缩，对内对外的谎言正

---

① "这种……消除"这句话同样直接引用了 1935 年写作的《对宗教的思考》一文。见本书第 43 页。——译注

② 这篇文章是《有论论-无神论》。这句话见本书第 283 页。——译注

③ *Materialismus und Moral*, in：*Kritische Theorie*, Bd. 1, Frankfurt am Main 1968.——原编者注

在泛滥，仇恨无穷无尽地滋生。人类在资产阶级时期变得如此富有，拥有如此巨大的自然资源和人类资源，以至于可以在设定有价值的目标的情况下融为一体地生存。蒙住这一无处不透光的事实迫在眉睫，将其掩盖的必要性造就了虚伪的领域，不仅延伸到国际关系中，而且渗透到了最私密的领域，造成了包括科学在内的文化事业的萎缩，造成了私人生活和公共生活的野蛮化，以至于精神的贫瘠加剧了物质的贫困。人类的贫乏与其潜在的财富从未像现在这样形成如此鲜明的对比，从未有过像这一代人这样，所有的力量被残酷地戴上镣铐，在孩子们挨饿的同时，父亲们的手却在旋动着炸弹。世界似乎正朝着一场灾祸迈进，或者说，已然身处这场灾祸当中，在我们所熟悉的历史中，这只能与古典时代的衰落相提并论。由于理性的缺失和生产过程的纯粹自然性，个人命运的无意义在当今阶段已成为定在的最显著特征。每个人都任凭盲目的偶然性摆布。①

这正是渴望完全正义的原因。

贡：您说过，我们不能引证上帝，我们只能说我们是有限的存在。但如果不认识无限之物，能把握到有限性吗？

霍：即使我们对无限之物**一无所知**，我们仍然能够认识到自己的有限性。我们不是每天都在经历苦难和死亡吗？它们是极限的记号，是我们有限性的标志。我们不是每天都在经历一些我

---

① 这段文字也是霍克海默对自己 1933 年的文章《唯物主义与道德》的直接引用。——译注

们完全无法掌控的过程,从而成为今天的自己吗?

让我为您举个例子来说明这一点:如果一个小孩伸出双臂向母亲求抱,而母亲却以一个错误的动作、冷漠的态度来回应他对母亲的盼望,那么这就会决定性地塑造小孩的性格,塑造他日后对这个世界的行为;因为他会变得惊慌,并退缩回自己之中。

贡:再一次回到我的问题上来,道德行为是如何可能的?

霍:我们不能引证上帝。我们只能凭着那儿有一个上帝的内在感觉行事。

但这并不是道德的唯一来源。我也可以为一个人做些好事,有意识或无意识地期望我对他的积极行动会使我自己的生活变得更加美好。

贡:这是否意味着我期望有更高的机构来奖赏我的积极行动?

霍:不。我为他人所做的这一行动、对他人的这一奉献所产生的积极意义,取决于他人是否从这一行动中得到快乐。对方的积极反应,他从我的行为中感受到的快乐,使我自己的生活更加美好。请您想想爱情和友谊。如果他人幸福,我也会幸福。

396

因此,并不一定是有关上帝的想法规定了我对他人的行动,使我的行动具有我们称为道德的品质。它可以仅仅是这样一个事实:即使我不得不为他人牺牲,我的生活也会因为对方的反应而变得更加美好。

当我今天回想起自己的婚姻时，我不得不说，这段婚姻中许多美好的地方都是建立在刚才所讨论的事实基础之上的。是的，我的婚姻发展到这样的程度，不仅是我的妻子会为了我牺牲她的生活，而且她对我来说已经成为至高存在。这种经验也是我为什么对当今爱欲式的爱情（erotischen Liebe）不可避免的消退持批判态度的原因。

贡：霍克海默先生，令您的许多学生和朋友惊讶的是，您试图为教皇的通谕辩护，在那封通谕中，教皇禁止天主教徒使用人工避孕措施。为此，教皇援引了一条神圣的诫命。那么，您在为这个禁令辩护时是以什么为根据的？

霍：我是以批判理论家的身份而发言的，批判理论有双重任务。它一方面既要指出需要改变的东西，另一方面也要说出需要保留的东西。因此，它的任务还包括说明我们必须为如此这般的措施、如此这般的进步付出何种代价。我们必须用爱欲式爱情的死亡来换取药片。

贡：为什么？

霍：爱情根植于渴望，根植于对我们所爱之人的渴望，它不能脱离性。与所爱之人结合的渴望越强烈，爱情也就越深厚。如果人们取消了对性的禁忌，那么在很大程度上，产生渴望的障碍就会消失，爱情也就失去其根基。

贡:那么您的意思是说,这种情况大概是因为避孕药的使用?

霍:是的。避孕药把《罗密欧与朱丽叶》变成了博物馆的展品。我直说吧:今天,朱丽叶会告诉她的罗密欧,她只想快点服药,然后去找他。

贡:但是,考虑到第三世界,考虑到非洲、亚洲和拉丁美洲的不发达国家,考虑到人口过剩这把达摩克利斯之剑,难道避孕药不是一种进步吗?

霍:我并不否认这一点。但我认为,我有责任让人们明白,我们必须为这种进步付出代价,而这种代价就是加速渴望的丧失,最终导致爱情的死亡。

贡:我们的对话再次围绕渴望展开。您和阿多诺也谈到过对他者的渴望……

霍:近几天我一直在试图解释这一点。康德最为清楚地阐述了对一切诸如这般的观念的批判,这些观念认为可以描绘这样一种他者,它是作为基底支撑起显象并超越了显象的绝对者,这一批判适用于形而上学。像全能、全善的上帝的存在这样的积极理念,正如神学家和某些伟大的启蒙者所承认的那样,逻辑上并不比绝对精神、普遍意志或虚无更容易得到精确的论证。无论超越显象世界的积极或消极的无条件者是如何描述的,它都与这样一种洞见相矛盾,即知性所承认的一切现实本身都由主体的智性功能所产生,因此现实本身应被理解为显象的一个可疑环节。进步越大,濒临灭绝的不仅是信念,还有对更美好事物的真正渴望。这就是为什么所有并非纯粹是实证主义的思维和情感都日益成为人类童年时期的现象,而这正是当前有意识的和无意识的悲观主义的一个决定性因素。

贡:也就是说,进步也会危及渴望。

霍:我越来越觉得,与其谈论渴望,不如谈论对上帝不存在的恐惧。

　　贡:霍克海默先生,今天关于批判理论是否隐藏着神学的争论非常激烈。您能对此作出肯定的回答吗?

霍:批判理论至少包含了对神学、对他者的思考。这并不意味着否定了建立一个更为理性也就是更为公正的社会的尝试。它只是意味着,即便是一个相对公正的秩序——这种秩序我已多次提到,是以对自由的限制为代价的——也不是最终之物,而只是对现存事物的一种看似可行的秩序安排,其中包括了对无意义的惨无人道行径的废除。

值得注意的是,宗教的衰落几乎与社会革命的开始、与对更好的生活形态的愿望同步进行。我认为,当死而复生、最终审判和永生的理念被作为教条性的设定而否定时,人类对无限福祉的需求就变得十分明显,并与恶劣的俗世条件形成对立。

贡：马克思从中发展出了他的阶级斗争和无产阶级专政理论。

霍：依我的感觉，马克思受到了犹太教弥赛亚传统的影响，而对我来说，最重要的仍然是上帝是不可描绘的，但这种不可描绘之物恰是我们渴望的对象。

因此，我在评判犹太人的国度应建立在以色列还是其他地区时遇到了一些困难。毕竟，《圣经》说弥赛亚将带领所有民众中的义人前往锡安。我仍在思考，我所支持的以色列国今天究竟应该如何精确地解释这一预言。以色列是圣经中的锡安吗？

从现状来看，我认为解决之道需要建立在以下基础之上：尽管有了以色列国，但对犹太人的迫害——这也是预言的一部分——仍在继续。今天的以色列是一个深受困扰的国家，正如犹太人一直以来所遭遇的困境一样。因此，以色列需要得到一定帮助。对我来说，关键的是：以色列是许多人的避难所。但在我看来，要将今天的以色列与《旧约》中的预言简单地统一起来并不容易。①

①　霍克海默在谈到以色列问题时的语焉不详表现出他对以色列建国的看法的矛盾：一方面，纳粹经验使他希望犹太人能得到一席之地安寝，不再遭受种族迫害；另一方面，他又认为犹太人的思想性和批判性恰恰受益于"散居"的生活模式和社会边缘的游离位置。而以色列建国不仅结束了这种状态，还打破了犹太教禁止偶像崇拜的教义，因为犹太人把新建立起来的民族国家视作绝对者。关于这一点可参考霍克海默一些论述犹太人和以色列的私人笔记，例如 "Dialektik des Judentums", *Gesammelte Schriften*, Bd. 14, Hrsg. Gunzelin Schmid Noerr, Frankfurt/M：Fischer, 1988, S. 314.霍克海默的暧昧思考在当时的中东战争（乃至今天的巴以冲突）的背景下具有独特价值。——译注

399   贡:霍克海默先生,我们曾试图探寻您批判理论中隐藏着的神学的踪迹,试图找到道德行动的裁决机关。这个机关难道不可以是良知吗?

霍:毫无疑问,良知曾经是这样一种裁决机关。我有意说"**曾经是**",因为我担心它在今天已经受到质疑。

弗洛伊德表明,人的良知是通过父亲的权威产生的。孩子们每天都能从父亲那里听到"勤奋好学,直言不讳,行义为人",这些格言进入了他们的心灵。最终,他们会把父亲的声音当作自己的声音来听。

到了青春期,孩子会用这些要求反过来质问父亲:"你总是直言不讳吗?你总是勤奋好学吗?你总是行义为人吗?"在很多情况下都会发生冲突。只有当儿子度过了青春期,他才会明白,在这个世界上,人们不可能一直说真话,人们不可能永远做直接符合要求的事。那时,他就算是成年了。

贡:但起点在哪里呢?为什么"**第一个**"父亲能够说"直言不讳,行义为人"?他自己是从哪里得出这些准则的?

霍:显然,宗教在其中扮演了关键角色。但更重要的是,这种良知的形成在今天已岌岌可危。由于大量社会学、心理学和技术方面的变革,尤其是在资产阶级家庭中的变化,例如避孕药的起效,父亲的权威已经受到了动摇。我认为这将产生巨大的后果。既然父亲的权威已今非昔比,那么良知是否会扮演着不同的角色？还是说良知根本无法再产生？这些问题在今天根本没有得到研究。我认为，家庭不再像过去那样重要这一事实意味着我们的社会生活正在发生决定性的变化。

无论如何，有一点似乎是明确的：父亲神话的破灭，甚至没有一个相应的替代品，使人们对良知作为一种社会现象的存在心生疑问。

职场母亲与以往将抚育子女作为一生职责的母亲是截然不同的。职业物化了她们的思想。此外，还有其他因素。她们如今享有平等的权利，这使得她们（除了少数例外）不再像以前那样闪耀出爱的光芒。过去，母亲总是把自己的天性保存为一个整体，并通过言谈举止散发出来。她的有意识和无意识的反应——您还记得我提到的那个例子吗？——在抚育孩子时起到了决定性作用。它们对孩子的塑造也许比命令更关乎成败。

贡：人们可以倒转发展的车轮吗？

霍：我认为这个过程无法逆转，除非发生类似核战争这样的恐怖浩劫。但是，人们可以通过使这些进程的负面特性大白于世，来保留一些失去的东西——我对批判理论的理解在这里又明晰地呈现出来。

再举一个例子，在瑞士，人们一直在为女性的平等权利而斗争。我认为尼采完全是对的，他曾说，女性在争取平等的过程中将失去她们最重要的东西——那种未被物化的、未被纯粹实用化的思维方式。

400

贡：但批判理论家在其中不正是扮演着堂吉诃德式的悲剧角色吗？他在与发展作斗争，与您所说的历史的内在逻辑做斗争，我们稍后再谈谈这一内在逻辑。他甚至没有机会亲眼见证自己所推动的可能改变。

霍：这个问题可以从心理学、哲学和神学等不同角度来回答。请您允许我从神学角度来答复。

我之所以努力揭示某些发展的负面影响，是因为我相信爱比恨更好，这是我所珍视的悬设，即使我不能在这方面引证上帝。而且我认为，这不仅对我个人适用，对所有人都是如此。

401　贡：这是否意味着，那些想为社会做点什么的无产阶级革命家，举几个名字为例，李卜克内西、罗莎·卢森堡等人，即使他们意识到他们无法亲历自己的理念的胜利，他们的背后依然存在着神学因素？他们所做的一切是出于对人类的爱。

霍：出于对人类的爱。现在我们回到了犹太教令我如此感兴趣的地方：认同并非朝向**单个**他者(*dem*)，而是朝向**复数性**的他者们(*den* Anderen)。

我对于他者的命运感兴趣，我将自己视为人类的一部分，并将在人类中继续存活下去。当我想到自己时，我想到的是作为人类整体中一员的自己。

古往今来的殉道者和启蒙者都是这样舍己为人的。

再次将这一点与批判理论的关联表达清楚对我来说至关重要。

哲学真正的社会功能就在于它对现存事物的批判。这并不意味着对个别理念或条件的肤浅抱怨，就好像哲学家是个怪人一样；这也不意味着哲学家抱怨这种或那种孤立的状况并提出补救措施。批判的主要目的是防止人类使自身迷失在现有社会组织灌输给其成员的理念和行为模式之中。人类应该学会看清他的个体活动与他造成的结果之间的关系，他的特殊生存与社会的一般生活之间的关系，他的日常筹划与他所承认的伟大理念之间的关系。①

贡：鉴于您所说的历史的内在逻辑，鉴于您关于未来被管治的世界的黯淡图景，这难道不显得是一种幻觉吗？

霍：首先，按照我今天的理解，历史的内在逻辑确实会导致一个被管治的世界。由于技术力量的展开、人口的增长、各民族不可阻挡地重组为组织严密的群体，由于权力集团之间的无情竞争，似乎世界的总体管治已经变得不可避免。人类用科学和技术征服了自然的巨大力量。如果要使这些力量——例如核能——不产生破坏性影响，就必须由一个真正合理的中央管治机构来照管它们。再举一个例子，现代制药业已经可以通过避孕药来操控人类的生育能力。总有一天，我们也会需要一个生育管治系统。

402

我相信，在这个被管治的世界里，人们将无法自由地发挥自己的力量，而只能适应理性主义的规则，并最终本能地服从这些规则。未来世界的人们将自动行动：红灯停，绿灯行。他们将服

① 这一段是霍克海默对自己《哲学的社会功能》一文的引用。参见本书第130页，个别措辞因英文和德文的差别而有所调整。——译注

从信号,个体性所扮演的角色将越来越微不足道。在 19 世纪的自由主义时代,个人、人格性仍然举足轻重。人们以自己的责任感领导着伟大的事业,历史中仍然存在着人格性。但在今天,将一个工厂董事会成员或一个部长用另一个人物替代,这相对来说变得容易很多。

贡:那自由意志会怎么样呢?

霍:我们可能会像研究蜜蜂、蚂蚁以及地球上许多其他生物那样去探索人类的自由意志。

贡:所以在被管治的世界里将没有自由意志?

霍:对此我无法给出负责任的答案。但我想我今天已经可以说,当前历史发展的内在逻辑,只要它没有被灾难打断,就会指向自由意志的消亡。

贡:这听起来像是一种末日心绪。

霍:我想对此做一些限制。19 世纪意义上的欧洲文明,在未来几个世纪里几乎没有延续下去的可能。然而,被管治的世界也会有积极的一面:人们的物质需求可以得到满足。

贡:但在我看来,您对被管治的世界的判断显得非常消极,非常悲观。

霍:我想说的是,这不仅仅是悲观的。也许在被管治的世界中,可能会延展出一些力量,这些力量不仅仅能够带来技术上的进步。首先,在正义方面,它会消除由于世界混乱状态造成的冲突,甚至可能带来对普遍团结的意识。

贡:但被管治的世界一定会到来吗?

霍:让我这样说吧,发展的进程不可能在某一特定时刻被任意逆转,因为使每一个存在领域现实地总体转变为手段的辖域,这最终会导致主体的清除,而它本应为其服务。人们无法让这样的过程逆转过来。我们只能通过让变革的负面特性水落石出,来试图保留一些传承下来的东西。正义与自由本就是一对辩证的概念。正义越多,自由越少;自由越多,正义越少。自由、平等、博爱,这是一个美妙的口号。但是,如果您想维护平等,那么您就必须限制自由;而如果您想赋予人们自由,那么就不可能有平等。我们刚才谈到了自由主义。我想就此多说几句。马克思把人格性的全面发展作为目标投射到未来,但这种发展恰恰是自由主义时代的产物,这一产物随着自由主义的消失而消失。这个时代的主题是自身持存,可根本没有一个"自身"需要去保存。

贡:如果社会的发展受制于自身的内在逻辑,如果个人的适应压力越来越大,如果个体性的作用越来越小,那么社会理论还有什么用呢?

404　　霍:首先请允许我谨慎地说一句：我们还没有生活在一个完全自动化的社会里,我们的世界还没有被完全管治起来。我们今天仍然可以做很多事情,即使这些事情将来会过时。

　　贡:但我们无法抗拒您所说的历史和社会发展的内在逻辑,我们无法阻止被管治世界的出现吗?

　　霍:是的,我们不能。但我们或许可以帮助避免发展过程中的一些令人毛骨悚然的意外事件。

　　贡:霍克海默先生,对许多人来说,药物制造的梦境难道不可能成为一种出路吗?

　　霍:世界的全面管治将会废除那些对健康有害的毒品。也许它会引入无风险的手段,因为这个世界会变得很无聊。

　　贡:神学,对绝对者的渴望,在被完全管治的世界里会变成什么?

　　霍:这种渴望也许也会存在于被管治的世界中。因为即使所有的物质需求都得到了满足,人仍终有一死,也许正是因为他的物质需求得到了满足,他才会以一种特殊的方式意识到这一事实。也许到那时,我们在开头谈到的人类的真正团结就会出现,这种团结将可能有助于缓和全面管治的弊端。

贡：为什么这个世界会变得无聊？

霍：人们将会废黜神学。我们所说的"意义"将从这个世界上消失。届时很多实际上毫无意义的繁忙庸碌将会流行于世，这就是无聊。总有一天，哲学也会被视为儿戏。也许在不久的将来，人们会说，我们在这次谈话中严肃认真地做的事情，即对超验者与相对者之间关系的思辨，不值一哂。严肃的哲学将走向终结。

论批判理论的未来
——与克劳斯·格罗斯纳的对话①

Zur Zukunft der Kritischen Theorie
[Gespräch mit Claus Grossner]

————————————

① 霍克海默教授指出,这次谈话是在他旅行途中的不健康情况下进行的。
阿尔弗雷德·施密特博士制作了更正后的版本。——原编者注

[这次访谈发生在 1971 年。本文译自"Zur Zukunft der Kritischen Theorie
(Gespräch mit Claus Grossner)", Max Horkheimer, *Gesammelte Schriften*, Bd. 7,
Hrsg. Gunzelin Schmid Noerr, Frankfurt∕M: Fischer, 1985, S. 419‒434。

克劳斯·格罗斯纳(Claus Grossner, 1941—2010),德国政论记者、投资
人。该访谈首次发表于 Claus Grossner, *Verfall der Philosophie. Politik deutscher
Philosophen*. Reinbek bei Harnburg 1971。——译注]

格罗斯纳(以下简称"格"):阿多诺逝世几天后,哈贝马斯 　419
说:"阿多诺以其天才遮掩了我们方法论的赤裸状态,如今,这一
层理论面纱已经飘零,我们在方法论上现在是一丝不挂的。"您如
何看待哈贝马斯的这番批评,在多大程度上您觉得受到了影响?

霍克海默(以下简称"霍"):我没有完全理解这个问题。

格:这首先应该是对阿多诺的致敬。据说,阿多诺的天才掩
盖了当代社会分析方法上的社会理论争议。哈贝马斯最近大致
这样说过:"在社会理论研究方面,我们正面临着方法论上的混
乱。批判理论的意图依然存在。然而,将其与具体的社会分析结
合起来,将单个的科学实证结果融入整体的社会分析中,却变得
愈发困难。"

霍:对于后一点,即思想草图与个别学科所加工的材料之间
在每种情况下都必须重新确定的关系,我稍后再谈。至于批判理
论本身,它归根结底无非是一个原则:在放弃对正确的社会和全
然好的东西进行内容描绘的同时,批判当下社会,也就是说,明确
指出可以改变的地方。作为一个实定之物的绝对好的东西,在理
论中并不存在——阿多诺的去世并没有改变这一切。相反,我们
必须在这个意义上继续发展他的思想。

420 　　格：依阿多诺所言，从马克思主义"改造过的"黑格尔出发，并借助专业科学的帮助，对现有社会关系的全面批判能在多大程度上真正实现？

　　霍：这样的批判是可以实现的。首先，要认识到马克思理论有其时代条件，并澄清这种时代条件。比如说，马克思关于当下社会的理论特别基于这样一个重要观点，即经济危机必然会加剧，从而使无产阶级的物质和人类境况变得越来越不可忍受。而我们现在恰恰经历了相反的情况，无产阶级的状况不仅在改善，其人数还在减少。作为一个社会群体的雇员在社会变得越来越重要。昔日的工人阶级如今受危机摆布的程度远不如过去；严重的危机越来越稀少，因为今天的政府有能力缓和甚至预防危机，这也改变了工薪阶层的意识。曾经被认为能从中生长出正确社会的那种团结，无论如何都已经不再是无产阶级的爆发性团结了。

　　格：马克思的一些预言遭到诸如此类的反驳，这是否也同时意味着对马克思哲学解放意图的反驳？

　　霍：根据内在的逻辑，只要社会的发展不被灾难所打断，它就会趋向于这样一种状态：管治在个体自发性之上占据越来越重要的位置，使得生产和必要的事务不再依赖于"自由的企业家"，而是成为一个看似自动的过程。

格：但这些难道不只是一个看似自动化和稳定自行的世界的表面上合理的布局吗？在这个世界的舞台幕后，仍然存在着现实的利益，即使这些利益不再能以传统的方式分配给明确的阶级。

霍：就目前而言，情况确实如此。但我相信，这条道路不可避免会通向全面管治。大多数大公司不再由个体企业家领导，不再依赖于他们的理念、想象力和谨慎的计划，而是受制于匿名的董事会，而董事会本身又必须依靠无数其他力量，它们已经具有某种机构的特征。在自由主义时期，市民和企业家个人的自由和发展空间远比今天大得多，而这种自由并没有如人们所希望的那样扩展到社会的所有成员，取而代之的是管治，这种管治已经蔓延开来，并将继续蔓延。

421

格：可是，一方面，马克思不是已经谈论过"性格面具"（Charaktermasken）了吗？其中一些性格面具只是代表了人们所工作的机构，因此并不作为绝对自由而行动。而另一方面，人们可能会提出一个问题和某种指责，即一种自称对总体性主张进行社会分析的理论，会不会丧失对社会实际错综复杂的关系进行经验分析的视野，而偏向于一个看似完全自动化的、因而也被实体化了的社会？

霍：我相信，正是经验研究能够支持我的观点，即历史走向的是一个自动化的社会，而不是一个正确的社会。问题是，关系的对象化是否还能像马克思假设的那样被描述为一种消失的假像，以及它是否在此期间已经变成了本质本身——马克思的疏忽在于,他假设随着社会合理性的扩展(他在很大程度上将其等同于更有效的对自然的支配),现实的、真正的自由和所有人的发展也会随之而来。这一假设在今天被证明是不正确的,这也是批判理论赞同且规定了批判理论的最重要的见解之一。

格:批判理论是否吸收了马克思或黑格尔哲学的其他部分?

霍:是的,它无疑从马克思,尤其是从黑格尔那里汲取了很多。当然,黑格尔的核心思想,即辩证法已经走到其终点,这一点受到了严厉批评。相反,我们深信,所有理论都是正题,必然会有与之对立的反题,不能像黑格尔那样把握绝对。

格:……以绝对精神的形式。

霍:这就是为什么阿多诺将非封闭性(Abgeschlossenheit)视作辩证法的一个显著特征。至于马克思,我们认为他对过去历史的解释是非常值得称道的。然而,他关于社会进一步发展的设想在很大程度上被证明是不正确的。

格:您是否从黑格尔那里汲取了在思想进展中的辩证法过程?……

霍:……在思想中的进展,但同样重要的是——黑格尔和马克思在这一点上是一致的——在社会中的进展过程。社会在掌握自然方面已经达到这样的程度,以至于一个阶级统治另一个阶级的根源(马克思认为这一根源在于支配自然的能力的不足)将不复存在;生产资料将得到如此充分的发展,以至于没有人再需要忍饥挨饿。如果所有人都得到充足的供应,那么人们将不会再容忍统治阶级的存在。因为到那时,生产和分配就可以在没有强迫的情况下进行。在这一点上,马克思是对的。

格:您对有关这种辩证的社会解释的批评有什么看法? 比如卡尔·波普尔提出的"历史主义"批评,他认为辩证法将个别的历史事件类比为因果性的自然说明而进行规律性解释,从而最终具有保守的功能。

霍:先从最后一点开始,在马克思那里,对"客观规律性"这一概念的援引具有批判而非保守的功能。迄今为止,历史的确是由人类的意志——至少是由统治者的意志——所引导的;然而,这种意志在很大程度上是由生产力的状况所决定的,而生产力的增长可以以自然科学的方式进行可靠的确证。如果社会进程仍然脱离于人们团结一致的控制,那么它就被允许根据自然科学的规律性来进行描述。

格:您认为批判理论可以不借助实证主义的个别科学来批判社会中的个别现象吗?

霍:社会理论始终需要各种个别科学及其材料,批判理论也是如此。马克思着重强调了研究方法与叙述方法之间的区别。前者在于审视和总结其他地方已经准备好的材料,而后者则是将这些材料纳入社会客观进程的构建中,从而赋予它们之前不曾具备的新意义。换句话说,科学是工具,社会理论必须正确运用这些工具。

格:在这方面,您认为哲学与科学,即批判理论与科学之间有原则性的区别吗?

霍:是的。我认为科学是方法性的、必要的知识汇集,这在对社会的哲学批判中发挥着作用,却永远无法取代哲学。

格:您曾写道:"实证主义是哲学的技术统治。"这里的"实证主义"指的是谁?这难道不是一个过于笼统的概念吗?从内格尔或亨普尔等美国经验主义者到卡尔·波普尔或汉斯·阿尔伯特等人,① 它今天还能概括如此不同的实证主义哲学吗?

---

① 欧内斯特·内格尔(Ernest Nagel, 1901—1985),美国哲学家,主要以科学哲学领域的贡献而闻名。他的研究集中在科学的逻辑和方法论上,特别关注科学解释、归纳推理和科学定律的本质。著有《科学的结构》。

卡尔·古斯塔夫·亨普尔(Carl Gustav Hempel, 1905—1997),美国哲学家,逻辑实证主义的重要代表,以其在科学哲学特别是逻辑实证主义和科学解释理论方面的贡献而闻名,他提出了著名的"覆盖律模型"(Covering Law Model)和"乌鸦悖论"(Raven Paradox)。

汉斯·阿尔伯特(Hans Albert, 1921—2023),德国哲学家和社会理论家,以其在实证主义以及科学方法论方面的贡献而著名。阿尔伯特是卡尔·波普尔的学生和继承人,他进一步发展了波普尔的批判理性主义思想。——译注霍:我不否认实证主义流派的多样性。我看重的是它们一贯的共同点。我所理解的实证主义是指这样一种或明或暗地说出工具理性命题的学说,即在既定条件下运作的科学是我们所能获得的唯一形式的真理。实证主义将科学及其成果等同于哲学。

格:这是否意味着科学首先是自然科学?

424

霍:自然科学,但也包括历史科学。实证主义将科学上可证明的东西视作哲学上有效的,且没有竞争对手。

格:但新的实证主义者,如波普尔或阿尔伯特,他们与维也纳学派非常不同,难道他们不赞成不同哲学和理论观点之间的批判性竞争吗?

霍:在这种竞争中是否包含着事物客观本质的理念,这一点很值得商榷。但我不想进一步评论您提到的那些作者,因为我还没有深入研究过他们。

格:然而,"实证主义"的总体方向在阿多诺最后的理论工作中仍然是攻击的目标。

霍:阿多诺和我在我刚才提到的实证主义的定义上是完全一致的。

格:您认为您的批判理论与阿多诺的批判理论在理论上有什么不同吗?

霍:批判理论是由我们共同发展的。

格:但你们在各自的工作中可能确立起了不同的侧重点。

霍:阿多诺更关注美学问题。

格:在公众中,"法兰克福学派"这个概念已经确立。这个概念是专指您和阿多诺,还是在今天也可以适用于像哈贝马斯这样的个别哲学家或社会研究所的学术人员?

霍:这我不能轻易回答。有一点是确定的:这些人中的大多数都是在与阿多诺的密切联系中得到学术发展的,而如果他们年纪较大,那么他们也是在与我的密切联系中得到学术发展的。

425　格:您认为在社会研究所,经验分析与理论批判的整合是否成功,比如在 50 年代?

霍:有不少当时发表的出版物证明了这一点。当然,经验分析与理论反思之间的关系并没有固定的公式。在每一个新的情况下,我们都需要对此深思熟虑——我希望研究工作能够本着批判理论的精神继续下去。仅举一例:人类的心理结构在很大程度上取决于家庭,而家庭目前正经历着决定性的社会变革。现在缺乏关于这一家庭变革进展到什么程度以及对年轻人产生什么心理影响的研究。如果按照弗洛伊德的观点,良知的产生在很大程度上要归功于父亲的权威,那么我们不得不指出,这种权威正在消逝。这意味着什么? 这与当今年轻人的境况有什么关系? 研究所最初的形式非常适合开展这方面的研究。

格:但目前的继任者之争不正显示出,在 50 年代,这个研究所在很大程度上是由两位著名人物领导的,而现在则缺少了由各个研究小组构成的更广泛的基础吗?

霍:就今天的情况而言,也许确实如此。

格:而这难道不是由于阿多诺的理论方法——它源于一种由黑格尔主义所规定的哲学,而无论如何不是源于马克思——所造成的结果吗?

霍:这个问题我很难回答。但我知道有些人能够建立新的研究小组。眼下还没有人能投入那么多时间。

格:您能否想象,如果科拉柯夫斯基①真的来到法兰克福,他能够重振这些研究机构?

----

① 莱谢克·科拉柯夫斯基(Leszek Kolakowski, 1927—2009),20 世纪波兰著名的哲学家、哲学史和宗教史学家,代表著作有《马克思主义的主要流派》(1976—1978)、《宗教,如果没有上帝……》(1982)、《形而上学的恐怖》(1988)等。——译注

霍:这我不好说。但我们的一些学生可能适合。

格:您指的是谁? 施威蓬豪依塞尔①? 阿尔弗雷德·施密特②?

霍:您提到了两个非常重要的名字。

426　格:内格特③?

霍:也许包括内格特。

格:我对社会研究所目前组织状况的批评在理论层面上也有一个对应点:批判理论难道不会因为过于依赖黑格尔的反思哲学,

---

① 赫尔曼·施威蓬豪依塞尔(Hermann Schweppenhäuser, 1928—2015),德国哲学家、编辑,曾在法兰克福大学学习哲学,师从霍克海默和阿多诺。20世纪50年代,他在新成立的法兰克福社会研究所担任研究助理,并在哲学研讨会上担任阿多诺的助理。自20世纪60年代末以来,施威蓬豪依塞尔还担任法兰克福大学哲学名誉教授。——译注

② 阿尔弗雷德·施密特(Alfred Schmidt, 1931—2012),德国哲学家,曾在法兰克福大学学习哲学,师从霍克海默和阿多诺,并以《马克思的自然概念》一文获得博士学位。施密特自1972年起担任法兰克福大学哲学和社会学教授,1999年荣休。与哈贝马斯不同,施威蓬豪依塞尔和施密特都被认为较为原汁原味地继承了阿多诺和霍克海默的批判理论精神。——译注

③ 奥斯卡·莱因哈德·内格特(Oskar Reinhard Negt, 1934—2024),德国哲学家和批判社会理论家,以其对社会理论、教育学和政治理论的贡献而闻名。内格特在法兰克福师从阿多诺,学习哲学和社会学,并担任哈贝马斯的助手。代表作有《公共领域与经验》。——译注

以至于在一个特殊科学越来越难以被单个哲学家所整合的社会中，最终变成一种理论性的上层建筑，失去与经验实践的联系吗？

霍：我已经说过，阿多诺和我批判地接受了黑格尔的哲学。正是他的洞察力帮助我们形成了对经验的批判性概念。如果今天有一群有兴趣并团结一致的人，那么我们仍然可以像当年撰写《权威与家庭》一书时那样工作。

格：您认为在这样的研究所里，哪些研究重点是今天所值得向往的？

霍：研究与社会客观变革相关的人们的心理变化。从理论和经验上解释历史的内在逻辑。

格：这不又是相当黑格尔式的吗？历史的内在逻辑？

霍：在某种程度上不是完全黑格尔式的，因为对黑格尔而言，结局是先天确定的：绝对精神已经实现了自身。我们的假设是，终结之处站着一个完全被管治的世界。这不是像黑格尔的绝对精神那样的教条，而是对当前历史具有这种内在逻辑的趋势的洞察。这个必然的过程可能会被战争和其他灾难打断。

格：法兰克福学派的经验分析对社会变革有何意义？学生抗议运动中的一些领军人物在多大程度上参考了霍克海默/阿多诺的理论？这是否合理？

霍：这是一个很难回答的问题。我相信，我们的理论确实可以成为一种变革的手段，从而使许多已经取得的文化要素不会被理性主义所全面吞没。

格：所以这会是一种更保守的功能？

霍：批判理论不仅涉及变革本身，还涉及那些运动。它们希望推动发展，却并不考虑在其最根本的意义上，保留现有的一些东西对自己有多么重要。想想爱情吧，爱情可能受到化学发明或家庭解体的严重威胁。这些都是依赖于经验的研究主题和理论思考。

格：这些理论与社会变革战略之间是否存在系统性的必然联系？也即理论与实践之间的关系？请谈谈具体情况：您认为汉斯-于尔根·克劳尔①或柏林学生领袖对《启蒙辩证法》或一般性的"批判理论"的援引，在学生抗议运动的具体行动中多大程度上具有理论合理性？

霍：我想说得谨慎一些——对学生们的立场进行一些限定——学生们首先完全有理由批评当前大学的境况……

————————

① 汉斯-于尔根·克劳尔(Hans-Jürgen Krahl，1943—1970)，德国社会学家和学生运动的主要人物之一。他是法兰克福学派的重要支持者，并且以其对马克思主义和批判理论的应用而闻名。克劳尔在20世纪60年代的学生抗议运动中扮演了关键角色。——译注

格：……但他们想要更多，他们想要的是系统性变革……

霍：……这也是完全可以理解的。也许只有通过特定的方式对人们进行教育，才能实现这种系统性变革。但学校也处于令人极度惋惜的处境中。

格：学生抗议运动也使用了包括身体暴力在内的方式，这些方式是否正当？另外，您如何解释法兰克福学生与阿多诺在过去两年中在态度上的分歧？

霍：我认为这不是理论上的原因，而是由个别事件横生枝节所引起的，比如在研究所发生的碰撞……   428

格：……与弗里德堡和警察的冲突……

霍：……对此我无法发表更多评论，因为我当时并不在场。

格：当您分析说，由于科学的内在发展，社会趋向于成为一个自动化的社会时，个别的社会变革战略行动就只能是治标不治本。从这个意义上说，批判理论岂不是注定要在理论上宣称社会变革的无望？

霍：不，它可以帮助在旧有的社会里那些应该在新的、更好的社会中发挥作用的东西不会过快崩溃。

格：您想到的是什么？

霍：想到的是友谊、爱情、人与人之间的独立纽带……

格：……但这些不都是对于整个社会的组织而言无法通过经验来把握的个体范畴吗？它们可以作为人的个别属性来分析，但作为一个合理性社会的结构原则，它们就太心理学化了。

霍：我不认为您的异议触及了您所提到的疑难。您所说的个体范畴，友谊、爱情以及其他概念，包括对思想的忠诚，虽然是在资产阶级的、个体主义的生产方式中出现的，但也同时超越了这些限制。在对资本主义进行严肃批判时，最初的方式是将其现实与它高调宣扬的那些已经实现的概念相比较。从这个意义上说，即便在一个更好的社会中，这些实际上与个体密切相关的范畴也是不可或缺的。

格：您的分析与马尔库塞的分析有多大程度的一致？由于分析了日益增长的压迫，马尔库塞得出了"大拒绝"（totale Verweigerung）的策略——这也许与您的策略有些相似。

429　　霍：当我偶尔与马尔库塞交谈时，他基本上同意我的观点。当然，我已经很久没见过他了。

格：马尔库塞是一位源自海德格尔的哲学家……

霍:……我最初是根据我们当时的法兰克福导师的建议想让他在法兰克福完成教授资格论文的,他确实是在海德格尔那里获得的博士学位……

格:……这是否也表明您在分析西方形而上学的历史时与海德格尔的思想有某种亲缘性?

霍:当然不是。我曾在海德格尔那里学习过一年,但我受胡塞尔的影响更大,他当时也在弗莱堡任教。不管怎么说,从海德格尔那里来的人都受过足够的教育,可以在我们这里取得在大学授课资格。

格:在您对未来自动化、系统稳定的社会的分析与海德格尔对西方科学史的分析(海德格尔认为在前苏格拉底时期的理解被掩没,据说这导致了"异化"的社会)之间,难道没有存在一种——也许是无意识的——亲缘性吗?

霍:……

格:通过奥斯卡·内格特针对您的《明镜周刊》采访①而在《明镜周刊》上刚发表的读者来信②,神学与批判理论之间关系的

---

① "Was wir 'Sinn' nennen, wird verschwinden", in: *Der Spiegel*, Nr. 1/2/1970; hier S. 345 ff. ——原编者注

② In: *Der Spiegel*, Nr. 6/1970. ——原编者注

争论变得更加公开化。您如何看待这种关系？

霍：阿多诺和我在某种程度上承认神学有一定的合理性，因为我们深信（我今天仍然确信），我们对世界的表象是一种受社会和历史条件制约的、具有高度相对性的表象——一种与显象相关的表象。正因为如此，我们对他者的渴望才是完全合理的。在批判理论中，我们无法刻画他者，当然也无法展现他者。

430　格：但这不仍然是与康德的批判理论相对应的相当普遍的描述吗？

霍：在很大程度上是的，但康德对所谓的"智性"说了很多，他把上帝视为一个悬设，并宣称绝对命令被全然给予每一个人。我们认为这是错误的。我们不相信绝对命令在每个人身上都是现存的，也不认为有关上帝存在的断言可以从此悬设而来。

格：您如何批判康德的这种唯心主义立场？

霍：高尚的人类行为是由其他动机所驱动的。在这一点上，我们更接近叔本华，他谈到对他人的认同和同情，而他的认识论观点是，这个世界只是显象，我们并没有绝对的知识。我们只有对他者的无法满足的渴望，渴望在这个世界上发生的一切可怕之事、个别人类不应得的悲惨命运，将不再是最终的结局。当人们纵观迄今为止的历史，这种渴望必然会产生。

格:但是,从你的哲学和神学中都流露出来的这种对历史中绝对者的显象的否定,首先难道只具有一种形式上的同一性吗?在多大程度上还存在内容上的一致?

霍:您的意思是,批判理论对上帝有某种特定的观念?

格:不是。如果我没有理解错的话,您是说在批判理论中,不可能在历史中确定任何绝对的现象。类似地——正如您从《旧约》的塑像禁令(Bilderverbot)出发——即使在神学中也不可能于尘世之中确定上帝的概念。

霍:完全正确。

格:现在的问题是:这仅仅是一种形式上的同一吗?还是说在分析导致这种同一性和对绝对者的否定的条件时,批判理论和神学之间同时也存在一致性?——换句话说,在您的理论和神学之间,是否建立起了一种超越了对历史中的绝对者的形式上的否认的联系?毕竟,基督教神学并不停留在否定地、批判性地远离上帝在历史中的绝对客体化,而是有一定数量的神恩需要在信仰中被接受,以便为今天已经在末世论中被期待的神的国创造前提条件。同样,犹太教也有一些规定——比如耶和华在历史上的作为——超越了纯粹的"否定辩证法"。

霍:这些问题非常微妙。就犹太教而言,我认为它禁止对上帝做出实定的陈述。在这一点上,我认为批判理论与神学有相似之处。我认为，有些基督教神学解释者的观点看起来有所不同，因为他们在例如三位一体等方面做出了具体的陈述，这是犹太教中没有的。至于"他者"（这个表达实际上源自阿多诺）是什么样的，我们无从述说。我们只能说，我们不能也不愿意相信我们现在生活的这个世界与绝对相同一。

格：但今天的马克思主义理论难道不是正在试图分析"被贬低者、受辱者和被压迫者"（布洛赫）是在什么条件下异化的，尤其是基督教在历史上多大程度地发挥了压迫性的功能？——基督教的理论为反对此岸世界的绝对性提出论证，但事实上却恰恰产生了对此岸世界与绝对性的认同——无论是在教皇身上，还是在圣餐中，在吃下的面包、肉和喝下的血中。这难道还只是与基督教理论的形式上的类比吗？基督教教会，特别是天主教的伟大传统，在很大程度上是对绝对性的物化，甚至在其自身诠释中也是如此——想想围绕圣餐的实质争论就知道了。①

霍：这正是批判理论与任何实定神学（positive Theologie）的区别所在。批判理论基于这样一个理念：绝对者——也就是说上帝——不能被当作客体来对待。您所提到的情况显然暴露了神

432

---

① 格罗斯纳在这里指的是在 16 世纪末至 17 世纪初，关于圣餐实质存在的神学争论。这场争论主要涉及对耶稣在圣餐中真实存在的理解和解释，特别是在天主教和新教之间。争论的焦点是耶稣的身体和血液在圣餐中的真实存在方式，涉及"变质说""真实存在说""象征说"和"属灵存在说"等不同诠释。——译注

学机构在理论上的偏离。

格:您是否会将神学的基本思想与批判理论的基本思想相同一起来？

霍:相较于那些争论圣餐细节的教义,两者无论如何都更有同一性。今天,人们必须做出改变,我相信阿多诺也有类似的想法:应将对存在着全善全能的上帝的**断言**转变为对存在着一个全善全能的存在(Wesen)的**渴望**,期望这种存在能够确保在历史中发生着的不义不会永远持续下去。

格:但对全能全善的上帝的虚构难道不会反过来导致以"遥远的未来会变得更好"的说辞来为现存统治关系赋予神圣性？

霍:只有在肯定地谈论上帝时才会这样,而批判理论——以及《圣经》中的个别段落　　明确指出,不可能进一步规定上帝。

格:但是,如果人们理论上不可能接近上帝这个概念,那为什么还需要它呢？难道这个概念在政治生活中的功能不会被实定地实体化——事实上基督教的历史上也经常出现这种情况——以至于导致现存的不义关系被封为圣者？

霍:这很难说。身居高位的人并不总是最接近宗教的理念。殉道者就是另一种情况,他们之所以牺牲,是因为他们相信自己是在为人类服务,他们为与不公正相对立的他者而辩护。公正的理念、善的理念、"反对单纯行使权力"的理念、对迫害无辜者的拒绝——这些都是在真正的神学中可以找到的理念,它们不应与教会的历史直接混为一谈。

433　　格:这种以被压迫者和反抗者为出发点的基督教神学诠释是否类似于恩斯特·布洛赫的解释?

　　霍:我不会排除这种可能性。只是布洛赫的神秘主义的弥赛亚主义坚定地寄希望于未来某天地球上的一切都会好起来。对此,我和阿多诺一样,无法认同……

　　格:……这种满足了生存的乌托邦设想,在马克思那里也有所体现……

　　霍:……完全正确……

　　格:……对于马克思而言,当代历史是人类的史前史。

　　霍:我不同意这种说法,因为现存的东西相对于它应该存在的状态来说,可能从根本上是更糟糕的东西,而这正是由于我们所生活的世界永远无法符合绝对正确的理念。

　　格:但这点使你与基督教神学的解释区分开来,后者宣称神之国的末世已经降临。

霍:完全正确。我的观点更接近叔本华的看法,他说:只要人们想满足自己的愿望,这个世界本质上就必须保持现在的样子。我个人甚至走得更远,我认为:最终人类这一物种将会变得与动物物种极为肖似。这种前景真正激起了我们对另一个世界的渴望。然而,可以想象的是,随着人类事物向着越来越合理化和具有目的性的方向发展,甚至连这种对于另一个世界的可能性的想象也会消失。这种悲观主义的恐惧正是我们写作的内在动机之一。

格:霍克海默先生,强调神学是您晚期哲学的一个倾向。它是否意味着批判理论逃入一种包罗万象的神学?这难道不是延续了黑格尔哲学的传统,即试图用整个社会的("总体的")方式将社会的个别现象中介起来,实际却无法做到?黑格尔主义的这一传统难道不是与批判理论不谋而合吗,尤其是如今批判理论越来越难以将个别科学成果与整体社会反思具体中介起来的趋势下?您的神学逃遁难道不是一个必要的发展,试图从神学角度构建社会的整体联系,而这已经无法通过科学和科学反思来实现?

434

霍:我不这么认为。通过批判性反思的经验来构建社会的整体联系是完全可能的。恰恰是因为这种整体联系如果不经过任何美化就呈现出来,就不包含任何神性——这正是我们的神学观点并不明确的原因。所以我们没有任何教派之分。

格:但如果神学只包含对绝对者的否定,那它究竟为什么还有存在的必要呢?

霍:它首先在于拒绝把经验现实做成绝对的终极。

格:但一个具有正确理解的批判理论已经做到了这一点!那为什么神学仍是必要的呢?

霍:神学是必要的。通过"禁止将经验之物绝对化"这一禁令,他者,不单单是经验性的和显现出来的存在,就成为理论的必要元素。当我们谈论世界时,我们必须时刻牢记,它不是绝对的。

格:但这意味着一种内在的神学解释,与所谓的基督教的信仰真理再也没有什么关系。

霍:关系甚少。但至少是对这个世界以外的他者的思考。

术语对照表

（省略德语名词的定冠词）

Administration　行政管理

Agnostizismus　不可知论

Aktivität　主动性、活动性、活动

aktuell　现时的、迫在眉睫的

allegorisch　寓言的、寓言性的

allgemein　一般的、普遍的

　Allgemeine　一般、普遍、普遍者

　Allgemeinheit　普遍性

allgütig　全善的

allmächtig　全能的

Andere　他者

Anständigkeit　正直

Angestellte　雇员

Anschauung　直观

Antinomie　二律背反

Apriori　先天

Apparat　装置、机器

Apperzeption 统觉

Arbeit 劳动

  Arbeitskraft 劳动力

Atheismus 无神论

aufheben 扬弃、废除

Aufklärung 启蒙、启蒙运动

automatisch 自动化的

autonom 自主的

  Autonomie 自主性、自主

autoritär 威权的

besonder 特殊的

  Besonderes 特殊

bestehend 既存的、现存的、现存在手的

  Bestehenden 现存事物、现存之物

Bestimmung 规定

Bewußtsein 意识

  bewußtlos 非意识的

  unbewußt 无意识的

  allgemeine Bewußtsein 普遍意识

Bild 形象、图景、图像

  Bilderverbot 塑像禁令

  blind 盲目的

Blindheit 盲目性

Buddhist 佛教徒

bürgerlich 资产阶级的、市民的

bürgerliche Gesellschaft 资产阶级社会、市民社会

Bürgertum 市民、市民阶级

Bürokratie 官僚机构、官僚主义

Charaktermaske 性格面具

Christentum 基督教

common sense 共通感

Dasein 定在、此在

Demagogie 煽动、蛊惑人心

Dialek 辩证法

  dialektisch 辩证的

  dialektische Logik 辩证逻辑

  negative Dialektik 否定辩证法

Dinge an sich 自在之物

Despotismus 专制主义

Dogma 教条

  dogmatisch 教条的、教条主义的

Dreieinigkeit 三位一体

Dualismus 二元论

eigengesetzlich 有自身规律的

Einzeln 个别、个别者、个人

  einzeln 单个的、个别的、个人的

empirisch 经验的、经验性的

  Empiriker 经验主义者

Endliche 有限、有限者

  Endlichkeit 有限性

Unendliche　无限、无限者

Unendlichkeit　无限性

entfremden　异化

Erbsünde　原罪

Erinnerung　回忆

Eros　爱欲

erotisch　爱欲式的

Erscheinung　显象

eschatologisch　末世论的

evident　明证的

existentiell　生存论的

Faschismus　法西斯主义

Faschist　法西斯主义者

Fatalismus　宿命论

Fetisch　拜物、拜物教

feudal　封建的

feudale Gesellschaft　封建社会

Fortschritt　进步

Fragestellung　发问

Freizeit　闲暇时间

Führer　元首

Gangster　黑帮

Ganze　整体

ganz　整体的,整个的

Gebot　诫命

gegeben　被给予的、被给定的

　Gegebenen　所予之物、给定之物

Gegensatz　对立

Geist　精神

　absolute Geist　绝对精神

　objektive Geist　客观精神

　Volksgeist　民族精神

　Weltgeist　世界精神

Gemeinschaft　共同体

Gnade　神恩、恩典

Gesamtkunstwerk　总体艺术

Gesellschaftstheorie　社会理论

Gesetz　法则、规律

　Gesetzmäßigkeit　规律性

gesunde Menschenverstand　人类的健全知性

Gerechtigkeit　正义、公正

　absolute Gerechtigkeit　绝对正义

　vollendete Gerechtigkeit　完全正义

　ungerecht　不公的、不义的

　Ungerechtigkeit　不公、不公正、不义

Gewissen　良知

Glauben　信仰、信念

Glück　幸福、幸运

　Glückwürdigkeit　配享幸福

gnostisch　诺斯替式的

Gute　好的东西、善

handeln　行动

　　Handlung　行动

Harmonie　和谐

　　prästabilierte Harmonie　预定和谐

Herrschaft　支配、统治

Heteronomie　他律

Hindus　印度教徒

historisch　历史的、历史性的

hypostasieren　实体化

Ich　自我

Idealismus　观念论、唯心主义

Idee　理念

Ideologie　意识形态

　　ideologischer Apparat　意识形态机器

Identität　同一性

Illusion　幻觉

Inbegriff　概念化身

Individuum　个体

　　individualistisch　个体主义的

Instanz　机构、裁决机构

intellektuell　智力的、智识的、智性的

　　intellektuelle Funktion　智性功能

　　Intelligenz　知识分子

　　intelligible Welt　智性世界

Kategorische Imperativ　绝对命令

Katholizismus　天主教

Kartellierung　卡特尔化

Kirche　教会

Klarheit　明晰性

Klass　阶级

Konfession　教派

Konformismus　顺从主义

　konformistisch　顺从的、顺从主义的

Konstitutiv　构成性的

Konzern　康采恩

Kritik der politischen Ökonomie　政治经济学批判

kritische Theorie　批判理论

　kritische Theorie der Gesellschaft　社会批判理论

Kulturindustrie　文化工业

Leiden　受苦、痛苦、苦难

Liberalismus　自由主义

Libido　力比多

Massenkultur　大众文化

Materialismus　唯物主义

　historische Materialismus　历史唯物主义

mechanistisch　机械论的

Mehrwert　剩余价值

Messianismus　弥赛亚主义

　messianische Zeit　弥赛亚时间

Mitleid　同情

Mitmenschlichkeit　共人性

monopolkapitalistisch　垄断资本主义的

Mythos　神话

　Mythologie　神话体系

Nationalismus　民族主义

Nationalökonomie　国民经济学

Nationalsozialismus　国家社会主义

　Nazismus　纳粹

Naturbeherrschung　对自然的支配

Nächstenliebe　爱邻人、邻人之爱

Negation　否定

　Negativität　否定性、负面性

Notwendigkeit　必要性、必然性

Ohnmacht　无力

　ohnmächtig　无力的

ontogenetisch　个体发生学的

Ontologie　本体论

Optimismus　乐观主义

Ökonomismus　经济主义

Passivität　被动性

Persönlichkeit　人格、人格性

Pessimismus　悲观主义

　pessimistisch　悲观的、悲观主义的

Phantasie　幻想

Phänomen   现象

   Phänomenologie   现象学

philosophische Anthropologie   哲学人类学

Psychoanalyse   精神分析

politische Ökonomie   政治经济学

Polytheist   多神论者

positiv   实证的、实定的、积极的

   positive Theologie   实定神学

   Positivismus   实证主义

   Positivist   实证主义者

Postulat   悬设

Pragmatist   实用主义者

Paranoia   妄想症

Praxis   实践

   gesellschaftliche Praxis   社会实践

Produktion   生产

   produktive   生产性的、有成效的、有效果的

   Produktionsmethode   生产方式

   Produktionsmittel   生产资料

   produktive Kraft   生产力

Proletariat   无产阶级

Protestantismus   新教

Racket   帮派

rational   合理的

   Rationalisierung   合理化

Rationalismus　理性主义

Rationalität　合理性

irrational　不合理的、非理性的

Realität　现实、实在

Reich der Freiheit　自由王国

Reflexion　反思

Reformation　宗教改革

Renaissance　文艺复兴

Resignation　放弃、屈从、听天由命

richtige Gesellschaft　正确的社会

romantisch　浪漫的、浪漫主义的

Schein　幻象、假象

Schema　图式

　Schematismus　图式论

Schlechte　坏的东西、糟糕的东西、恶

Scholastik　经院哲学

Sein　存在

Sehnsucht　渴望

Selbst-　自身、自我

　Selbstanschauung　自身直观

　Selbstbesinnung　自身省思

　Selbstbewußtsein　自身意识

　Selbsterhaltung　自身持存

　Selbstvernichtung　自身否弃

　Selbstzerstörung　自身毁灭

sensualist 感觉论者

Sinnlichkeit 感性

Skeptizismus 怀疑论、怀疑主义

Spätkapitalismus 晚期资本主义

Spekulation 思辨、臆测

Spinozismus 斯宾诺莎主义

Spontaneität 自发性

Subjekt 主体

  Subjektivität 主体性

Soziologie des Wissens 知识社会学

Sozialphilosophie 社会哲学

Sozialpsychologie 社会心理学

synthetisch 综合的

System 体系、系统

Tausch 交换

  Tauschgesellschaft 交换社会

  Tauschwirtschaft 交换经济

Tätigkeit 活动、活动性、主动性

Theologie 神学

Tiefenpsychologie 深蕴心理学

totale Verweigerung 大拒绝

totalitär 极权主义的

  Totalität 总体性

transzendent 超验的

transzendental 先验的

transzendentale Subjekt　先验主体

Trieb　欲力

　Triebverzicht　否弃欲力

Unrecht　不义

Unterdrückung　压迫

Utopie　乌托邦

ursprünglich　源始的、原初的

Überich　超我

Verbot　禁令

verdinglich　物化的

　Verdinglichung　物化

Vergesellschaftung　社会化

Verhalten　行为

　Verhaltensweise　行为模式

verklären　美化、焕发、容光焕发

　Verklärung　美化

Verlassenheit　孤独、被遗弃状态

vermitteln　中介

　Vermittlung　中介

Vernunft　理性

　vernünftig　理性的

　instrumentelle Vernunft　工具理性

Verstand　知性

Verwaltung　管治、行政管理

　verwaltete Welt　被管治的世界

Vorgeschichte　史前史

Vorstellung　表象、观念、想象

Volksgemeinschaft　民族共同体

Volkswirtschaftslehre　国民经济学

völkisch　民族主义的

vulgärmaterialistisch　庸俗唯物主义的

Wahrheit　真理、真相

Waren　商品

　Warenwirtschaft　商品经济

Wesen　存在、本质

　Wesensschau　本质直观

Widerspruch　矛盾

Wille　意志、意愿

　freie Wille　自由意志

　gute Wille　善良意志、善良的意愿

Wissenschaft　科学

　Fachwissenschaft　专业科学

　Geisteswissenschaft　精神科学、人文科学

Wirklichkeit　现实、现实性

　Verwirklichung　实现、现实化

Wirklichkeitsbegriffe　现实概念

Willkür　任意

Zeichen　信号

Zynismus　犬儒主义

人名索引

Adorno, Theodor Wiesengrund　西奥多·维森格伦德·阿多诺

Agrippa, Heinrich Cornelius　亨利·科内利乌斯·阿格里帕

d'Alembert, Jean le Rond　让·勒朗·达朗贝尔

Albert, Hans　汉斯·阿尔伯特

Alexander, Samuel　塞缪尔·亚历山大

Antisthenes　安提西尼

Apelt, Ernst Friedrich　恩斯特·弗里德里希·阿佩尔特

Aquinas, Thomas　托马斯·阿奎那

Aristotle　亚里士多德

Ashoka　阿育王

Augustinus, Saint Aurelius　圣·奥勒留·奥古斯丁

Avenarius, Richard Heinrich　理查德·海因里希·阿芬那留斯

Averroes　阿威罗伊

Bacon, Roger　罗杰·培根

Barth, Karl　卡尔·巴特

Barzun, Jacques　雅克·巴尔尊

Baudelaire, Charles Pierre　夏尔·皮埃尔·波德莱尔

Bergson, Henri 亨利·柏格森

Bloch, Ernst 恩斯特·布洛赫

Bonaparte, Napoléon 拿破仑·波拿巴

Bossuet, Jacques-Bénigne 雅克-贝尼涅·波舒哀

Bruno, Giordano 焦尔达诺·布鲁诺

Carnap, Rudolf 鲁道夫·卡尔纳普

Claudel, Paul 保罗·克洛岱尔

Cohen, Hermann 赫尔曼·柯亨

Comté, Auguste 奥古斯特·孔德

Cornelius, Hans 汉斯·科内利乌斯

Cousin, Victor 维克多·库赞

Curtius, Quintus 昆图斯·库尔提乌斯

Diderot, Denis 德尼·狄德罗

Descartes, René 勒内·笛卡尔

Durkheim, Émile 埃米尔·涂尔干

Eckermann, Johann Peter 约翰·彼得·埃克曼

Empedocles 恩培多克勒

Enzyklopädist 百科全书派

Epikuräer 伊壁鸠鲁学派

Desiderius, Erasmus 德西德里乌斯·伊拉斯谟

Fichte, Johann Gottlieb 约翰·戈特利布·费希特

Ford, Henry　亨利·福特

Freud, Sigmund　西格蒙德·弗洛伊德

Francesco, San　圣方济各

Fries, Jakob Friedrich　雅各布·弗里德里希·弗里斯

Galilei　伽利略

Gassendi, Pierre　皮埃尔·伽桑狄

Gasset, José Ortega y　何塞·奥尔特加·伊·加塞特

Gelb, Adhémar　阿德赫马·格尔布

Gide, André　安德烈·纪德

Goethe, Johann Wolfgang von　约翰·沃尔夫冈·冯·歌德

Grossmann, Henryk　亨利克·格罗斯曼

Grotius, Hugo　胡果·格劳秀斯

Grünberg, Carl　卡尔·格律恩堡

Habermas, Jürgen　尤尔根·哈贝马斯

Hamlet　哈姆雷特

Hartmann, Nicolai　尼古拉·哈特曼

Heidegger, Martin　马丁·海德格尔

Hegel, Georg Wilhelm Friedrich　格奥尔格·威廉·弗里德里希·黑格尔

Hempel, Carl Gustav　卡尔·古斯塔夫·亨普尔

Herwegh, Georg　格奥尔格·海尔维格

Hitler, Adolf　阿道夫·希特勒

Hobbes, Thomas　托马斯·霍布斯

Hobhouse, Leonard Trelawny　伦纳德·特里劳尼·霍布豪斯

d'Holbach, Paul Thiry　保罗·亨利·霍尔巴赫

Hölderlin, Johann Christian Friedrich　弗里德里希·荷尔德林

Hume, David　大卫·休谟

Husserl, Edmund　埃德蒙德·胡塞尔

Huxley, Aldous　阿尔道斯·赫胥黎

James, William　威廉·詹姆斯

Jaspers, Karl Theodor　卡尔·西奥多·雅斯贝尔斯

Jansenisten　詹森派

Jaurès, Jean　让·饶勒斯

Jevons, William Stanley　威廉·斯坦利·杰文斯

Juliet　朱丽叶

Junker　容克贵族

Kant, Immanuel　伊曼努尔·康德

Kelsen, Hans　汉斯·凯尔森

Kepler, Johannes　约翰尼斯·开普勒

Kierkegaard, Soren Aabye　索伦·克尔凯郭尔

Kolakowski, Leszek　莱谢克·科拉柯夫斯基

Kopernik, Mikołaj　尼古拉·哥白尼

Krahl, Hans-Jürgen　汉斯-于尔根·克劳尔

Kries, Johannes Adolf von　约翰纳斯·阿道夫·冯·克里斯

Leibniz, Gottfried Wilhelm　戈特弗里德·威廉·莱布尼茨

Liebknecht, Karl　卡尔·李卜克内西

Liefmann, Robert　罗伯特·利夫曼

Locke, John　约翰·洛克

Loyola, Ignatius　伊格纳秀·罗耀拉

Löwenthal, Leo　列奥·洛文塔尔

Luxemburg, Rosa　罗莎·卢森堡

Luther, Martin　马丁·路德

Mach, Ernst　恩斯特·马赫

Maistre, Joseph de　约瑟夫·德·迈斯特

Magnus, Albertus　阿尔伯特·马格努斯

Mannheim, Karl　卡尔·曼海姆

Marburger Neukantianismus　新康德主义马堡学派

Marcuse, Herbert　赫伯特·马尔库塞

Marx, Karl　卡尔·马克思

Mathiez, Albert　阿尔贝·马蒂耶

Merkel, Adolf　阿道夫·梅克尔

Meyer, Hermann　赫尔曼·迈耶

Mill, John Stuart　约翰·斯图尔特·密尔

Mises, Ludwig von　路德维希·冯·米塞斯

Moses　摩西

Mussolini, Benito Amilcare Andrea　贝尼托·阿米尔卡雷·安德
　　烈亚·墨索里尼

Nagel, Ernest　欧内斯特·内格尔

Negt, Oskar Reinhard　奥斯卡·莱因哈德·内格特

Newton, Isaac　艾萨克·牛顿

Nicholas of Cusa　库萨的尼古拉

Nietzsche, Friedrich Wilhelm　弗里德里希·威廉·尼采

Novalis　诺瓦利斯

Occam, William　威廉·奥卡姆

Origen of Alexandria　亚历山大的奥利金

Orwell, George　乔治·奥威尔

Ostwald, Wilhelm　威廉·奥斯特瓦尔德

Peter the Hermit　隐士彼得

Pirandello, Luigi　路伊吉·皮兰德娄

Plato　柏拉图

Pareto, Vilfredo　维尔弗雷多·帕累托

Poincaré, Henri　亨利·庞加莱

Pollock, Friedrich　弗里德里希·波洛克

Popper, Karl　卡尔·波普尔

Radbruch, Gustav　古斯塔夫·拉德布鲁赫

Reinach, Adolf　阿道夫·莱纳赫

Ricardo, David　大卫·李嘉图

Rickert, Heinrich　海因里希·里克特

Robinson, John　约翰·罗宾逊

Romeo　罗密欧

Rousseau, Jean-Jacques　让-雅克·卢梭

Russell, Bertrand　伯特兰·罗素

Sade, Donatien Alphonse François de　多拿尚·阿勒冯瑟·冯索瓦·德·萨德

Sartre, Jean-Paul　让·保罗·萨特

Say, Jean-Baptiste　让·巴蒂斯特·萨伊

Scheler, Max　马克斯·舍勒

Schelling, Friedrich Wilhelm Joseph von　弗里德里希·威廉·约瑟夫·谢林

Schiller, Johann Christoph Friedrich von　约翰·克里斯托弗·弗里德里希·冯·席勒

Schmidt, Alfred　阿尔弗雷德·施密特

Schopenhauer, Arthur　阿图尔·叔本华

Schweppenhäuser, Hermann　赫尔曼·施威蓬豪依塞尔

Scotus, Duns　邓斯·司各脱

Siger of Brabant　布拉邦的西格尔

Smith, Adam　亚当·斯密

Socrates　苏格拉底

Sombart, Werner　维尔纳·松巴特

Spann, Othmar　奥特马尔·施潘

Spencer, Herbert　赫伯特·斯宾塞

Stalin, Joseph Vissarionovich　约瑟夫·维萨里奥诺维奇·斯大林

Stoiker　斯多葛学派

Tillich, Paul　保罗·蒂利希

Tolstoy, Leo　列夫·托尔斯泰

Tönnies, Ferdinand　斐迪南·滕尼斯

Valéry, Paul　保尔·瓦雷里

Vanini, Lucilio　卢西利奥·瓦尼尼

Verdi, Giuseppe　朱塞佩·威尔第

Vinci, Leonardo da　列奥纳多·达·芬奇

Voltaire　伏尔泰

Wagner, Richard　理查德·瓦格纳

Weber, Alfred　阿尔弗雷德·韦伯

Weber, Max　马克斯·韦伯

Wedekind, Frank　弗兰克·魏德金

Weil, Felix　费利克斯·魏尔

Windelband, Wilhelm　威廉·文德尔班

Whitehead, Alfred North　阿弗烈·诺斯·怀特海

编译后记

　　本书的内容主要依据《社会批判理论杂志》、德文版《霍克海默全集》以及收录个别散篇的德文或英文文集译出。关于编选文章的原则,读者可见编译导言中的说明。

　　虽然霍克海默的文字并不以艰深晦涩出名,翻译它们却并非易事。他的写作风格时而比较平缓朴实,时而却又有些佶屈聱牙。阅读他的一篇文章,常常像乘船经过一条蜿蜒的大河那样,本以为会一路一帆风顺,却突然卷入急流险湍之处。拿《传统理论与批判理论》一文举例,作为批判理论的纲领性文献,它并没有人们想象中的那样通俗易懂,能够给批判理论下一个精简而清晰的定义;相反,由近百个段落提供的内容太过密集而丰富,其表述平实有劲却高度压缩,其论证表面干脆,背后却又有着隐蔽的复杂结构。更不用说那些霍克海默谈论宗教问题的文章了,不熟悉基督教文化的读者在面对他的旁征博引时,难免会感到困惑。读者也许会在集中阅读时感到头脑发昏,这大概是正常现象——至少译者在翻译时一度眩晕。不过,一旦跨越了这层障碍,耐心进入霍克海默的思想语境,我们自然也会体会到他学理的扎实、语言的感召力和思想的韧劲。为了中和阅读上的困难,本书也选译了许多演讲和采访,这些文章表现出高度的清晰度和流畅性,有助于我们更直接、更深入地理解霍克海默的想法和期望。

本书的翻译秉持"直译"原则,以"信"为主,在涉及关键的句子时力求将原文词句一一译出,以确保含义精确而无遗漏;同时兼及"达""雅",尽可能地调整遣词和语序,以符合中文语感。如果首次以英文发表(对于英语非母语的霍克海默而言,这些文章在论述上往往更直白易懂),那么本书也尽量以英文稿为底本、以德文稿为对照,力求呈现写作或演讲时的现场感。鉴于霍克海默对西方基督教史的熟稔和广博精深的引用,我尽量为文中出现的那些不为人所熟知的宗教思想家和宗教术语增添译注,以帮助读者理解。对于一些专业术语的翻译选择问题,我也在译注中表达了拙见,读者可自行判断所选取的译法的得失。读者同样可以借助附录中的"术语对照表"查看术语的原文和对应翻译。

在此要特别说明的是,在过去的霍克海默翻译中,Selbst(self)和 Ich(ego)往往被同译为"自我"。然而两者间有明显的区别,这种区别在当代观念论、现象学和心灵哲学的研究中已经被深刻地把握到。我们尽量将前缀为 Selbst 的复合概念译为"自身-",将 Ich 译为"自我",以突出这种区别。在霍克海默那里,Selbst-有两种用法:(1)对整个"己身"的指涉,"我"的整个身体和生命,我的"自体"(例如"自身持存");(2)强调反身性,这既可以是德国古典哲学理性反思意义上的反身性(例如"自身意识""自身反思"),也可以是一种理性与进步的自反性悖谬(例如"自身毁灭")。而霍克海默对 Ich 的使用,则往往援引康德意义上的先验自我或精神分析的自我概念。旧有译法的惯性和一定的流畅度在这里可能要为学理上的精确性让步。

翻译绝非译者一人之力。我首先要特别感谢"精神译丛"主编陈越先生对我的信任。他并不介意我资历尚浅,依然放心地将编译霍克海默文集的任务托付于我。我也要感谢祁涛兄,他在帮忙寻找译者时第一时间推荐了我,并一直对翻译进度表示关心。在本书翻译过程中,我参照了已有的霍克海默中文翻译,在此对前辈的工作表达敬意。

除此之外,我要感谢潘裕文、黄进和潘昕培在审读中提出的宝贵修改意见。在处理许多宗教学相关的段落时,彭昱森提供了细致入微的讨论和极为专业的建议。另外,ChatGPT 在梳理句子结构、调整译文语感、解释概念背景方面也做出了很多贡献,可爱的人工智能教会我许多。最后我要感谢本书责编任洁女士负责且仔细的工作。

翻译难免有纰漏和错译之处,其责当然全部在我,恳请各位读者专家批评指正。也提前感谢读者在阅读过程中的"扫雷"工作,以帮助本书日后进行更全面的修订。

金 翔

2024 年 10 月

图书在版编目（CIP）数据

论批判理论：霍克海默文集. 一／（德）马克斯·霍克海默著；金翱编译. -- 西安：西北大学出版社，2025. 4. --（精神译丛／徐晔，陈越主编）. -- ISBN 978-7-5604-5574-7

Ⅰ. B516.59-53；C91-53

中国国家版本馆 CIP 数据核字第 2024RT1037 号

论批判理论：霍克海默文集（一）

[德]马克斯·霍克海默 著

金翱 编译

出版发行：西北大学出版社
地　　址：西安市太白北路 229 号
邮　　编：710069
电　　话：029-88302590
经　　销：全国新华书店
印　　装：陕西博文印务有限责任公司
开　　本：889 毫米×1194 毫米　1/32
印　　张：15. 125
字　　数：350 千
版　　次：2025 年 4 月第 1 版　2025 年 4 月第 1 次印刷
书　　号：ISBN 978-7-5604-5574-7
定　　价：120. 00 元

本版图书如有印装质量问题，请拨打电话029-88302966 予以调换。

Re 精神译丛（加*者为已出品种）

第一辑

*从莱布尼茨出发的逻辑学的形而上学始基　　　　海德格尔

*德国观念论与当前哲学的困境　　　　海德格尔

*正常与病态　　　　康吉莱姆

*孟德斯鸠：政治与历史　　　　阿尔都塞

*论再生产　　　　阿尔都塞

*斯宾诺莎与政治　　　　巴利巴尔

*词语的肉身：书写的政治　　　　朗西埃

*歧义：政治与哲学　　　　朗西埃

*例外状态（重译本）　　　　阿甘本

*来临中的共同体　　　　阿甘本

第二辑

*海德格尔——贫困时代的思想家　　　　洛维特

*政治与历史：从马基雅维利到马克思　　　　阿尔都塞

*怎么办？　　　　阿尔都塞

*赠予死亡　　　　德里达

*恶的透明性：关于诸多极端现象的随笔　　　　鲍德里亚

*权利的时代　　　　博比奥

*民主的未来　　　　博比奥

帝国与民族：1985—2005年重要作品　　　　查特吉

*政治社会的世系：后殖民民主研究　　　　查特吉

*民族与美学　　　　柄谷行人

第三辑

*哲学史：从托马斯·阿奎那到康德　　　　　　　　　海德格尔

布莱希特论集　　　　　　　　　　　　　　　　　　本雅明

*论拉辛　　　　　　　　　　　　　　　　　　　　　巴尔特

马基雅维利的孤独　　　　　　　　　　　　　　　　阿尔都塞

写给非哲学家的哲学入门　　　　　　　　　　　　　阿尔都塞

*康德的批判哲学　　　　　　　　　　　　　　　　　德勒兹

*无知的教师：智力解放五讲　　　　　　　　　　　　朗西埃

*野蛮的反常：巴鲁赫·斯宾诺莎那里的权力与力量　　奈格里

*狄俄尼索斯的劳动：对国家—形式的批判　　　　　　哈特 奈格里

免疫体：对生命的保护与否定　　　　　　　　　　　埃斯波西托

第四辑

*古代哲学的基本概念　　　　　　　　　　　　　　　海德格尔

黑格尔《精神现象学》的发生与结构（上卷）　　　　伊波利特

卢梭讲稿　　　　　　　　　　　　　　　　　　　　阿尔都塞

*野兽与主权者（第一卷）　　　　　　　　　　　　　德里达

*野兽与主权者（第二卷）　　　　　　　　　　　　　德里达

*黑格尔或斯宾诺莎　　　　　　　　　　　　　　　　马舍雷

第三人称：生命政治与非人哲学　　　　　　　　　　埃斯波西托

二：政治神学机制与思想的位置　　　　　　　　　　埃斯波西托

*领导权与社会主义战略：走向激进的民主政治　　　　拉克劳 穆夫

德勒兹：哲学学徒期　　　　　　　　　　　　　　　哈特

第五辑

*基督教的绝对性与宗教史　　　　　　　　　　　　　特洛尔奇

黑格尔《精神现象学》的发生与结构（下卷）　　　　伊波利特

哲学与政治文集（第一卷）　　　　　　　　　　　　阿尔都塞

*疯癫，语言，文学　　　　　　　　　　　　　　　　福柯

*与斯宾诺莎同行：斯宾诺莎主义学说及其历史研究　　马舍雷

事物的自然：斯宾诺莎《伦理学》第一部分导读　　　马舍雷

*感性生活：斯宾诺莎《伦理学》第三部分导读　　　　马舍雷

拉帕里斯的真理：语言学、符号学与哲学　　　　　　佩舍

速度与政治：论竞速学　　　　　　　　　　　　　　维利里奥

潜能政治学：意大利当代思想　　　　　　　　维尔诺 哈特（编）

第六辑

生命科学史中的意识形态与合理性　　　　　　　　　康吉莱姆

哲学与政治文集（第二卷）　　　　　　　　　　　　阿尔都塞

心灵的现实性：斯宾诺莎《伦理学》第二部分导读　　马舍雷

人的状况：斯宾诺莎《伦理学》第四部分导读　　　　马舍雷

帕斯卡尔和波－罗亚尔　　　　　　　　　　　　　　马兰

非哲学原理　　　　　　　　　　　　　　　　　　　拉吕埃勒

*连线大脑里的黑格尔　　　　　　　　　　　　　　　齐泽克

性与失败的绝对　　　　　　　　　　　　　　　　　齐泽克

*探究（一）　　　　　　　　　　　　　　　　　　　柄谷行人

*探究（二）　　　　　　　　　　　　　　　　　　　柄谷行人

第七辑

*论批判理论：霍克海默文集（一）　　　　　　　　　　霍克海默

*美学与政治　　　　　　　　　　　　　　　　　　　阿多诺　本雅明等

　历史论集　　　　　　　　　　　　　　　　　　　　阿尔都塞

　斯宾诺莎哲学中的个体与共同体　　　　　　　　　　马特龙

　解放之途：斯宾诺莎《伦理学》第五部分导读　　　　马舍雷

　黑格尔与卡尔·施米特：在思辨与实证之间的政治　　科维纲

　十九世纪爱尔兰的学者和反叛者　　　　　　　　　　伊格尔顿

　炼狱中的哈姆雷特　　　　　　　　　　　　　　　　格林布拉特

*活力物质："物"的政治生态学　　　　　　　　　　本内特

　葛兰西时刻：哲学、领导权与马克思主义　　　　　　托马斯

第八辑

　哲学与时代：霍克海默文集（二）　　　　　　　　　霍克海默

　哲学和科学家的自发哲学（1967）　　　　　　　　　阿尔都塞

　模型的概念　　　　　　　　　　　　　　　　　　　巴迪乌

　文学生产理论　　　　　　　　　　　　　　　　　　马舍雷

　马克思1845：《关于费尔巴哈的提纲》解读　　　　　马舍雷

　艺术的历程·遥远的自由：论契诃夫　　　　　　　　朗西埃

　狱中札记（笔记本版，第一卷）　　　　　　　　　　葛兰西

　第一哲学，最后的哲学：形而上学与科学之间的西方知识　阿甘本

　谢林之后的诸自然哲学　　　　　　　　　　　　　　格兰特

　摹仿，表现，构成：阿多诺《美学理论》研讨班　　　詹姆逊